Folker Kraus-Weysser/B. Natalie Uğurdemir-Brincks

Ethno-Marketing

Folker Kraus-Weysser/B. Natalie Uğurdemir-Brincks

Ethno-Marketing

Türkische Zielgruppen verstehen und gewinnen

REDLINE WIRTSCHAFT
bei verlag moderne industrie

Die Deutsche Bibliothek – CIP-Einheitsaufnahme

Kraus-Weysser, Folker:
Ethno-Marketing : türkische Zielgruppen verstehen und gewinnen / Folker Kraus-Weysser / B. Natalie Uğurdemir-Brincks. – München : Redline Wirtschaft bei Verlag Moderne Industrie, 2002
ISBN 3-478-25260-1

Umschlagfoto: Zefa/Photodisc
Copyright Autorenfoto B. Natalie Uğurdemir-Brincks: Uğurdemir-Brincks
Copyright Autorenfoto Folker Kraus-Weysser: Dr. Martin Hartmann
Umschlaggestaltung: Vierthaler & Braun, München
Satz: abc.Mediaservice GmbH, 86807 Buchloe
Druck: Himmer, Augsburg
Bindearbeiten: Thomas, Augsburg
Printed in Germany 25260/040201
ISBN 3-478-25260-1

Inhaltsverzeichnis

5

Vorwort

Prof. Dr Faruk Şen, Direktor des Zentrums für Türkeistudien

Während um die Integration von Migranten in die deutsche Gesellschaft auf politischer Ebene noch immer gerungen wird, scheint das Zusammenwirken und Zusammenwachsen im Wirtschaftsleben oft vergleichsweise einfach – die selbstregulierenden Kräfte des Marktes bringen Anbieter und Nachfrager ungeachtet von Kultur und Herkunft zusammen und ermöglichen die Realisierung von miteinander kompatiblen wirtschaftlichen Plänen. Zum Teil ist dieser günstige Eindruck auch zutreffend, insbesondere was die inzwischen in Deutschland wirtschaftenden Unternehmungen von Zuwanderern anbelangt – und dies sind allein in der größten zugewanderten Bevölkerungsgruppe der Türken 60.000 an der Zahl, Gesamtumsatz nach einigen Schätzungen von rund 29 Milliarden Euro jährlich. 89 Prozent von diesen türkischen Unternehmen haben inzwischen deutsche Kunden gewonnen und es geschafft, „typisch türkische" Produkte in Deutschland zu etablieren. Allerdings: Diese Erfolgsgeschichte war kein Selbstläufer und nicht nur ein Resultat der Gegebenheiten am Markt. Sie wurde erst durch die genaue Kenntnis der deutschen Zielgruppe möglich – erlangt durch das jahrelange Leben in Deutschland und mit Deutschen im Vorfeld der Gründung des eigenen Betriebes oder aufgrund von Erfahrungen mit einem in erster Linie auf die Nachfrage der Landsleute gerichteten Unternehmen. So gesehen haben die türkischen Unternehmer in Deutschland in den letzten Jahren erfolgreiches Ethno-Marketing betrieben und sich neue Zielgruppen von beträchtlicher Größe unter den Deutschen erschlossen. Um ethnische Potenziale auszuschöpfen, sind nicht nur sprachliche Kompetenzen erforderlich, sondern viel wichtiger ist eine genaue Kenntnis von Mentalität und Einstellungen.

Demgegenüber ist für die deutschen Unternehmungen vielfach noch Nachholbedarf beim Thema Ethno-Marketing zu konstatieren. Obwohl 7,4 Millionen Ausländer in Deutschland leben, werden beispielsweise die fremdsprachigen Medien noch unzureichend von der Werbewirtschaft berücksichtigt. Dies liegt u. a. daran, dass das Konsumverhalten,

7

der Lebensstil und die Lebenseinstellungen vieler Zuwanderer den Deutschen noch weit gehend unbekannt sind – die Deutschen waren nicht in vergleichbarem Maße zu einer kulturellen Anpassung gezwungen. Die Vorstellung, dass eine Marketingstrategie immer alle potenziellen Zielgruppen automatisch erreicht, ist also noch immer weit verbreitet. Die deutschen Unternehmen investierten nach Angaben des Zentralverbandes der deutschen Werbewirtschaft (ZAV) im Jahre 2000 bei einem Bruttoinlandsprodukt von 2036 Milliarden Euro insgesamt 33 Milliarden Euro in die Werbung. Von diesem Werbekuchen entfällt nur ein Bruchteil auf beispielsweise türkische Werbeträger. Ausgehend von einem türkischen Bevölkerungsanteil von 2,5 Prozent in Deutschland und einem Beitrag der Türken zum Bruttoinlandsprodukt von 42 Milliarden Euro könnten allein die türkischen Medien rund 480 Millionen Euro Werbeeinnahmen erzielen – tatsächlich erwirtschaften sie erst einen Bruchteil dieser Summe. Nur eine Minderheit deutscher Unternehmen entscheidet sich für eine Werbung in türkischsprachigen Medien. Sie begnügen sich aber oftmals damit, die deutschsprachige Werbung unverändert oder allenfalls in Übersetzung in den türkischen Medien zu platzieren. Kaum schalten Unternehmen originelle, für die türkische Zielgruppe konzipierte Werbung.

Ethno-Marketing ist aber nicht nur auf die Werbung reduziert, sondern sollte den gesamten Kommunikations-Mix eines Unternehmens von der Werbung bis hin zur Öffentlichkeitsarbeit (Public Relations), Verkaufsförderung (Sales Promotion) und zum persönlichen Verkauf (Außendienst) umfassen. In dieser ganzheitlichen Betrachtung ist eine deutliche Aufbruchstimmung in der deutschen Wirtschaft zu verzeichnen: Nicht nur Konsumartikelhersteller, sondern auch der Handel, die Telekommunikationsunternehmen, die Energiewirtschaft, die Automobilindustrie und viele andere Sparten bauen eigene Vertriebskanäle auf oder nehmen im Falle des Lebensmittel-Einzelhandels türkische Produkte in ihr Warensortiment auf.

Dabei werden die Türken als Zielgruppe nicht nur aufgrund ihrer großen Zahl, sondern auch wegen der Veränderung ihrer Präferenzen in den letzten Jahren für den Absatz deutscher Unternehmen zunehmend attraktiv: Die von der Mehrzahl inzwischen getroffene Entscheidung für den dauerhaften Verbleib in Deutschland führte auch zu Veränderungen im Konsumverhalten. Die bis Mitte der 80er Jahre dominierende hohe Sparneigung wird immer mehr aufgegeben. Inzwischen entfällt von den 15,5 Milliarden Euro Haushaltseinkommen der Deutschtürken der größere Teil mit 12,3 Milliarden Euro auf den Konsum.

Die weitere Ausschöpfung dieses Potenzials an Konsumnachfrage setzt die genaue Kenntnis der Präferenzen und Lebensweisen der Zuwanderer voraus. Das Zentrum engagiert sich in diesem Bereich aufgrund seiner umfassenden Arbeitserfahrungen und Forschungen zur Lebenslage der Türken in Deutschland. Es betrachtet die Befähigung von deutschen Unternehmen wie von Zuwandererbetrieben zum Ethno-Marketing als Beitrag zur wirtschaftlichen Integration und Wohlstandsförderung der unterschiedlichen Bevölkerungsgruppen in Deutschland, was letztendlich auch positiv auf die gesamtgesellschaftliche Integration ausstrahlen wird: Gleichberechtigte politische und ökonomische Teilhabe in einer Gesellschaft sind zwei Seiten einer Medaille. Ich hoffe, dass dieses Buch einen Beitrag zur Förderung einer so verstandenen Integration leisten wird und vielen Unternehmen einen Einstieg in professionelles Ethno-Marketing erleichtert. Die Autoren schließen mit diesem Buch eine bedeutende Informationslücke.

Vorwort

Hans Dieter Maier, Direktor der Bayerischen Akademie für Werbung und Marketing (BAW)

Ethno-Marketing braucht die engagierte Auseinandersetzung. Marketing- und Produktmanager, Entwickler und Werber sollten sich mit den folgenden Perspektiven auseinander setzen:

- **Differenzierung lässt Märkte wachsen:** Größere Marktsegmente sind zunehmend besetzt und verteilt. Der Kampf um scheinbar weniger attraktive, bisher nicht bearbeitete latente Markt- und Bedürfnispotenziale nimmt zu. Hierzu gehören ethnische Potenziale. Deren Erforschung fördert die Entwicklung bestehender wie neuer Produkte und Services – wichtige Impulse für Umsätze und Märkte.
- **Gezieltere Werbung erwünscht:** Ethnische Differenzierungen von Produkten und Diensten brauchen eigenständige werbliche Kommunikation; strategisch-inhaltlich, instrumentell, in der Umsetzung. Welche Art von Werbung kommt hier infrage? Klassische oder Dialoginstrumente? Welche „Ethno-Mixe" funktionieren? Hier liegt der Schwerpunkt derzeitiger Diskussionen und dieses Buches.
- **Eigenständige Distributionswege:** Zu Ethno-Marketing gehört auch die Frage, ob ethnische Zielgruppen-Segmentierungen eigenständige Distributions- und Kundendienstinstrumentarien bedingen.
- **Wie entwickeln sich ethnische Gruppen?** Wünsche, Bedürfnisse, Verhalten von Menschen und Gruppen ändern sich. Man denke an die Unterschiede zwischen Türken der ersten und dritten Generation. Marketing braucht also ständige Anpassung. Es stellt sich die spannende Frage, in welchem Maße sich werbliche und andere Marketinginvestitionen in ethnische Unterscheidungen lohnen. Oder macht die „Globalisierung" der Bedürfnisse ethnische Differenzierungen unnötig?
- **Fachliches Know-how gefragt:** Voraussetzung für die erfolgreiche Erschließung von Ethno-Potenzialen ist ein spezifisches fachliches Know-how. Ist für ein derart sensibles Gebiet die geeignete Manpower überhaupt verfügbar?

11

Ethno-Marketing ist Marketing pur

Ethno-Marketing ist Marketing und bedarf der Aufmerksamkeit jedes Marketers. Ethno-Marketing analysiert, segmentiert und erfüllt Bedürfnisse von Menschen, Gruppen und Teil-Öffentlichkeiten nach ethnisch relevanten Parametern des jeweiligen Datenkranzes. Dabei bestehen im Vergleich zu anderen Zielgruppen-Segmentierungen keinerlei Unterschiede.

Marketing ist Managementmethode und erfordert einen systematischen und kontinuierlichen organisatorischen Ablauf, den „Managementprozess des Marketing". Die einzelnen aufeinander folgenden Arbeitsschritte sind: Analyse des Datenkranzes spezifischer Parameter; strategische Bestimmung von Marketingziel, Zielgruppe und Positionierung; daraus zu planender Marketing-Mix der Kommunikations-, Produkt-, Preis- und Distributionsinstrumentarien; Realisation; Kontrolle im Sinne eines vom Marketingmanagement gesteuerten Rückkopplungssystems zur ständigen Optimierung gesetzter Ziele.

Auch dieser Ablauf ist uneingeschränkt auf Ethno-Marketing übertragbar. Deshalb zeigen wir die Herausforderungen des Ethno-Marketing an diesen Arbeitsschritten auf. Folgerichtig reicht dieser Beitrag über die bloße Frage hinaus, ob ethnische Zielgruppen eigenständig beworben werden sollen. Die Frage zu relevanten Inhalten der Marketinganalyse stellt sich ebenso wie die nach eigenständigen Strategien, Instrumentarien und Umsetzungen für ethnische Gruppen.

Was ist anders im Datenkranz?

Marketing bezieht seine Substanz aus der Analyse relevanter Parameter des Datenkranzes seines jeweiligen Produkts oder Projekts, z.B. für die Entwicklung einer ethnisch orientierten Werbekampagne. Diese Parameter gilt es zu respektieren und zu nutzen:

- **Staat, Recht, Politik, Wirtschaft:** Der Erwerb der deutschen Staatsbürgerschaft ermöglicht Ausländern dieselbe Lebensgestaltung. Ethnische Differenzierungen allerdings ergeben sich aus der gleichzeitigen Wahrung angestammter kultureller und anderer Eigenheiten.
- **Kulturelle Eigenheiten:** Im Falle türkischer Herkunft besonders relevant ist der Islam und die höchst eigenständige Sprache. Sitten und Erziehung sind in Anbetracht einer 12000-jährigen Geschichte bekennend traditionell, familiär und bodenständig.

- **Sprache:** Eine US-Studie illustriert deren anhaltende Bedeutung: Rund 90% der vietnamesischen, chinesischen und koreanischen Einwohner bevorzugen in ihrer Muttersprache zu kommunizieren (Quelle: www.direktportal.de).
- **Bedürfnisse:** Ethnisch relevante Parameter formen die Bedürfniswelten ethnischer Gruppen und wirken so den allgemein gültigen „globalen" Bedürfnissen wie „angepasstes Prestigebewusstsein", „Convenience" und „Technologieglaube" heutiger Konsumwelten entgegen.
- **Verhaltensweisen:** Sich unterscheidende Parameter und Bedürfnisse können unterschiedliches Kauf-, Verbrauchs- und Verwendungsverhalten zur Folge haben, z.B. als Einstellung zu Marken und Werbung oder in der Einschätzung ökologisch-technologischer Fragen.

Derartige Aspekte zu berücksichtigen ist die Aufgabe profunder Marketinganalyse. Die Ergebnisse gilt es in Werbung und Marketing konsequent zu berücksichtigen.

Welche Branchen können profitieren?

Dies ist gleichbedeutend mit der Frage: In welchen Produktgattungen unterscheiden sich die Bedürfnisse ethnischer Gruppen im Vergleich zum „Standard" am meisten und bieten so Potenziale zur Nutzung dieser Differenzierungen in Werbung und Marketing? Besonders ausgeprägte Potenziale bestehen, in Branchen mit lebenswichtigen, komplexen, „sensiblen" Produkten und Dienstleistungen mit hohem Informations-, Erklärungs-, Gebrauchs- und Servicebedarf.

Eine Tour d'Horizon durch die Websites von Unternehmen solcher Branchen zeigt allerdings nur geringe ethnische Engagements und offenbart gleichzeitig beträchtliche Marketingpotenziale:

- **Versicherungen und Banken:** Ein Sparvolumen von 3,3 Milliarden Euro in 2000 signalisiert Bedürfnisse wie sichere Geldanlage und familienorientierte Altersversorgung (Quelle: Zentrum für Türkeistudien, Essen 2001); trotzdem halten die meisten Versicherungen und Banken spezifische Aktivitäten offensichtlich für nicht wichtig.
- **Bausparkassen und Immobilienanbieter:** Einbürgerung und zunehmende Integrationsbereitschaft aktivieren das Streben nach häuslichem Eigentum; hier finden sich bei Wüstenrot unter „Aus-

13

länderorganisation" und „Vertriebsorganisation Türken" starke Bezüge.

- **Energieversorger:** Die Potenziale der durch privatwirtschaftliche Ausrichtung komplexeren und erklärungsbedürftigen Sortimente werden von größeren Anbietern nicht genutzt.
- **Telekommunikation:** Hohes Potenzial durch das besondere Bedürfnis nach landsmannschaftlicher Kommunikation und nach spezifischen Services; hohes türkisches Engagement bei o.tel.o und Alo Vatan Telefondienste, keine Aktivitäten bei Deutsche Telekom und Vodafone erkennbar.
- **Fahrzeuge:** Potenziale durch großen Familiensinn, eigenständige Freizeitgestaltung, Fahrten ins Herkunftsland; vergleichsweise starkes Engagement bei DaimlerChrysler und auch VW.
- **Kurier-, Express- und Paketdienste:** Potenziale durch Versendungen an Familienangehörige im Herkunftsland; kein Engagement.
- **Konsumgüter und Handel:** Da vergleichsweise unkomplizierte Produkte, erwartungsgemäß geringe ethnische Aktivitäten.

Wann ist Ethno-Marketing strategisch sinnvoll?

Die Bedürfnisse von Menschen und Gruppen werden durch Produkte und Dienstleistungen befriedigt. Welchen Nutzen wir einer Zielgruppe bieten können, wird in der Positionierung, dem „Herzstück" der Marketingstrategie, bestimmt. Je differenzierter Bedürfnisse sind, z.B. durch ethnische Einflüsse, desto sorgfältiger und detaillierter sind diejenigen rationalen und/oder emotionalen Nutzenaspekte zu definieren, die ein Anbieter versprechen kann.

Dies birgt Zielkonflikte im Sinne der „Strategischen Kongruenz" von Ziel, Zielgruppe und Positionierung.[1] Denn Differenzierung bedeutet Segmentierung, die Zahl der Nachfrager nach den spezifischen Nutzen wird geringer, die Positionierung wird „enger". Hier können ethnische Initiativen früh an Grenzen stoßen. Denn ethnisch quantitativ eingeschränkte Gruppen erlauben in der Regel eher bescheidene quantitative Ziele.

---

1 Die „Strategische Kongruenz" von Ziel, Zielgruppe und Positionierung ist das „magische Dreieck" des Marketing. Es bedeutet, dass inhaltliche Relevanz und Umfang des in der Positionierung bestimmten Nutzen-Angebotes einerseits mit dem quantifizierten Marketingziel, andererseits mit Art und Größe der selektierten Zielgruppen bestmöglich übereinstimmen müssen. Zielkonflikte zwischen diesen drei Größen führen zu voraussehbaren Misserfolgen.

Für kleinere und mittlere Anbieter erschließen sich dadurch vielversprechende Chancen. Sie können sich auf differenzierende Positionierungen konzentrieren, diese bei individuellen Zielgruppen überzeugender und nachhaltiger durchsetzen und sie so an sich binden. Für solche Anbieter eignen sich also engere Positionierungen besser. Und in solchen Ziel-Nischen liegen durchaus Alternativen zur viel gerühmten, aber aufwändigen Globalisierung.[1] Ein sorgfältiges Abwägen segmentierender Marktchancen ist mindestens genauso sinnvoll wie die übliche lokale oder regionale geografische Segmentierung einer Lokalzeitung für ausschließlich eine Stadt.

Durch diese strategischen Erwägungen soll nicht der Eindruck erweckt werden, bei Ethno-Marketing gehe es ausschließlich um kleinere Zielgruppen und es gäbe kein brachliegendes Potenzial. Die Zahl der erwerbstätigen Ausländer beträgt 1,97 Millionen in 2001 (Quelle: Bundesanstalt für Arbeit). Das ethnische Gesamtpotenzial in Deutschland ist mit 8,3 Millionen Ausländern und Eingebürgerten bei einem Bevölkerungsanteil von 10 Prozent beträchtlich hoch. 2,0 Millionen sind türkischer Abstammung mit zunehmender Einbürgerungsneigung, knapp eine halbe Million sind schon eingebürgert (alle Zahlen 2000, Zentrum für Türkeistudien, Essen 2001).

Darüber hinaus ergeben sich Chancen durch eine vergleichsweise junge Altersstruktur. 21- bis 35-Jährige sind mit 30,1 Prozent der türkischen Bevölkerung fürwahr eine beachtlich umfassende Altersgruppe. Auch regionale Schwerpunkte bieten Chancen, z.B. sind in Nordrhein-Westfalen 21 500 Türken mit einem Investitionsvolumen von 2,5 Milliarden Euro in 2000 selbstständig. Relativ hoch ist auch das gesamte Nettoeinkommen (HNE) türkischer Haushalte mit 15,5 Milliarden Euro und Konsumausgaben von 12,2 Milliarden in 2000 (Quelle: Zentrum für Türkeistudien, Essen 2001).

---

1 Der Konflikt zwischen Ziel und Positionierung wird umso akuter, je anspruchsvoller quantitative Marketingziele sind, z.B. im Falle eines Marktführers. Sie können in der Regel nur durch „breite" Zielgruppen mittels „breiter" Positionierungen (die auch allgemein gewünschte Nutzen beinhalten) erreicht werden. Deshalb trifft der Zielkonflikt vor allem große Anbieter und Marken. Denn einerseits muss sich eine solche Marke breit positionieren, will sie ihr hoch gestecktes Ziel erreichen. Andererseits müsste sie gleichzeitig differenzierteste ethnische Bedürfnisse erfüllen. Bei Nachfragen drängt sich die Frage auf: „Für was steht die Marke nun eigentlich?"

Die Herausforderung im Mix: Reicht Ethno-Werbung allein?

Die kaufmännisch erfolgreiche Realisierung von Zielen und Positionierungen hängt letztlich, ob ethnische oder andere Zielgruppen, von möglichst gezielten Kontakten zur Zielgruppe ab. Es gilt, kaufmännische Größen wie Costs per Order oder Case Rates pro verkaufte Einheit zu optimieren. Die nach Affinität und Wirkung bei der Zielgruppe selektierten, zum Mix gebündelten Instrumente müssen mediatechnisch und strategisch-inhaltlich die Nutzen der Positionierung bestmöglich bei ihrer Zielgruppe umsetzen. So trägt jedes einzelne Instrument seinen adäquaten Teil zum gesamtheitlichen Marketingziel bei. Durch die gegenseitige Vernetzung der bestgeeigneten Instrumente wird der Wirkungsgrad des Gesamt-Mix signifikant gesteigert.

Schlussfolgerung daraus ist, dass Aktivitäten, die sich ausschließlich auf „Ethno-Werbung" konzentrieren, die mangelnde Vernetzung und Übereinstimmung mit wichtigen flankierenden Kommunikationsinstrumenten riskieren. Im Extremfall stellt sich hier, bewusst polarisierend, die Frage nach dem Alles oder Nichts. Konsequente, alle spezifisch wirksamen Instrumente umfassende „Ethno-Kommunikation" oder besser keine ethnische Differenzierung?

Auch der erweiterte Marketing-Mix braucht, über die Kommunikation hinaus, vernetzende Entsprechung und Verstärkung. Man stelle sich vor, eine auf breite Zielgruppen ausgerichtete Positionierung würde ein höchst relevantes ethnisch-emotionales Bedürfnis im Produkt-Mix, z. B. ohne Schweinefleisch zubereitet, nicht erfüllen. Hier würde auch die überzeugendste ethnische Werbung nur Enttäuschung bewirken.

Ungeachtet solcher vermeintlich einschränkender Regeln offenbart die Werbewirklichkeit beträchtliche brachliegende Potenziale. Bisher gibt es in Deutschland, von kleineren, meist von Türken gegründeten Unternehmen abgesehen, keine nennenswerten Spendings bedeutender Unternehmen. Man schätzt die Werbung für ethnische Zielgruppen auf 1-2 Promille von 32,1 Milliarden Euro des Gesamtaufwands. Einzelne in ihren Ethno-Initiativen vergleichsweise führende Unternehmen wie Mercedes-Benz, seit 1994 hier engagiert, nennen ein Budget von unter 1 Prozent (Quelle: absatzwirtschaft 5/2001).

Auch bestätigt die zuvor angesprochene Tour d'Horizon durch die Websites einiger ethnogeeigneter Unternehmen eine insgesamt sehr geringe Nutzung und suggeriert Potenzial, zumindest bezüglich der Landsleute türkischer Herkunft:

- In einzelnen, meist türkischen Unternehmen besonders hoher ethnischer Bezug; in der Regel durch zweisprachige Produktangebote. Beispiel: Alo Vatan Telefondienste (www.alovatan.de)
- In einzelnen großen Unternehmen Übersetzungen oder ethnischer Bezug in Sektionen wie „Kontakt", „Ausländerorganisation", „Vertriebsorganisation Türken". Beispiel: www.daimlerchrysler.de
- In einzelnen großen Unternehmen Unternehmens- und/oder Produktinformationen unter „Länderwahl". Beispiel: „Türkei" in Türkisch bei www.volkswagen.de
- Bei über 90 Prozent der Unternehmen keinerlei ethnischer oder auch nur sprachlicher Bezug erkennbar

Sind gezielte Ethno-Medien nötig?

Voraussetzung wirksamer Ethno-Werbung sind möglichst zielgruppengenaue Medien. Schon heute existieren mehrere türkische TV-Kanäle, Radiosender und Tageszeitungen, z. T. auch mit nationaler Abdeckung. Sie werden besonders für Nachrichten und zur Wahrung nationaler Identitäten, besonders der Sprache, genutzt. Der weltweit erste und bislang einzige Radiosender, der außerhalb der Türkei ausschließlich in türkischer Sprache sendet, richtet sich in Berlin an junge Leute. Das Programm besteht laut Senderangabe zu 75 Prozent aus populärer türkischer Musik.

Dieses Medienangebot wird sich, auch experimentierend, weiterentwickeln. Voraussetzung für anhaltenden Erfolg und effektive Finanzierung allerdings sind transparente, überzeugende Media-Kennzahlen sowie praktikable lokale, regionale und nationale Buchungsmöglichkeiten aus Sicht der werbungtreibenden Wirtschaft und ihrer Mediaagenturen.

Die aufkommenden ethnischen Medien müssen sich regelmäßig die Frage stellen, ob die umfassende klassische deutsche öffentlich-rechtliche und private Medienvielfalt in Form von Fernsehen, Radio, Zeitungen, Zeitschriften, Plakat – auch in Anbetracht des Internet – nicht sorgfältiger in die Entwicklung türkischer Medien einbezogen werden muss. In den bestehenden Medien erscheint ethnische Werbung durchaus sinnvoll. Z. B. empfiehlt im Printbereich die Zeitungsmarketing-Gesellschaft (ZMG) aufgrund einer eigenen Studie über die (hohe) Nutzung deutschsprachiger Tageszeitungen durch in Deutschland lebende Ausländer, ethnische Zielgruppen in deutschsprachigen Zeitungen gezielt anzusprechen. Dies ist besonders überlegenswert, wenn man an die „deutschen Türken" der zweiten und dritten Generation denkt.

Hier ein paar Überlegungen für wirksam erscheinende „kombinierte" Medien- und Kommunikations-Mixe:

- Gezielt türkische Medien einsetzen.
- Klassisch deutsche Medien nach denselben Kriterien durch gezielte ethno-spezifische Werbung ergänzen.
- Einen solchen Media-Mix, gezielter und stärker als bisher durch flankierende, ausschließlich ethnisch orientierte Instrumente des Kommunikations-Mix ergänzen.
- Die Gewichtung dieser zusätzlichen Instrumente im Kommunikations-Mix erfolgt mit dem Ziel, die quantitative Bedeutung ethnischer Zielgruppen und deren qualitative Bedürfnisse bestmöglich zu respektieren.

Als derart erweiterter ethnischer Kommunikations-Mix kommen an erster Stelle Instrumente infrage, die eine möglichst hohe Personalisierung erlauben[1]:

- Gezielte Dialoginstrumente wie Mailing, Telefon, Fax, E-Mail (es gibt nach ausländischen Namen nutzbare Datenbanken)
- Sich auf ethnische Zielgruppen konzentrierende Messen, Ausstellungen und Events (selbst bei breiter angelegten Veranstaltungen könnte es „Ethno-Räume" geben)
- Ethnisch ausgerichtete Promotions am POS
- Die direkte Kommunikation mit und in ethnischen Vereinen und Clubs, besonders in urbanen Ballungszentren
- Maßnahmen zur Stimulierung der Mund-zu-Mund-Propaganda zwischen Angehörigen ethnischer Gruppen.
- Die Möglichkeiten des Internet als „Permission Marketing".

Bloße Werbesignale oder eigenständige Kreativ-Konzepte

Das „Modell der Merkmale wirksamer Werbung" nach Hans Dieter Maier fordert strategische Stringenz und Konsequenz in der Gestaltung

---

1 Die innerhalb des gesamten Werbeaufwands zunehmend wichtige Bedeutung dialogfähiger Instrumentarien sowie deren stärkere Nutzung für eine wirksame ethnische Kommunikation kann man mit Siegfried Vögele begründen. Seine Forschungen bestätigen, dass personalisierte Ansprachen, selbst bei Mailing-gewohnten Zielpersonen, noch immer einen „Verstärkerwert von x5" aufweisen. Bei fehlerlos adressierten ausländischen Namen könne dieser Wert durchaus x10 betragen (Quelle: Vorlesung an der Bayerischen Akademie für Werbung und Marketing/BAW, München, Februar 2002).

der die Produktnutzen „transportierenden" werblichen Merkmale Key Visual, Key Wording, Visual Device etc. (Quelle: Produkt-Management-Seminar, München, Februar 2002/ www.hdm-marketing.de). D. h., das praxisnahe Modell favorisiert eine Entweder-oder-Entscheidung. Eigenständige, auch ethnische Konzepte müssen strategisch („Strategische Kongruenz"), instrumentell („selektiv und vernetzt") und kreativ-konzeptionell („Bilder und Texte als Nutzen-Träger") in sich stimmig sein. Ansonsten drohen erhebliche Kommunikationsdefizite.

Im Einzelnen sind eigenständige ethnische Werbekonzepte dann zwingend angebracht, wenn die folgenden Kriterien gegeben sind:

- **Strategisch:** Die ethnische Gruppe präferiert von (deutschen) Kernzielgruppen abweichende Nutzen oder hat signifikant unterschiedliche Nutzenprioritäten.
- **Werbliche Umsetzung:** Es gibt spezifische ethnische Sensibilitäten in der bildlichen und/oder textlichen Darstellung und/oder Tonalität bzw. als Werbeformat im Sinne des amerikanischen „advertising formate" (Quelle: www.hdm-marketing.de).

Den schmalen Grat zur Optimierung werblicher Effizienz zeigt am Beispiel Werbeformat (hier Personality Advertising) die stereotype Verwendung von Kemal Atatürk als vermeintlich unumstrittene Personality der Türken. Hier verletzte die niederländische Telecom KPN die kurdischen Einwanderer empfindlich (Quelle: www.heise.de).

Werbestrategen und an Marketingerfolgen orientierte Art Directors wissen, dass ein überzeugend nutzengerechtes, also strategisch motiviertes Bild oder eine vergleichbar starke Headline brutal eindeutig kommunizieren. Ein so ausgewähltes Schlüsselbild (Key Visual) kann jedoch keine unterschiedlichen oder gar kontroversen strategischen Nutzen-Botschaften erfolgreich vermitteln.

Die Antwort auf die Frage, ob die Nutzen in Bild oder Headline „on strategy" oder „off strategy" sind, ist bei dieser konsequenten Betrachtungsweise – zum Leid mancher Kreativer – recht einfach. Schlüsselbilder und Schlüsseltexte (Key Wordings) überzeugen dann und nur dann, wenn sie eindeutig sind und unterschiedlichen Interpretationen in einem Umfeld werblicher und informatorischer Kommunikationsüberflutung keinen Raum lassen. Verstehen wir dies auch als Chance für konsequent umgesetzte differenzierende ethnische Werbung.

Ungeachtet dieser konsequenten Betrachtungsweise geben wir ethnischen Signalen als Werbung der kleinen Zeichen eine gute Chance. Sie kann als „second best" die werbliche Effizienz durchaus steigern. Inhalt-

lich deutsche „Kernwerbung" wird textlich und/oder bildlich ethnisch ergänzt. Solche Signale reichen von bloßen treffenden Übersetzungen, z. B. der Body Copy, bis zum einfühlsamen Sprachwitz. Bei Bildern kommen Visual Devices (unterstützende Bilder) infrage.

Die zuvor postulierte Forderung nach Konsequenz wird durch solche Signale nicht verletzt, da das Grundkonzept der werblichen Umsetzung, ausgerichtet auf die Kernzielgruppe, gewahrt bleibt. Die Signale richten sich an die sozusagen sekundäre ethnische Gruppe. Diese Vorgehensweise ist durchaus vergleichbar mit mehrsprachig informierenden und auch werbenden Packungsgestaltungen und Betriebsanleitungen.

Auch ethnisch eigenständige Produkte?

Spezifische ethnische Produktpolitik ist nur dann gerechtfertigt, wenn signifikant unterschiedliche Bedürfnisse vorliegen, z.B. bei Nahrungsmitteln aus religiösen Gründen in einer „koscheren" Rezeptur. Im Falle unterschiedlicher Bedürfnisse und Nutzen kann mit vergleichsweise geringem Aufwand und Risiko gezielte Sortiments- und Variationenpolitik betrieben werden (anstatt die 27. deutsch-exotische Sorte Kiwi-Stachelbeer mit Bourbon-Vanille und schwarzen Trüffeln aktionistisch und mit minimalen Verkaufschancen auf den Markt zu werfen …). Hier ist noch Wachstum ohne harte Verdrängung möglich.

Hohe Aufmerksamkeit gilt hier der das Produkt ergänzenden und immer bedeutender werdenden Servicepolitik. Für herkömmliche Dienstleistungen, die wir als die Summe mehrerer unterschiedlicher Service- und ergänzender Produktbestandteile verstehen, gilt dies ohnehin. Da Servicepolitik und Dienstleistungen meist direkte Kundenbetreuung ist, z.B. als Kundendienst zu Hause oder als Kundenbindungsinstrumente wie Payback-Card, türkische Wochen u. Ä., bieten sich hier beste Ansatzpunkte für ethnisch differenzierende Positionierungen und Maßnahmen.

Da wir spezifische ethnische und andere Services als Zusatznutzen („added values") verstehen, resultieren daraus auch stringente preispolitische Überlegungen, die hier nicht näher beleuchtet werden.

Entsprechendes gilt für die Distributionspolitik, dem dritten großen instrumentellen Bereich des Marketing zur Selektion jeweils geeigneter Distributionskanäle. Auch hier können eigenständige ethnische Konzepte nicht a priori ausgeschlossen werden, z.B. in urbanen Ballungszentren und/oder im personalisierten Direktvertrieb. Man denke an Vertriebskonzepte wie die von Progress (persönliche Hausbesuche), Tupperware (Verkaufstreffen der Kunden), den Versandhandel via Katalog, Fernsehen oder Internet. Sie alle ermöglichen individuelle und damit ethnisch differenzierende Ansprachen. Auch hier bestehen offenbar Potenziale für innovatives, umfassend begriffenes Ethno-Marketing.

Wer versteht und kann Ethno-Marketing?

Marketing ist langfristig angelegt und bedarf der kontinuierlichen Überprüfung, Anpassung und Neuorientierung. Änderungen im Datenkranz verlangen nach der ständigen Initiative der Verantwortlichen. Zur Erfüllung dieser Aufgaben ist das Marketingmanagement als zentrale Unternehmensfunktion mit sämtlichen Abteilungen des Unternehmens verknüpft.

Offenbar besitzen komplexe Herausforderungen wie Ethno-Marketing auch eine nicht zu unterschätzende Manpower-Dimension. Zwischen feinsteuernder Segmentierung und globaler Gesamtbetrachtung sind die Anforderungen an Leitung und Organisation beträchtlich. Sie erfüllt das Produkt- und Projektmanagement am besten. Ihr stehen interne wie externe Stäbe und Berater zur Seite (Marktforschung, Werbeagenturen etc.).

Allerdings leisten mangelndes fachliches und Management-Knowhow einer gefährlichen ich-bezogenen Subjektivität Vorschub. Auch verhindern sie die Nachhaltigkeit einmal eingeschlagener Wege. Oktroyierende modische „Philosophien" unsicherer Manager und Agenturen verstärken diese Gefahr. Mangelnde Kontinuität resultiert auch aus der Personalfluktuation. Gerade bei kleineren Etats beeinträchtigt dies die werbliche Effizienz und damit den Erfolg ethnischer Maßnahmen entscheidend.

Offenbar sind hier Spezialisten für ethnische Fragen und führungsstarke, neue Wege beschreitende Manager gefordert. Wichtige erste Schritte haben spezialisierte Kreativ- und Mediaagenturen, meist mit türkischen Inhabern, sowie bewusst ethnisch besetzte Organisationen mit ihren Mitarbeitern schon getan.

Herausforderndes Szenario

Ethno-Marketing wird zum Thema. Dem ersten Kongress, Berlin 2001, werden weitere Kongresse folgen, Studien werden erstellt und analysiert, Manager suchen Nischen und bessere Wirkungsgrade, ethnische Medien spezialisieren sich digital wie herkömmlich, spezialisierte Ethno-Agenturen kommen, Akademien kümmern sich um Nachwuchs, bislang zögernd umgesetzte erste Konzepte haben Erfolg.

Wer aber weiß schon, was die vierte Generation der Landsleute ausländischer Herkunft denkt und will? Noch zaudern Marketer, Entwickler und Werber. Mutige aber sind an der Front.

Zusammenfassend könnte ein Prognose-Szenario des Ethno-Marketing wie folgt aussehen:

- Die Suche nach geeigneten Wachstumssegmenten in enger werdenden Märkten nimmt zu.
- Kleinere und mittelgroße Unternehmen, vermutlich auch große, suchen nach Alternativen zur aufwändigen und übersteigerten Globalisierung.
- Unter den eingebürgerten und hier geborenen Ausländern besinnen sich Selbstständige, Manager und engagierte Mitarbeiter in Büros und an Werkbänken der Werte und Fähigkeiten ihrer Stammländer und nutzen sie fachgerecht in Unternehmen, Beratungen und Organisationen.
- Shareholder und Controller fordern mit steigenden Kommunikations- und anderen Marketingkosten höhere Wirkungsgrade und damit den Einsatz gezielt wirkender Instrumentarien und Maßnahmen.
- Dafür sind Unternehmen sogar bereit, das Risiko einer voranschreitenden ethnischen Integration einzugehen.
- An der Spitze der Unternehmen finden sich mehr Marketing-Profis. Marketing wird dann zur echten „Chefsache".

Das vorliegende erste deutsche Buch zum Thema Ethno-Marketing wird zur vertiefenden und differenzierten Diskussion einen wichtigen Beitrag leisten.

Teil I

Wanderer zwischen zwei Welten

Die unbekannte Marktmacht der Deutschtürken

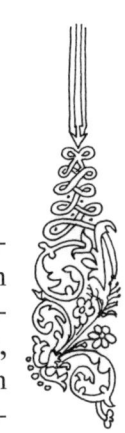

Ethno-Marketing richtet sich an ethnische, im Land lebende Minderheiten unter Berücksichtigung von nationalen, kulturellen oder religiösen Lebensweisen oder Befindlichkeiten. Das gilt für rund 8 Prozent der Bevölkerung in Deutschland. Doch was in den USA oder Frankreich, Großbritannien und den Niederlanden längst üblich ist, findet in Deutschland nicht einmal für die größte Migrantengruppe statt: Marketing für Deutschtürken.

Absurditäten

„Stellen wir uns vor, es ist Krieg und keiner geht hin", das stand auf Häuserwänden und an Brücken nach dem Fall der Berliner Mauer und dem Zusammenbruch des Ostblocks. Der Satz sollte die Absurdität der kriegsbedrohten Ost-West-Jahre kennzeichnen.

Inzwischen hat die Absurdität weitere Fortschritte gemacht: Stellen wir uns vor, unter uns leben Ausländer, rund 8 Prozent aller Bürger, und keiner nimmt sie wahr. In Deutschland leben neben den rund 2,4 Millionen türkischstämmigen etwa 2,3 Millionen aus Russland stammende Menschen, außerdem etwa 660 000 Ex-Jugoslawen, dazu 220 000 Kroaten, 620 000 Italiener, 360 000 Griechen, jeweils rund 130 000 Portugiesen und Spanier, außerdem Marokkaner, Mazedonier, Tunesier, Slowaken und Polen. Insgesamt 7,5 Millionen Menschen. Die „alamancı", die Deutschländer, wie sie ihre türkischen Landsleute daheim nennen, stellen den größten Anteil.

Die öffentliche Diskussion um Zuwanderer, seit Jahren ein politisches Hit-Thema, scheint die Behauptung zu widerlegen, dass niemand von den Menschen Notiz nimmt. Aber in Deutschland bestimmt nicht die Politik das Klima. Sie liefert nur die Stichworte. Den Ton gibt die Wirtschaft an. In einer offenen Marktgesellschaft kennt die Wirtschaft ihre Bürger besser als die Politik. Aber diese Wirtschaft ist auf dem ausländischen Auge blind. Sie ignoriert rund 2,5 Millionen Türken, über 3 Prozent der Bevölkerung in Deutschland.

Aber war es nicht die Wirtschaft, die seit den 60er Jahren die Gastarbeiter ins Land holte? Entstand die multikulturelle Gesellschaft nicht aus

ökonomischem Zweckdenken, ist sie nicht die Konsequenz der Markt-gesellschaft? Auch wenn das zutrifft, herrschen in Deutschland doch Verhältnisse wie in jenem Asterix-Band, in dem sich die Krieger des bekannten gallischen Dorfes darüber streiten, ob der plötzlich aufgetauchte Immigrant und seine Familie dieselben Rechte beanspruchen können wie die Alteingesessenen. Dazu der Dorfälteste Methusalix: „Ihr kennt mich. Ich habe nichts gegen Fremde. Einige sind meine besten Freunde. Aber diese Fremden da sind nicht von hier!" Was darauf hinausläuft, dass sich die Fremden gefälligst so verhalten mögen, dass ihr Fremdsein nicht bemerkt wird.

In der Bundesrepublik wurden bislang rund 1,5 Millionen Kinder ausländischer Eltern geboren, derzeit etwa 150 000 im Jahr und somit jedes fünfte Kind. Die Geburtenrate der in Deutschland lebenden Türken liegt bei 1,3 (vgl. Deutsche:1,3), gleichbedeutend mit Windeln, Spielzeug und Schulbüchern für jährlich rund 40 000 Kinder türkischer Abstammung in Deutschland. Rund 2,4 Millionen türkischstämmige Menschen: Das bedeutet über 700 000 Haushalte mit ebenso vielen Kühlschränken, Waschmaschinen, Autos, mindestens so vielen, vielleicht aber auch dreimal mehr Fernsehgeräten. Rund 12 Milliarden Euro geben die Deutschtürken jährlich hierzulande aus. Ein Markt, der komplett erreicht werden kann über eine Hand voll türkische Tageszeitungen und zahlreiche Fernsehkanäle. Es gibt kein genauer erfassbares Ziel für die mediale Werbegesellschaft.

Aber die möchte mit den Türken kaum etwas zu tun haben. Die deutsche Wirtschaft kennt keine türkischen Inhaber von Bankkonten, keine türkischen Käufer von Markenkleidung, nicht einmal türkische Fernsehzuschauer oder Radiohörer. Über 400 000 Firmen mit mehr als 2 Millionen Euro Jahresumsatz gibt es zwischen Cottbus und Konstanz, insgesamt etwa 3 Millionen Unternehmen. Doch nicht einmal 200 dieser Unternehmen betreiben Werbung für türkische Konsumenten.

Wer bei den – kaum ein Dutzend – türkischen Werbeagenturen nachfragt, ob das tatsächlich so ist, erhält eine viel sagende Rechnung präsentiert: „Nehmen wir als Beispiel das Jahr 1999. In diesem Jahr wurden in Deutschland rund 7,5 Milliarden Euro allein für Fernsehwerbung ausgegeben. Es gibt etwa 2,4 Millionen Deutschtürken, rund 3 Prozent der Gesamtbevölkerung – das entspräche einem Anteil von 210 Millionen Euro an der gesamten Fernsehwerbung. Berücksichtigen wir davon wiederum nur die für Fernsehwerbung interessanteste Altersgruppe der 15- bis 55-Jährigen, die etwas mehr als 50 Prozent der in Deutschland lebenden Türken ausmachen, dann müssten ungefähr 105 Millionen Euro auf die türkische Fernsehwerbung entfallen. Im Rekordjahr 1997 waren es

Migrationsphasen innerhalb und nach Deutschland	
1945–1949	Überwiegend deutschstämmige Flüchtlinge und Vertriebene
1949–1961	Erster Höhepunkt der Flüchtlingsbewegung aus der DDR; erste Gastarbeiter aus Italien
1961–1973	Anwerbung von Gastarbeitern durch die Bundesrepublik
1973–1983	Anwerbestopp, Familiennachzug, Vertragsarbeiter in der DDR
1988–1992	Zuwanderung von Aussiedlern, Asylbewerbern, Kriegsflüchtlingen, zweite Hochphase der Flüchtlingsbewegung (bis 1989) aus der DDR
ab 1992	Bemühungen, Zuwanderung zu regulieren und zu begrenzen, u.a. Regelung der Heiratsmigration
ab 1999	Green-Card-Bewegung, Bemühungen um neue Zuwanderungsgesetze

aber nur knapp 12 Millionen Euro!" So Salih Atik, ehemaliger Media- und Account Director der Berliner Ethno-Agentur WFP.

Wer die Chefs deutscher Werbeagenturen fragt, warum das so ist, bekommt Antworten, die nur einen Schluss zulassen: Die private Meinung der kreativen, weltgewandten Kommunikationsexperten unterscheidet sich kaum von den vorherrschenden Ansichten der Mehrheitsgesellschaft. Sie sind wenig begeistert von den Mitbürgern mit anderem Pass und fremden Eigenarten. Marketing ist keine wertfreie Wissenschaft. Marketingleute folgen gesellschaftlichen Trends, die aufzuspüren eine ihrer wichtigsten Aufgaben ist. Es scheint deshalb einfacher, dass ein Kaufmann an Eskimos Kühlschränke verkauft, als dass Marketingexperten ungeachtet ihrer persönlichen Ansichten Werbung für Ausländer machen.

Es geht nicht um die Frage, ob die deutsche Wirtschaft fremdenfeindlich ist. Keiner der türkischen Agenturmanager in Deutschland beklagt sich über fremdenfeindliche Attacken, keiner wurde angepöbelt oder persönlich angegriffen. Aber natürlich arbeiten auch in der deutschen Wirtschaft Menschen, für die ausländische Mitbürger ein „Problem" darstellen. Sie können sich dem Einfluss von Schlagzeilen und politi-

schen Debatten nicht entziehen und halten offenbar deshalb Distanz zur fremden Kultur.

Beispielsweise beklagt der deutsche Starfriseur Peter Polzer in dem Fachblatt *Top Hair International*, dass deutsche Frauenzeitschriften bei den Themen Schönheit und Mode keine Ausländerinnen kennen: „Die Models sind blond, rot oder braun. Schwarzhaarige Models sucht man vergebens. Mit uns leben Millionen Ausländer, knapp 3 Millionen sind Frauen. Ziehen wir Kinder und Greisinnen ab, könnten 2,5 Millionen schwarzhaarige Ausländerinnen Leserinnen sein. Wenn aber eine Redakteurin der Zeitschrift *Freundin* bei 70 Frisuren fünf Fotos mit Ausländerinnen abbilden möchte, dann haut ihr der Chefredakteur vermutlich die Fotos um die Ohren. Auf Nachfrage in einer Redaktion bekomme ich die Auskunft: „Der Anteil unter der Bevölkerung ist einfach zu gering.“ Polzer hält das für eine Ausrede, denn immerhin werde auch für andere Mini-Zielgruppen Werbung betrieben: „Die Spezialisten für Marketing entdecken gerade schwule Paare als Zielgruppe mit hohem Einkommen (double income, no kids). Der Anteil der Schwulen wird auf 3 Prozent geschätzt. Ford und Mercedes bewerben Türken als Autokäufer in türkischen Zeitungen. Den Autoproduzenten ist der Anteil groß genug. Aber sie werben eben dort, wo kein Deutscher etwas merkt.“ Der in seiner Branche angesehene Coiffeur versteht nicht, dass in Friseursalons zahllose Ausländerinnen arbeiten, aber von der Bilderwelt der Beauty-Medien ausgespart bleiben: „Es ist verdammt schwer, in unserer angeblich so toleranten Gesellschaft mit blauschwarzem Haar auf die Welt gekommen zu sein!“

Marktlücken – keine Spur von Ausländern

Anders ist kaum zu erklären, dass es bislang keine einzige ordentliche deutsche Marktstudie über türkische Konsumenten in Deutschland gibt. Alle großen Media-Untersuchungen berücksichtigen ausschließlich die deutschsprachige Bevölkerung. Das gilt ebenso für die Arbeitsgemeinschaft Media-Analyse (AGMA) mit über 52 000 Interviews und für die von den Verlagshäusern Bauer und Springer erstellte Verbraucher-Analyse auf der Basis von 28 000 befragten Personen. Keine Spur von den in Deutschland lebenden Ausländern findet sich auch in der vom Burda-Verlag erstellten „Typologie der Wünsche“-Untersuchung, in der Allensbacher Werbeträger-Analyse oder in kleineren Studien wie die „Marken Profile“ von Gruner & Jahr oder die Typen-Studie der Frauenzeitschrift *Brigitte*. Die von der Gesellschaft für Konsumforschung (GfK) in Nürn-

berg täglich für die Arbeitsgemeinschaft Fernsehforschung erfassten Ratings des TV-Konsums berücksichtigten bis zum Frÿjahr 2001 rund 4800 ausschließlich deutsche Haushalte. Nur sehr zögernd baut die GfK ein fremdsprachiges Panel bei etwa 500 Haushalten auf, lässt aber die Werbewirtschaft abwehrend wissen, das alles sei sehr schwierig, noch lange nicht „valide" und koste immens viel Geld. Und vor allem: In dem Panel der nicht aus der EG stammenden Ausländer werden die Deutschtürken nicht berücksichtigt.

Media-Leute begründen diese Zurückhaltung, der deutsche Ausländermarkt sei viel zu fragmentiert. Der portugiesische Bauarbeiter, der am Mittleren Ring in München die Betonverschalung zusammenhämmert, unterscheide sich völlig von dem türkischen Automonteur, der bei BMW in Dingolfing am Fließband arbeitet. Und beide hätten nichts gemeinsam mit der Polin, die bei Siemens elektronische Leiterplatten lötet, oder dem Marokkaner, der beim Kaufhof CDs verkauft. Sicherlich hätten die großen Markenartikelfirmen wie Nestlé und Henkel, VW und Opel eigenes Datenmaterial über den ausländischen Markt in Deutschland zusammengetragen. Doch das würde unter Verschluss gehalten.

Wirklich überzeugen können solche Argumente nicht, ist doch die bundesdeutsche Bevölkerung noch weit stärker fragmentiert, differenziert, in einzelne Lifestyle-Gruppen wie adaptive, konsum-materialistische oder traditionell bürgerliche Milieu-Strömungen aufgesplittet. Es gibt Werbung für Besitzer von Kanarienvögeln, für Schwule und für Schulabgänger. Kaum zu glauben, dass ausgerechnet der Verzicht auf Werbung für in Deutschland lebende Ausländer nur ein Zufall ist. Die deutsche Markt- und Media-Forschung rühmt sich, knapp hinter den USA weltweit eine führende Position zu besetzen, doch sie verzichtet darauf, ein Achtel der einheimischen Bevölkerung in ihre ausgefeilten Werbepläne aufzunehmen.

Unseren türkischen Mitbürgern ein frohes Weihnachtsfest

Und wenn sich schon mal ein Unternehmen dazu entschließt, seine Werbeslogans auch an die türkischen Verbraucher zu richten, dann machen teilweise haarsträubende Fehler und bis jenseits der Grenze der Geschmacklosigkeit hinausreichende Fehlgriffe erst so richtig deutlich, wie wenig ernst diese Zielgruppe genommen wird. Ein Beispiel der harmloseren Art war die Siemens-Werbung, die „den türkischen Mitbürgern ein frohes Weihnachtsfest" wünschte, obgleich der Islam kein Christfest

kennt und die überwiegende Anzahl der Deutschtürken Muslime sind. Die Putzmatrone Klementine der Waschmittelmarke „Ariel", urteilt Erk Güner, Chef der türkischen Agentur WFP in Berlin, komme bei türkischen Hausfrauen nicht gut an: „Keine türkische Frau wäscht ihre Wäsche in der Küche." Die Waschmaschine in der Küche verstößt gegen traditionelle Reinheitsvorstellungen. Auch wenn solche Kulturregeln konsequent nur noch von der älteren Türkengeneration befolgt werden, liegen nackte Männerpopos in der Rasierklingenwerbung, Frauen, die beim Autokauf mitreden, oder einfach nur Menschen, die beim Besuch in einer türkischen Wohnung die Straßenschuhe nicht auszuziehen, voll daneben.

Eine Niete zog auch ein führender Hersteller von Hygieneartikeln in seiner Fernsehwerbung: Die Familie sitzt am Mittagstisch, als die Mutter plötzlich durch eigentümliche Verrenkungen auffällt. Der Sprecher erklärt, die Monatsbinde habe sich vom Slip gelöst, eine für Frauen bekannte Erfahrung, die selbstverständlich mit Einlagen dieser Marke nicht möglich sei. Es waren nicht einmal die türkischen Frauen, die sauer auf diese Art von Intimwerbung reagierten. Die türkischen Männer, für die eine Frau mit Monatsblutungen traditionell als „unrein" gilt, fühlten sich abgestoßen, buchstäblich angeekelt. Voll daneben ging außerdem der Werbeslogan „Test it" für die Zigarettenmarke „West", denn „it" heißt auf Türkisch „Hund".

Die Diskussion nach den Ereignissen in den USA am 11. September 2001 offenbarte eindringlich, wie wenig die deutsche Mehrheitsgesellschaft über die Kultur ihrer nationalen Minderheiten weiß. Fast drängt sich der Verdacht auf, dass dieses Unwissen absichtlicher Ignoranz entspringt, wofür beispielsweise die Tatsache spricht, dass rund 400 000 türkischstämmige Menschen in keiner Statistik als Kunden und Konsumenten geführt werden. Selbst in staatlichen Zahlenwerken ist regelmäßig von 1,9 Millionen in Deutschland lebenden Türken die Rede, ungeachtet der Tatsache, dass weitere 400 000 Deutschtürken einen deutschen Pass haben, aber nach Mentalität und Lebensart ihrer türkischen Herkunft verbunden bleiben.

„Die Türken"

30

Noch immer geistern durch die deutsche Wahrnehmung veraltete Vorstellungen von „den Türken", von denen nur 25 Prozent mit ihren deutschen Sprachkenntnissen „selbst zurechtkommen"; von denen 78 Prozent nie einen Deutschkurs besucht haben; die abgekapselt von der

deutschen Umwelt in „Ghettos mit typischem Milieu" leben, geprägt von Traditionen der Großfamilie und in enger landsmannschaftlicher Nachbarschaft; deren Bildungsbedarf sich am bescheidenen Niveau in der Türkei mit einer fünfjährigen Grundschule orientiert ...

Längst hat sich unter Deutschen eine fein abgestufte Rangfolge entwickelt, in die Ausländer eingeordnet werden. Die Türken mit dem überholten Gastarbeiterimage rangieren in dieser Hierarchie auf einem minderen Rang:

- Ehemalige DDR-Flüchtlinge und deutschstämmige Aussiedler
- EG-Bürger
- Gastarbeiter
- Flüchtlinge
- Asylbewerber

Es ist das allgemeine Klima, das gegen Ausländer in Deutschland gerichtet ist und bis in die Wirtschaft durchschlägt. Die Wurzeln dieser Vorbehalte sind weit älter als die Ankunft der ersten Gastarbeiter. Die ersten deutschen Ausländergesetze stammen aus dem Jahr 1913. Anfang der 30er Jahre wurde die Bestimmung erlassen: „Jeder Ausländer ist zum Aufenthalt im preußischen Staatsgebiet zugelassen, solange er die geltenden Gesetze und Verwaltungsvorschriften befolgt. Ein Anspruch auf Gestattung des Aufenthaltes steht dem Ausländer nicht zu." So hieß es dort. 1938 folgte die Präzisierung, die „Gefährdung von Belangen der Reichs- und Volksgemeinschaft, die Unterbringung, den Verstoß gegen die Regelung des Arbeitseinsatzes, die Landstreicherei und Hilfsbedürftigkeit" als Gründe für Ausweisung anführt.

Beim ersten bundesdeutschen Ausländerrecht von 1965 entfiel zwar die Bezeichnung „Polizeiverordnung", doch blieb die Verantwortung bei denselben Behörden, die gemeinhin für die „Gefahrenabwehr" verantwortlich sind. Inzwischen hatte die Bundesregierung 1955 den ersten Anwerbevertrag mit Italien geschlossen. 1960 folgten ähnliche Abmachungen mit Spanien und Griechenland, dann auch mit der Türkei, mit Portugal und Tunesien, 1968 mit Jugoslawien. In den Verträgen mit der Türkei verwendete das Bundesinnenministerium allerdings Formulierungen, die bereits Vorbehalte deutlich machten – etwa dass die Bewerber „für den Aufenthalt in der Bundesrepublik" und nicht nur für die Arbeit geeignet sein mussten. Als am 26. Oktober 1961 die ersten türkischen Gastarbeiter auf Initiative des Automobilherstellers Ford in Köln eintrafen, hatte sich die deutsche Öffentlichkeit schon fast an die Fremden gewöhnt. Die Angeworbenen stiegen auf Gleis 12 des Deutzer Bahn-

hofs aus dem Zug. Fortan trafen wöchentlich Sonderzüge aus Istanbul ein, mit über 1000 Menschen meist bis auf den letzten Platz besetzt. Die Arbeitslosenquote in Köln lag damals bei 1 Prozent, Deutschland befand sich mitten im Wirtschaftswunder. Der Westdeutsche Rundfunk gründete die erste türkische Hörfunkredaktion „Köln Radyosu". In der Domstadt wurde der erste türkische Arbeiterverein gegründet; es entstanden 84 Moscheen; heute haben noch die meisten türkischen Dachverbände dort ihren Sitz.

Zuzugssperre und „Rückkehrprämie"

Unter dem Druck einer rückläufigen Konjunktur wurde 1973 ein Anwerbestopp verkündet und *Der Spiegel* titelte stigmatisierend „Die Türken kommen – rette sich, wer kann". Fortan bekommt der abschätzige Trend eine Eigendynamik. Ab Januar 1975 erhielten ausländische Arbeitnehmer weniger Kindergeld. Im April folgte eine – vom Verfassungsgericht wieder kassierte – „Zuzugssperre" für Ballungsgebiete. Gleichzeitig mit der Anfang der 80er Jahre verkündeten Einschränkung des Familiennachzugs wurde auch ein „Gesetz zur Förderung der Rückkehrbereitschaft" erlassen. Deutsche Politiker feierten die „Rückkehrprämie" von 5250 Euro plus 750 Euro für jedes unterhaltsberechtigte Kind unter 18 Jahren als finanzielle Starthilfe der Rückkehrer in ihre Heimat. Genau dieser Zweck wurde indessen konterkariert, indem die Unterstützung erst zwei Jahre nach der Heimkehr an die Rückkehrer zur Auszahlung kam. Deutsche Banken entdeckten schnell die Lücke und boten Zwischenkredite, verzinst zulasten der Heimkehrer. Wenn diese auch noch ihre Beiträge zur gesetzlichen Rentenversicherung zurückforderten, erhielten sie nur ihre Arbeitnehmeranteile – der Arbeitgeberanteil, insgesamt über 500 Millionen Euro und Bestandteil der Arbeitsverhältnisse, verblieb zum Nutzen der deutschen Bürger in der Rentenkasse.

Sogar die deutsche Presse vermerkte damals kritisch, dass viele Türken einfach unzureichend über ihre Ansprüche auf die Rückkehrprämien informiert waren, die nur für den Fall andauernder Arbeitslosigkeit oder Betriebsstilllegung gelten sollten. Der Mannheimer Facharbeiter Ali Çavdar, seit 19 Jahren in Deutschland, musste sich jedenfalls von den Behörden vorhalten lassen, er habe selbst gekündigt und sein Arbeitgeber, eine Reinigungsfirma, sei weder pleite noch fahre sie Kurzschichten. „Dann gebt mir wenigstens 5000 und ich verschwinde", schlug Çavdar vor. „Du abhauen, du zu Hause feilschen, nix in Deutschland", habe man ihm gesagt.

Es ist schwer nachvollziehbar, dass das größte Einwanderungsland nach den USA – in das neben den rund 8 Millionen Vertriebenen zwischen 1950 und 1997 noch etwa 29 Millionen Arbeitsmigranten kamen – seine ausländischen Minderheiten fortgesetzt ablehnte und abstrafte. Dass die Neufassung des Ausländerrechts – mehr als 30 Jahre nach Ankunft der ersten Gastarbeitergeneration – 1990 mühsam auch Integration und Familienaufenthalt berücksichtigte, deckt sich auffallend mit der Zurückhaltung der Wirtschaft gegenüber den fremden Zielgruppen. Noch immer gilt in vielen deutschen Unternehmen eine Werbekampagne für Türken als „Risiko": „Man könnte uns das übel nehmen", bekommt man immer wieder zu hören und legt bei der Zusammenarbeit mit türkischen Ethno-Agenturen ausdrücklich darauf Wert, dass die Werbung unbemerkt vom Mehrheitspublikum bleibt.

Ausländerfeindlichkeit? Bei uns doch nicht!

Seit über vier Jahrzehnten leben ausländische Mieter, Hausbesitzer, Steuerzahler und Konsumenten in Deutschland. Sie tragen ihr Geld zu deutschen Banken und kaufen deutsche Autos oder telefonieren über deutsche Telefongesellschaften. Sie schicken ihre Kinder in deutsche Kindergärten und auf deutsche Schulen. Doch in der Wirtschaft nimmt kaum jemand davon Notiz.

Am Stadtrand von Köln hat die Firma Rheinbraun ihren Sitz, die auch Türken beschäftigt und zu jedem Monatsende deren Gehälter auf das Konto einer Bank überweist. Ebenso pünktlich erscheinen dann dort türkische Gehaltsempfänger, um das Konto bis auf ein paar Euro Mindesteinlage zu leeren und mit dem Baren zu einer Bank ihrer Wahl zu gehen und auf ein Konto einzuzahlen. Ein Banker, befragt, warum der Exodus nicht durch spezielle Konditionen für die Türkenklientel gebremst würde, blickte völlig verständnislos: „Wie? Warum? Das ist eben so!"

Die Deutschtürken sind die größte nationale Minderheit zwischen Ostseestrand und Alpenrand. Sie verfügen über eigene Zeitungen und eigene Hörfunk- und Fernsehsender. Sie leben überwiegend in großen Städten und dort in bestimmten Stadtteilen. Berlin ist mit rund 180000 Türken die größte türkische Großstadt außerhalb der Türkei, gefolgt von Köln (90000), Hamburg (80000), Duisburg (60000) und München (50000). In Nordrhein-Westfalen leben 850000 türkische Bürger. Dann folgen Baden-Württemberg mit 426000, Bayern (320000) und Hessen (257000). In der türkischen Parallelgesellschaft gibt es nahezu alles, was es auch in der deutschen Mehrheitsgesellschaft gibt, türkische Waren-

33

häuser, Lebensmittelgeschäfte, Werbung, Internet-Portale, Discos. Alles angepasst an türkische Sitten, in türkischer Sprache. Es gibt türkische Rechtsanwälte und Fahrschulen, türkische Reisebüros und Fußballmannschaften. Jedes 13. in Deutschland geborene Kind hat türkische Eltern.

Und natürlich gibt es türkische Wohnviertel. „Die Türken sind alle Bauern. Sie stammen von Bauern ab und denken wie Bauern", meint der Münchner Agenturchef Bülent Tulay, der als junger Mann nach Deutschland kam. „Kein Türke wohnt, jedenfalls nicht lange, in einem Hochhaus. Das passt nicht zu seinem bäuerlichen Erbe. Dort gibt es zu wenig Kontakte. Das Leben ist zu anonym." Es gibt auch andere Gründe. Ein Türke, studiert und vielen seiner deutschen Mitbürger an Bildung und Kultur überlegen, hatte nur einen Nachteil: Er war mit seinem Schnurrbart auf den ersten Blick als Türke zu erkennen, was dazu führte, dass ihm kein Deutscher eine Wohnung vermieten wollte. Irgendwann rasierte er sich die Barttracht ab. Fortan sah er aus wie ein Italiener und wurde anstandslos als Mieter akzeptiert.

Kaum ein Türke beklagt sich über offene Ausländerfeindlichkeit. Doch wer genau nachfragt, bekommt zahlreiche Beispiele präsentiert, wie Deutsche auf subtile, unterschwellige Weise die Türken ablehnen, meiden, ignorieren. „Viele Deutsche fahren im Urlaub gerne in die Türkei, wollen aber keinen Türken zu Hause als Nachbarn haben", sagt ein seit Jahren in Deutschland lebender Türke. Suat Bakır, in Deutschland aufgewachsen und erfolgreicher Bankmanager, meint: „In meiner Jugend, während der Schulzeit, hatte ich nur deutsche Freunde. Heute habe ich fast nur noch türkische Freunde. Die Deutschen haben sich zurückgezogen. Warum? Ich weiß es nicht. Ich bin Türke, aber ich bin zugleich auch Deutscher."

Diesem Klima kann sich kein deutscher Unternehmer, kein Marketing- und kein Werbeexperte entziehen. Keiner von ihnen legt beim Betreten des Büros das Unbewusste ab, das mit politischen Parolen gefüttert wird und zur Distanz zu den Fremden führt. Von einer „neuen Intimität zwischen Kultur und Politik" spricht der Soziologe Jürgen Habermas. „Die Marktwirtschaft ist farbenblind", bedauert der amerikanische Politologe Alwin Rabushka, aber eigentlich könnten „die Rassen nur auf dem Marktplatz friedlich zusammenkommen, dort, wo sie kaufen und verkaufen".

34 Eigentlich sind die Voraussetzungen gut für diese friedliche Koexistenz, denn längst geht es nicht mehr um die Türken, die vor 40 Jahren nach Deutschland kamen, die Hilfsarbeiter auf dem Bau oder in Fabriken, die erste Generation. Inzwischen gibt es die zweite, teilweise sogar

schon die dritte Generation, die Universitäten besucht haben, einen Mercedes fahren und ihr Geld in einen Bausparvertrag stecken. Doch außer Mercedes-Benz wirbt keine deutsche Automobilfirma gezielt um die türkische Kundschaft. Kaum eine Versicherung schickt geschulte Vertreter zu türkischen Familien, um ihnen das nicht nur für türkische Vorstellungen hoch komplizierte Kleingedruckte zu erläutern.

„**Sollen sie doch Deutsch lernen**", lautet eine der von Vor- und Falschurteilen beeinflussten Forderungen der Mehrheitsgesellschaft. Sie unterschlägt, dass die zweite Generation mindestens leidlich, die dritte Generation ebenso gut Deutsch wie Türkisch spricht. „Die Russlanddeutschen bewahrten ihre Sprache viele Generationen lang", rückte die *Frankfurter Allgemeine Zeitung* die Bedeutung der Zweisprachigkeit zurecht: „Viele junge Türken beherrschen das Türkische nur noch unvollkommen."

„**Sollen sie doch in die Türkei zurückgehen**", sagen die Gegner der Migration. Tatsächlich kamen die ersten Türken mit der festen Absicht nach Deutschland, ein paar Jahre zu arbeiten und mit dem angesparten Geld in die Heimat zurückzukehren. Noch Anfang der 80er Jahre dachten kaum 25 Prozent daran, in Deutschland zu bleiben. Rund 1 Million Türken, verführt durch die Rückkehrprämien, gingen zurück. Aber inzwischen ist die überwiegende Mehrheit fest verwurzelt. „Die Deutschen haben immer noch nicht verstanden, dass wir hier leben und bleiben werden", meint der auch in der deutschen Kinoszene bekannte Regisseur Neco Çelik. Die Türken in Deutschland sind in derselben Situation wie die Polen, die im 19. Jahrhundert in die Kohlengruben des Ruhrgebiets einfuhren, wovon dort noch heute auffallend viele Familiennamen wie Kowalski oder Brustinek zeugen.

„**Türken haben ohnehin kein Geld**", begründen Wirtschaftsdeutsche ihre Gleichgültigkeit gegenüber den Kunden mit dem Halbmond-Pass. In Wirklichkeit ist das Netto-Einkommen türkischer Haushalte vergleichsweise kaum geringer. Einem Drittel stehen monatlich mehr als 2000 Euro zur Verfügung. Bei den Deutschen sind es 38 Prozent. Die Gesamtkaufkraft liegt bei jährlich 25 Milliarden Euro. Die Sparquote, bislang Merkmal der Türken, ist rückläufig, die Konsumneigung steigt. Fast alle Türken wohnen zur Miete, aber jeder vierte hat wenigstens einen Bausparvertrag abgeschlossen, kaum weniger als die Deutschen.

„**Türken haben ohnehin keine Konsumkultur**", das ist ein verbreiteter Vorbehalt. Tatsache ist, dass Türken *anders* konsumieren. Wichtig ist ihnen Vertrauen, Deutschen hingegen Sicherheit. Mit Türken muss man reden, eine persönliche Beziehung aufbauen. Für deutsche Konsumenten reicht es aus, sie durch großzügige Garantiebestimmungen in Sicherheit

35

zu wiegen. Türken würden dasselbe Produkt auch unter schlechteren Bedingungen und notfalls zu einem höheren Preis kaufen, wenn sie Vertrauen zum Händler gefasst haben. Darüber hinaus sind Autos nicht wie für Deutsche vornehmlich Gebrauchsvehikel, sondern Statussymbole. Fernseher, Telefon oder Internet-PC sind die Pipeline zur Heimat. Markenkleidung dient zur Unterscheidung vom Durchschnitt.

Solche Merkmale fügen sich zu einer Zielgruppe, die nach Zahl den selbstständigen Landwirten oder leitenden Angestellten, an Kaufkraft dem deutschen Mittelstand entspricht. Dagegen stehen die Vorurteile in vielen deutschen Marketingetagen: „Ach, die fahren im Urlaub doch ohnehin nur in ihre Heimat", wehrt ein für Reisewerbung verantwortlicher Media-Mann in München ab. „Türken essen ja noch nicht einmal Schweinefleisch", heißt es bei der Bayerischen Fleischerinnung als Begründung, warum Frischfleischwerbung auf Türkisch nicht lohnt. Auf die Rückfrage, ob es dann nicht lohnender sei, auf türkisches Interesse an Lamm und Rind zu setzen, schüttelt der Mann nur den Kopf. Die türkische Zielgruppe sei ohnehin zu klein, zu heterogen, schwer fassbar, zu aufwändig.

Kundenbindung

Gängige Begriffe wie „Permission Marketing" oder „Relationship Marketing" bemühen sich um eine Neuorientierung – weg vom Produkt und hin zum Kunden. Bekanntlich hat traditionelles Marketing vorrangig die Menge im Visier: Viel Gewinn durch viele Kunden und viele Waren. Doch die Märkte werden immer vielfältiger und kleiner, die „Menge Kunde" immer knapper. Das stetig steigende Warenangebot von austauschbarer Qualität macht den Kunden zu einem unberechenbaren, wechselhaften Wesen, das Markentreue durch kritische Auswahl ersetzt. Modernes Marketing ist deshalb auf Kundenpflege ausgerichtet. Kaufhauskonzerne führen Kundenkarten ein – inzwischen rund 40 Millionen –, die mit Rabatten, Sonderangeboten und Kundenveranstaltungen verbunden sind. Energieversorger, Verkehrsbetriebe oder Verlage gründen Kundenklubs. Das Düsseldorfer Autohaus Becker setzt mit Hauszeitschrift und Werksbesichtigungen auf Beziehungsmanagement. Der Düsseldorfer Unternehmensberater Edgar K. Geffroy hat daraus das Kundenpflegesystem „Clienting" entwickelt: „Der Profit steht nicht mehr im Mittelpunkt, sondern die Beziehung zum Kunden. Zufriedene Kunden genügen nicht mehr. Ziel ist ein Wir-Gefühl, das Kunden und Unternehmen verbindet."

Türken sind ideale Kunden

„Der Konsument hat sich zwar gewandelt, aber sein Bedürfnis nach menschlicher Wärme hat sich in unserer technisierten Welt verstärkt", sekundiert Francois Loeb, Warenhaus-Chef im schweizerischen Bern, der mit „Dankeschön-Kaffeegutscheinen" die Kunden anhält, gute Verkäufer zu beurteilen. Auch Ethno-Marketing ist nichts anderes als Segment-Marketing – auf eine ethnische Zielgruppe mit besonderen kulturellen Eigenarten zugeschnitten. Weil kein türkischer Kunde davonlaufen würde, wenn er in einem Laden ein fehlerhaftes Produkt gekauft, aber zu dem Verkäufer Vertrauen gefasst hat, sind Türken die idealen Kunden der neuen Marketingwelt. Alle Theorien über Kundenbindung und -treue haben die Türken kraft ihrer Mentalität bereits verwirklicht.

Seltsam nur, dass solche Erkenntnisse in deutschen Marketingabteilungen kaum eine Rolle spielen. Informationsmöglichkeiten gibt es genug, beispielsweise beim Zentrum für Türkeistudien in Essen oder bei den deutsch-türkischen Unternehmer-Vereinen wie in München oder Berlin. Doch türkische Werbung läuft fast ausschließlich über das knappe Dutzend Ethno-Agenturen, durchweg türkische Gründungen.

Dort sitzen sie sich also gegenüber, die deutschen Werber und die türkischen Agenturleute. Dreh- und Angelpunkt sind die kulturellen Unterschiede. In Fachfragen ist man sich einig, denn die meisten türkischen Werber haben ebenso auf Fachschulen studiert wie ihre deutsche Kollegen oder verfügen zumindest über jahrelange praktische Erfahrung. Kernproblem ist, dass kaum einer der Deutschen weiß, wie türkische Werbung funktioniert.

Aber auch ihre türkischen Gesprächspartner haben Schwächen. Überwiegend beschreiben sie ihre Landsleute als geschlossene Einheit, oft deshalb, weil sie damit die Vorurteile der meisten Deutschen bestätigen. Es sind fast immer dieselben Zahlen, die den Türkenmarkt skizzieren:

- 2,4 Millionen türkischstämmige Einwohner in Deutschland
- über 700 000 Haushalte
- 69 Prozent im aktiven Alter zwischen 15 und 65 Jahren
- 2070 Euro monatliches Durchschnittseinkommen
- 440 Euro monatlicher Sparbetrag
- 12 Milliarden Euro jährliche Konsumausgaben

Die Deutschen können nicht mitreden, denn nun rächt sich, dass sie der türkische Markt nie in dem Maße interessiert hat, um eigene Panels erstellen zu lassen. Die Türken andererseits können sich laufende Untersu-

chungen kaum leisten, um aktuelle Zahlen vorzulegen. Hinzu kommt eine Differenzierung des türkischen Marktes, die über herkömmliche soziodemografische Daten hinausgeht – die drei Generationen: die ersten Gastarbeiter der 60er Jahre, ihre inzwischen bis zu 40 Jahre alten bikulturell geprägten Nachkommen und die unter 20-Jährigen. Und dann sind da noch die vielfältigen Ausprägungen von Verhalten, Interessen und Meinungen, die ein Leben in zwei parallelen Kulturen zwangsläufig mit sich bringt.

Es ist das Nebeneinander von unterschiedlichen Wünschen der Generationen einerseits und gleichartigen Ansprachemustern andererseits, das Ethno-Marketing für Türken so wertvoll macht: Unterschiedliche Wünsche bedeuten Konsum, gleiche Muster öffnen den Zugang für Werbebotschaften.

Deutschtürken – der weiße Fleck auf der Werbelandkarte

Deutsche Marktforscher haben zwar schon etwas vom „dualen Lebensstil" jüngerer Türken gehört, etwa eines 18-jährigen Berufsstarters, der auf einer 10 Jahre alten Matratze schläft und daneben die HiFi-Anlage für 2000 Euro stehen hat. Aber die Welt der türkischen Mindsets wie Creatics, Gangsters oder Fanatics, die wesentlich die Entwicklung neuer Trends beeinflussen, bleibt den Marktforschern trotzdem verschlossen. Weithin unbekannt sind die so genannten marktrelevanten türkischen Gruppen, die für jeden einigermaßen gut ausgebildeten Marketingexperten natürliche Ansprechpartner sein müssten:

- Türkische Unternehmer und Selbstständige – rund 60 000 Unternehmen mit rund 300 000 Beschäftigten, ein Zuwachs von 82 Prozent seit 1990, Investitionsvolumen 5 Milliarden Euro, derzeit dabei, aus der ethnischen Nische in den Gesamtmarkt vorzudringen
- Türkische Vereine und Verbände – Multiplikatoren und typische Zielgruppe beispielsweise für Gruppenversicherungen, allerdings „vermintes" Gelände durch Aktivitäten fundamentalistischer Gruppen; dennoch sind ein knappes Dutzend ausschließlich auf weltliche Ziele ausgerichtete Dachorganisationen gut geeignet für Kooperationen, etwa zum Meinungsaustausch und für Schulungen.
- Türkische Berufsverbände

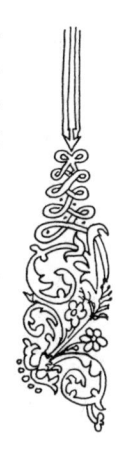

- Türkische Studenten – insgesamt derzeit fast 40 000, was einer Zunahme von 259 Prozent seit 1980 gleichkommt, Ingenieurswissenschaften bevorzugt, aber deutlicher Trend zu Rechts-, Wirtschafts- und Sozialwissenschaften, karriere- und aufstiegsorientiert, stark in die deutsche Gesellschaft integriert
- Türkische Literaten, Musiker, Künstler

Wie muss überhaupt die Ansprache der türkischen Konsumenten erfolgen, wo liegen die zielgruppentypischen Gefahren und Fallstricke in Angebot, Kommunikation und Vertrieb? Wo sind die Treiber für Konsum? Wer beeinflusst wen? Wo liegen die Chancen für Kundenbindung zukünftiger Konsumentengruppen? Wer trifft in den sich verändernden Familienverbänden die Entscheidungen wirklich? Wer den Darstellungen in den Medien folgt, bekommt den Eindruck, dass es noch immer der Familienpatriarch ist, der inzwischen alt gewordene Vater der ersten Generation aus Ost-Anatolien. Aber ist es möglicherweise nicht inzwischen seine Enkelin, die sich vor dem Kauf eines Videorecorders im Internet kundig macht? Und überhaupt, welche türkischen Medien stehen zur Verfügung, mit welcher Reichweite, Struktur und welchen Preisen? Die Deutschtürken sind ein weißer Fleck auf der Landkarte der deutschen Werber.

Wenn sich deutsche und türkische Werber gegenübersitzen, bestätigt sich ein Phänomen beim Zusammentreffen unterschiedlicher Kulturen: Die eine Seite fragt zu wenig, die andere erzählt zu wenig. Die Deutschen beharren auf ihren Vorurteilen, ihrem politischen Halbwissen und Heimvorteil. Die Türken, wirtschaftlich abhängig von der Mehrheitsgesellschaft, durch ihre Kultur traditionell zu absoluter Höflichkeit gegenüber Fremden erzogen, verzichten auf Widerspruch.

So kommt es zu Situationen, die jeder Vernunft widersprechen. Die Deutsche Telekom z. B. vergibt ihre Werbeetats an deutsche und internationale Großagenturen. Die wiederum tragen Marktdaten zusammen, etwa dass die in Deutschland lebenden Türken gerne und häufig mit der Verwandtschaft in der fernen Heimat telefonieren und deshalb Bedarf haben an Handys, an günstigen Ferngesprächstarifen, an Verträgen, deren Kleingedrucktes sie verstehen. Also schaltet die Telekom-Agentur eine der türkischen Agenturen mit dem Auftrag ein, diese Bausteine zu entwickeln, Prospekte zu texten, türkischsprachige Callcenter zu organisieren. Und dann flattert der Agentur eines Tages der Auftrag ihrer Oberagentur auf den Tisch, man möge doch bitte nur den beiliegenden Prospekt ins Türkische übersetzen. Nichts verändern, nur Wort für Wort, Satz für Satz übersetzen.

39

Gewiss haben die türkischen Werber ihren deutschen Kollegen längst erklärt, dass man ihre Texte nicht einfach eins zu eins übernehmen kann. Die deutsche Sprachlogik entspricht nicht der türkischen. Deutsche Texte sind für das türkische Sprachgefühl zu wenig bildhaft, zu nüchtern, zu gestelzt, zu wenig vertrauensbildend. Vertrauen sei wichtig für die Türken, haben die Ethno-Leute den deutschen Kollegen erklärt. Solche Insider-Informationen müssten eigentlich zum Erfahrungsschatz der Deutschen im Umgang mit der türkischen Zielgruppe gehören. Doch echtes Verständnis für die andere Kultur ist daraus nicht geworden. Und deshalb kommt es zu dem Auftrag, man möge den deutschen Prospekt kurzerhand ins Türkische übersetzen.

Es gibt türkische Agenturen, die in solchen Situationen schüchtern reagieren. Dort greift niemand zum Telefon, um den deutschen Werbern nachdrücklich klar zu machen: „Hören Sie mal, wir haben Ihnen doch die Sache mit dem Sprachgefühl erklärt. Dass man deutsche Texte nicht einfach …" Es kann deshalb durchaus passieren, dass der für den Telekom-Auftrag verantwortliche Türke seiner traditionellen Höflichkeit gegenüber Fremden zum Opfer fällt und dem Übersetzungsauftrag eilfertig zustimmt. Möglicherweise erhebt sich beim nächsten Zusammentreffen zwischen den deutsch-türkischen Werbepartnern leiser Widerspruch, der dann jedoch von den Deutschen – weil viel zu leise – mit einer Handbewegung vom Tisch gewischt wird. So entstehen werbliche Fehlleistungen, die mangelndes Verständnis zwischen den Kulturen belegen.

Übrigens, im Fall Telekom hat der türkische Werber, dritte Generation, in Berlin aufgewachsen und ausgebildet und selbstbewusst genug, zum Telefon gegriffen und seinen deutschen Kollegen in der Großagentur angerufen: In Berlin und vermutlich auch in Hamburg gebe es an jeder Ecke ein Übersetzungsbüro. Wenn er einen deutschen Text ins Türkische übersetzen wolle, könne er sich dorthin wenden. Das sei billiger. Allerdings auch Unsinn, denn er wisse ja, wie das mit deutschen Texten und dem türkischen Sprachgefühl sei.

Die deutschtürkische Welt in Daten

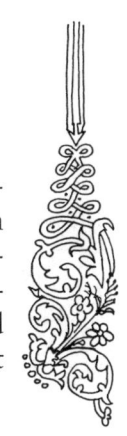

Zahlen über Deutschtürken liefern vor allem Trendmerkmale. Im Gegensatz zur deutschen Gesellschaft sind die in Deutschland lebenden Türken in Kernbereichen nur unvollkommen erfasst und in Datenbanken gespeichert. Deutsche Erhebungen leiden unter unzulänglichen Instrumenten, die kaum Rücksicht auf die besondere Kultur nehmen und bei den Fragestellungen jedes Ergebnis verfälschen können. Dennoch ist klar: Deutschtürken sind eine Marktmacht.

Die erste Generation

Salih Güldiken ist ein Vorzeige-Gastarbeiter. So überschrieb der *Kölner Stadt-Anzeiger* einen Beitrag über den Elektriker aus der Nähe von Istanbul, der 1962, von Ford angeworben, als Fließbandarbeiter in die Dom-Stadt kam: „Mein Bruder war Schiffskoch. Ich wollte auch in die Welt. Drei Jahre Deutschland und mit einem Auto zurück in die Türkei." Das war sein Plan.

Doch dann wird er das erste türkische Aufsichtsratsmitglied, tritt in die IG-Metall und SPD ein, wird Übersetzer zwischen den deutschen Werkmeistern und Kollegen, denen deutsche Worte fehlen. Seit 1970 ist er verheiratet. Der Sohn ist Ingenieur, die Tochter in den USA verheiratet. In seinem Wohnzimmer hängt ein Foto: Güldiken als Gast beim Neujahrsempfang des Bundespräsidenten. 1997 trat er in den Ruhestand. „Wir waren alle blind", sagt er heute, „blind gegenüber den Problemen, die kommen würden, wenn man einfach Leute herholt, ohne sie vorzubereiten. Und ohne selbst darauf vorbereitet zu sein." Man habe lange die Augen verschlossen, was sich in der türkischen Welt abspielt. Manche jungen Leute würden Opfer bleiben, auch der hiesigen Gesellschaft, die es nicht schaffte, sie alle adäquat aufzunehmen. Er selbst fühlt sich hier wohl. „Nach ein paar Wochen in der Türkei weiß ich, dass ich wieder nach Köln muss. Aber ich behalte meinen türkischen Pass." Seine Kinder, meint er, hätten gerne den deutschen.

Salih Güldiken entstammt der ersten Türkengeneration der heute über 40-Jährigen in Deutschland. Doch er passt nicht in das Gastarbeiter-Klischee. Denn die Mehrzahl der ersten Deutschtürken lebt in einer eigenen Welt:

- Sie kamen in den 60er Jahren als Gastarbeiter oder als nachgezogene Ehepartner nach Deutschland und hatten die Absicht, ein paar Jahre zu arbeiten und mit dem angesparten Geld in die Heimat zurückzukehren.
- Auch wenn sich der Aufenthalt in Deutschland über Jahrzehnte ausdehnte, blieben sie im Herzen „auf der Durchreise" und waren an einer sozialen Integration meistens kaum interessiert.

Die Folgen:
- Das Bildungsniveau ist niedrig.
- Die Rückkehr in die Heimat ist eine psychologische Option.
- Traditionelle religiöse und patriarchalische Grundwerte werden gelebt.
- Die Pflege der familiären und wirtschaftlichen Bindungen zur Türkei steht im Vordergrund.
- Es wird eiserne Sparsamkeit praktiziert.
- Der innere Abstand zum Gastland bleibt.
- Für die meisten ist eine abgeschottete Lebensweise unter „ihresgleichen" typisch.
- Es werden hauptsächlich familiäre Kontakte mit Kindern bzw. Enkeln gepflegt.
- Man besucht vorrangig Verwandte und Bekannte.
- Religiöse und traditionelle Werte sind wichtig.
- Religiöse und traditionelle Feiertage sind bedeutend für das gemeinsame Familiengefühl.
- Deutschland wird unter Versorgungsaspekten betrachtet (Rente, Gesundheitssystem u.Ä.).
- Die Türkei bleibt die ideelle Heimat; sie ist Wurzel und Projektionsfläche der eigenen Identität.
- Zwischen der Türkei und Deutschland wird regelmäßig gependelt; Pensionäre leben oft abwechselnd in beiden Ländern.

Die zweite Generation

„Ich brauche den Blick auf den Bosporus", meinte Tangün Örkün gegenüber der Tageszeitung *Kölner Stadt-Anzeiger* mit Hinweis auf das kleine Foto auf seinem Schreibtisch. Dabei ist er in Bonn geboren. Sein Vater, Bauingenieur, und seine Mutter, Besitzerin einer Boutique, entschlossen sich 1976, wieder in die Türkei zurückzukehren. Der damals Achtjährige wechselte von der zweiten deutschen Klasse in die dritte türkische. Vier Jahre später kam die Familie wieder nach Deutschland zurück. Dass Tangün sich zum Jurastudium entschloss, erklärt er mit dem Bedürfnis nach Sicherheit: „Möchte man in einem fremden Land aufgenommen werden, so sollte man erst die Sprache des Landes, dann die Leute und ihre Kultur kennen lernen." Aber das allein, meint er, genüge ihm nicht. Er wollte nicht nur seine Pflichten, sondern auch seine Rechte kennen lernen.

Inzwischen ist er Rechtsanwalt für Miet-, Pacht- und Baurecht, seit Frühjahr 2000 Mitglied einer Kanzlei mit 20 zugelassenen Anwälten türkischer Abstammung in Köln. Seine Klientel besteht jeweils zur Hälfte aus Türken und Deutschen. Außerhalb des Büros wird er kaum auf seine Herkunft angesprochen, nur seinen Namen muss er öfter buchstabieren. „Ich bin ein diszipliniert arbeitender Deutscher und emotional ein Türke", kennzeichnet er seine Situation.

Diese definiert die Berliner Ethno-Agentur Lab One für die – ungefähr zwischen 20 und 40 Jahre alte – zweite Generation:

- Sie kamen entweder als Kleinkinder im Rahmen der Familienzusammenführung nach Deutschland oder wurden hier geboren. Sie haben in der Regel deutsche Schulen, gelegentlich auch deutsche Hochschulen besucht und beherrschen daher die türkische und deutsche Sprache gleichermaßen gut.
- Sie sind eindeutig bikulturell geprägt und haben sich daher ein eigenes Weltbild „gezimmert" – aus Versatzstücken.
- Sie haben mitunter widersprüchliche Wertvorstellungen und Verhaltensweisen.
- Traditionelle türkische Ideale (z.B. Familienorientierung, „saygı" – Respekt gegenüber den Alten) und deutsche Werte (z.B. Unabhängigkeit, Konsumorientierung) verschmelzen zu einem neuen, eigenständigen Lebensgefühl als „Wanderer zwischen den Welten".
- Sie besitzen eine starke Bindung an das Elternhaus.
- Sie bevorzugen gemeinsame Freizeitgestaltung mit befreundeten gleichaltrigen Familien.
- Sie setzen sich mit der Erziehung und Freizeitgestaltung sowie mit den Bedürfnissen und Wünschen der Kinder bewusst auseinander.
- Die auffällig starke Konsumorientierung ist ein Reflex auf Kindheitserlebnisse: Aufgrund der spartanischen Lebensweise der Eltern mussten sie auf vieles verzichten, was für ihre deutschen Altersgenossen selbstverständlich war.
- Die fortwährende Suche nach der eigenen neuen Identität macht sie zu kritischen Konsumenten: Alle Angebote werden hinterfragt, ob sie auch tatsächlich den selbst gesetzten spezifischen Ansprüchen entsprechen.
- Auch bei der Mediennutzung steht das individuelle Nutzenkalkül an erster Stelle, ob deutsch oder türkisch, ist dabei eher nebensächlich.

43

Die dritte Generation

Ganz andere und für die Deutschtürken ungewohnte Merkmale lässt die individuelle Verhaltens- und Wertorientierung der dritten Generation erkennen. Ein typischer Vertreter ist der türkische Kabarettist Mushin Omurca, der durchaus auch auf Distanz zur eigenen Herkunft geht und diese hinterfragt. „Wir Türken sind Nomaden. Infolgedessen müssen wir wandern. Seit einigen Jahrtausenden sind wir unterwegs. Das ist genetisch bedingt. Wir müssen weiterziehen, genauso wie die Wanderlachse. Sie kennen die Wanderlachse? Sie schlüpfen im seichten Wasser der Flüsse und wandern gleich in die Weltmeere hinaus. Sie leben und arbeiten im Ozean und sparen ein bisschen. Wenn sie merken, dass sie bald von der Bühne des Lebens abtreten werden, kehren sie umgehend in ihre Heimatgewässer zurück", ulkt der Spaßmacher tiefsinnig.

So gesehen, meint er, seien die Türken die Wanderlachse der Menschheit. „Oder umgekehrt, die Wanderlachse sind die Türken der Menschheit. Mit einem gravierenden Unterschied: Die Lachse brauchen kein Visum. Die Türken dagegen kommen ohne nicht vom Fleck. Für alle Länder der Erde benötigt der Türke ein Einreisevisum: für Deutschland, England, Italien, Spanien … selbst für deutsche Provinzen wie Österreich, Holland, die Schweiz … Es gibt ein einziges Land, für das wir Türken kein Visum brauchen: die Türkei!"

So ganz nebenbei erfahre der Türke auf seinen Reisen, dass die Erde rund sei. „Das ist jedoch nicht der Sinn seiner Wanderungen. Für Entdeckungen, Erforschungen, Erfindungen und dergleichen kindische Spielereien haben wir weder Lust noch Zeit übrig. Die westlichen Länder beschäftigen sich mit diesen Dingen – wieso sollten wir uns in ihre Angelegenheiten einmischen? Wenn sie etwas Brauchbares rausbekommen, werden sie es uns auch freiwillig zur Verfügung stellen. Oder wir kopieren es. Also diesbezüglich sind die westlichen Länder sozusagen unsere ‚Türken'."

Der kritische Zungenschlag ist nur vordergründig auf Spaß angelegt. Dahinter glimmt nach Meinung der Agentur Lab One der Anspruch der dritten Türkengeneration in Deutschland auf eine eigene Identität:

- Die Generation der Kinder und Jugendlichen – meist unter 20 Jahre alt – ist gekennzeichnet durch eine „postmoderne" Fragmentierung.
- Sie betrachten sich weder als Türken noch als Deutsche; oft lehnen sie solche Klassifizierungen als überholte Schemata rundherum ab. Sie haben symbiotische, aber eigenständige Identitäten entwickelt.
- Verbindende Merkmale sind die ausgeprägte Konsumneigung, gekoppelt mit einem hohen Markenbewusstsein, und eine betont individualistische Verhaltens- und Wertorientierung.
- Es gibt wenig gemeinsame Freizeitgestaltung mit der Familie; Familienpflichten werden eher als lästig empfunden, jedoch Vorteile durch die Familie gerne noch in Anspruch genommen.

Bei der Berliner Agentur WFP sieht man das entschieden anders. Dort gilt die individuelle Verhaltens- und Wertorientierung nur für eine kleine „Elite" der dritten Generation, während die große Mehrheit durch Erziehung familienorientiert sei: „Häufig ist sogar eine bewusste Orientierung auf das Türkische und Islamische als Abgrenzung von der Mehrheitsgesellschaft zu beobachten." Es ist nicht zu übersehen, dass die ungenügende objektive Datenlage und die subjektiven Erfahrungen innerhalb der Community einen beträchtlichen Spielraum für Einschätzungen bietet.

Vergleich der drei Generationen

Die drei türkischen Generationen in Deutschland:			
	1. Generation	2. Generation	3. Generation
Alter	über 40 Jahre	20 – 40 Jahre	1 – 20 Jahre
Integration	niedrig	hoch	hoch
Bildung	niedrig	mittel	hoch
Einstellung	konservativ traditionell	liberal, zielgerichtet oder konservativ	individualistisch (50%) konservativ (50%)
Familienbindung	hoch	hoch	mittel
Türkeibindung	hoch	mittel	gering
Konsumverhalten	sparsam familienbezogen	stark kritisch familienbezogen	hoch
Kommunikations-verhalten	konservativ	Tendenz zur Mo-bilität	offen für Trends
Einstellung zu Werbung	positiv, kritisch	positiv, kritisch	positiv, kritisch

Quelle: Lab One 2001

Kennzeichnend für die drei Generationen ist das unterschiedliche Freizeitverhalten von Männern und Frauen. Die türkischstämmige Community differenziert sich somit gleich dreifach; nach Alter und Geschlecht, religiöser Bindung und ethnischer Zugehörigkeit.

Das Kopftuch – Symbol der Unfreiheit?

Die zweite in Deutschland lebende Frauengeneration macht deutlich, wie ambivalent die Entwicklung verläuft. Da ist beispielsweise Fatma Sezer, die als Zweijährige mit Mutter und Bruder vom Vater nach Deutschland nachgeholt wurde. Das war 1963. Nach der Schulzeit und Lehre machte sie als 20-Jährige den Gesellenbrief und 1999 folgte die Meister-

46

prüfung als Friseurin. Seit April 2000 hat sie ihren eigenen Salon: „Klar", bestätigt sie den Unterschied zwischen deutschen und türkischen Kundinnen, „die türkischen sind experimentierfreudiger und extravaganter." Ganz hinten im Salon gibt es eine kleine Kabine, zu der Männer keinen Zutritt haben. Dort erfüllt Fatma Sezer die Wünsche nach den Regeln des Islam: „Auch strenggläubige Frauen dürfen jede Frisur tragen, nur darf ihnen beim Frisieren kein fremder Mann zusehen."

Von Frauen ist nicht oft die Rede, wenn es um Deutschtürken geht. Sie gelten den Deutschen als grundsätzlich unterdrückt, sowohl durch den Islam als auch durch Traditionen. Das Kopftuch gilt als Symbol weiblicher Unfreiheit. Doch es gibt auch Gegenstimmen, gerade unter den Türken. Auffallend ist zum Beispiel, dass in das Modegeschäft von Gülser Topuz, ein Laden mit vielen bunten und sinnlichen Stoffen, zunehmend Türkinnen mit langem Mantel und Kopftuch kommen: „Muslimische Frauen dürfen alles! Geschäfte alleine betreiben, studieren, alles", korrigiert die Geschäftsfrau das weit verbreitete Vorurteil.

Gewissermaßen als eigene Gruppe treten freilich jene Frauen der zweiten Generation auf, die als Ehepartner nach Deutschland kamen, meist ohne Chance für ein selbstständiges Leben nach deutschen Vorstellungen. Gülten Aycan, 30 Jahre alt, ist verheiratet und hat drei Kinder. Seit 12 Jahren lebt sie in Deutschland, spricht aber kaum Deutsch. Sie sei nicht integriert, sagt sie selbst, „aber ich falle nicht auf". Als 18-Jährige gab ihr ein Verwandter den Rat, sie möge doch einen Ehekandidaten in Deutschland ansehen. „görücü usulü" heißt diese auch in der Türkei nicht mehr unumstrittene Sitte. Die Besichtigung endete mit dem Trauschein: Der Mann ist 24, bei den Großeltern aufgewachsen und mit 15 nach Deutschland gekommen. Seine 18-jährige Frau ist nach der 10. Klasse auf Wunsch des Vaters von der Schule abgegangen, sprachlich isoliert, ohne Kontakt beispielsweise zu anderen Müttern im Kindergarten, beim Arbeitsamt unfähig, ihren Wunsch zu formulieren, einen Computer- oder Sprachkurs zu besuchen.

Denoch behauptet der 30-jährige Ozan Sinan von der Berliner Werbeagentur Lab One: „Türkische Frauen in Deutschland verändern sich am deutlichsten und schnellsten. Das ist auch nur konsequent. Männer werden konservativ erzogen, darauf ausgerichtet, die Familie und deren Werte zu bewahren. Türkische Männer der älteren Generation haben nicht viel mit Veränderung im Sinn. Frauen sind hingegen das verändernde Element der Familie. Ihr Gebiet ist die Emotion und die lässt sich nicht festnageln. Es ist also nur logisch, dass deutschtürkische Frauen die Veränderungen jetzt auch für sich selbst entdecken. Viele von ihnen besuchen Hochschulen, machen beruflich Karriere, sind ehrgeizig."

47

Männer, erste Generation:

- Außerhalb der Arbeitszeit: tagsüber wenig Freizeitgestaltung im eigenen Haushalt und deshalb
- Hohe Verweildauer in türkischen Männercafés mit Fernsehen, Glücksspielen etc.
- Aktivitäten in Senioren-, religiösen oder Kulturvereinen
- Relativ viel Fernsehen, wenig Lektüre
- Sehr hoher Zeitaufwand für Gesundheit bzw. Arztbesuche
- Stark ausgeprägter Glaube, Kontakt zu anderen Personen bei der Ausübung der täglichen Religionspflichten, was eine aktive Rolle im muslimischen Gemeindewesen bedeutet.

Männer, zweite Generation:

- Aktivitäten in türkischen Sportvereinen
- Starkes Interesse an Autos und Freizeitgestaltung mit dem Auto
- Viel Fernsehen, viel Musik, vor allem türkische Musik
- Je nach Bildung und gesellschaftlichem Status vor allem Interesse an Folklore und Fußball
- Aktives Ausgehverhalten bei Singles und Ledigen (Café, Bar, Club)
- Verheiratete Männer haben mehr Kontakt zu ihren Freunden auch innerhalb der familiären Beziehung.

Männer, dritte Generation:

- Bei geringem Bildungsniveau kaum Kulturaktivitäten
- Betreiben in der Regel Sport, jedoch sehr wenige Vereinsmitglieder („Streetsport"); Vereinssport vornehmlich in Fußball- oder Kampfsportvereinen
- Interesse an Fitness und Körper
- Interesse an Disco und Clubs, ausgeprägte Café- und Barkultur
- Internet als interaktives Kommunikationsmedium hat hohen Stellenwert in Haushalten mit PC (Chatten); PC wird überwiegend für Spiele verwendet.
- Autos spielen als Statussymbole eine erhebliche Rolle bei Freizeitaktivitäten.

Frauen, erste Generation:

- Tagsüber vor allem mit dem Haushalt beschäftigt, deshalb wenig Spielraum für Freizeitgestaltung
- Kaum Lektüre, sehr viel Fernsehen, wenig Musik, viel Handarbeit und Shopping
- Sehr wenige bis keine Aktivitäten außerhalb des Haushalts
- Stark ausgeprägter Glaube, dadurch Kontakt zu anderen Personen bei der Ausübung der täglichen Religionspflichten, Freizeitaktivitäten in den Gemeinderäumen der Moscheen

Frauen, zweite Generation:

- Kaum Vereins- und Sportaktivitäten
- Hoher Anteil an berufstätigen Frauen
- Viel Fernsehen und Musik (fast ausschließlich türkische Musik)
- Frauen mit höherer Ausbildung lesen verhältnismäßig viel, bei geringerem Bildungsstand weniger.
- Aktives Freizeitverhalten von Singles und Ledigen (Café, Shopping)
- Verheiratete Frauen sind in ihrer Freizeit überwiegend mit Haushalt und Kindererziehung beschäftigt.
- Kontakt mit Freunden und Freundinnen auch außerhalb des familiären Umfeldes

Frauen, dritte Generation:

- Sehr wenig Sport
- Konzertbesuch, vornehmlich türkische Pop-Künstler, starkes Musikinteresse
- Cafés, vermehrt Bars und Clubs/Discos
- Wenn aus Familien mit hoher Bildung stammend, sehr hohe Kulturaffinität
- PC und Handy haben große Bedeutung als Kommunikationsmittel (Internet, Chatten).
- Häufiger Kinobesuch
- Starkes Interesse an Kosmetik und Styling
- Ausgeprägte Shopping-Kultur

Solche Veränderungen bleiben nicht ohne Folgen für das Verhältnis der Generationen zueinander. Die Situation der deutschtürkischen Familien ist vergleichbar den Gegensätzen zwischen den Generationen in deutschen Familien der 60er Jahre. Das von Ozan Sinan gegründete *Magazin für modernes deutschtürkisches Leben: Etap*: „Während die Kinder Freiheiten ausleben wollen, hängen die Eltern noch an Moral und Tradition vergangener Zeiten. Freunde treffen, tanzen gehen, Alkohol trinken, lustig sein? Ist nicht. Vor allem die Töchter sollen so lange zu Hause bleiben, bis sie in den sicheren Ehehafen segeln. Selbstverständlich für die Eltern. Doch das sehen längst nicht alle türkischen Mädchen ein. Wie ihre Brüder wollen auch sie abends weggehen, möchten in eine andere Stadt ziehen, um ein selbstständiges Leben zu führen. Das bringt Probleme mit sich."

Für die meisten Deutschen sind solche Strukturen kaum auszumachen. Sie orientieren sich an Äußerlichkeiten wie Kopftuch und langem Mantel oder ärmlichen Straßen der türkischen Stadtviertel. Die Türkei und ihre Einwohner gelten bei den Deutschen als arm. Doch für historischen Snobismus besteht keinerlei Anlass. Die Türken sind ein uraltes Kulturvolk. Byzanz – das spätere Konstantinopel und heutige Istanbul – war die große Gegenspielerin Roms, als die Stadt am Tiber noch beanspruchte, Mittelpunkt der Welt zu sein. Die osmanischen Sultane kleideten sich bereits in edelsteingeschmückte Seide und aßen von chinesischem Porzellan, als deutsche Könige und Fürsten noch auf ihren zugigen Burgen hausten und mit bloßen Händen in ihren Zinntellern wühlten. Der deutsche Nationalstaat ist gerade mal 140, die Bundesrepublik kaum mehr als 50 Jahre alt – und die moderne Türkei wurde vor knapp 80 Jahren gegründet. Nicht nur viele Türken haben bäuerliche Wurzeln, sondern auch viele Deutsche, deren Stammbäume ins ländliche Bayern, Mecklenburg oder Niedersachsen reichen. Türken sind weder dumm noch arm, wie die soziodemografischen Daten der Deutschtürken zeigen.

Statistische Daten des Zentrums für Türkeistudien

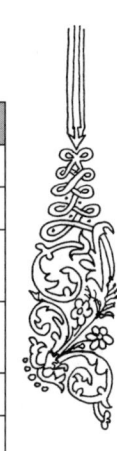

	ZfT	Bundespresseamt
Gesamtzahl der Deutschtürken	2,4 Mio.	2,44 Mio.
davon mit deutschem Pass	ca. 400 000	ca. 580 000
türkischer Anteil an Ausländern in Deutschland	ca. 28 %	
Anteil der in Deutschland geborenen Türken	30 %	
männlich	54 %	
weiblich	46 %	
verheiratet	42 %	
Altersstruktur		
15–29 Jahre	30 %	
30–49 Jahre	42 %	
über 50 Jahre	16 %	
15–65 Jahre	69 %	
30–65 Jahre	39 %	
über 65 Jahre	2,5 %	

regionale Verteilung	ZfT
Nordrhein-Westfalen	34 %
Baden-Württemberg	15 %
Bayern	12 %
Hessen	9 %
Berlin	8 %

Religion	ZfT
Anhänger islamischen Glaubens	95 %
religiös laut Selbsteinschätzung	55 %
davon unter 50 Jahren alt	85 %
davon Durchschnittsalter	39 Jahre

Demografische Daten	ZfT
statistische Haushaltsgröße	3,4 Personen
Ein-Personen-HH	13 %
Zwei-Personen-HH	18 %
Drei-Personen-HH	21 %
ab Vier-Personen-HH	48 %

Bildung	ZfT	Bundespresseamt	TID-Studie 1995
ohne Schulabschluss	33 %	12 %	
Haupt- oder Realschulabschluss	33 %	63 % (Hauptschule)	
weiterführende Schule		15 %	
Abitur	25 %	10 % (höherer Abschluss)	
Hauptschule ohne Lehre			52 %
Hauptschule mit Lehre			23 %
weiterf. Schule ohne Abitur			17 %
Abitur			2 %
Studium			2 %

Erwerbstätigkeit	ZfT
erwerbstätig	45 %
nicht erwerbstätig	31 %
in Ausbildung	13 %
arbeitslos	11 %
Berufsstand	
Arbeiter	72 %
Angestellte, Beamte	21 %
Selbstständige, Freiberufler	7 %

Sprachkenntnisse	Schreiben	Sprechen
beide Sprachen gleich gut	40 %	60 %
Türkisch besser	47 %	34 %
Deutsch besser	13 %	6 %

Alltagskommunikation	
mehr Türkisch	37 %
mehr Deutsch	24 %
beide Sprachen gleich	39 %
Sprachgebrauch nach Altersgruppen	
unter 29 Jahre	1. Bilingual 2. Deutsch
30-39 Jahre	Bilingual
über 40 Jahre	Türkisch
nach Aufenthaltsdauer in Deutschland	
neue Migranten	über 50 % nur Türkisch 30 % bilingual
in Deutschland aufgewachsen	Deutsch
Informationsinteressen	
interessiert an aktuellen Ereignissen in der Türkei	71 %
interessiert an aktueller türkischer Politik	41 %
interessiert an aktuellen Ereignissen in Deutschland	38 %
interessiert an aktueller deutscher Politik	27 %

Reisen in die Türkei p.a. (TID 1995)	ZfT
1 x	52 %
2 x und mehr	3 %
mit Flugzeug (1 Reise)	44 %
mit Flugzeug (x Reisen)	7 %
Persönliche Kontakte	
türkisches Milieu steht im Mittelpunkt	80 %
regelmäßige deutsche Kontakte	50 %
Kontakte im engeren Wohnbereich	
täglich zu Türken	69 %
täglich zu Deutschen	34 %

Einkommen	ZfT
pro Monat und Haushalt	2 070 €
pro Monat u. Person	518 €
Einkommen aller HH p.a., netto	über 15 Mrd. €
Quelle der Einkünfte	
Lohn u. Gehalt	80 %
staatliche Unterstützung	18 %
Renten	17 %
Kindergeld	70 %
Konsumverhalten	
Anteil der Ausgaben in Deutschland	95 %
Konsumausgaben pro Haushalt und Monat	ca. 1635 €
Telefonkosten pro Haushalt und Monat	ca. 150 €
Lebensmittel/Verbrauchsgüter	500 €
Miete	500 €
Kredite/Schulden	495 €
Urlaub/Türkeireisen	300 €
Versicherungen	ca. 180 €
Kleidung	150 €
Unterstützung für Familienangehörige	150 €
Freizeit	125 €

Ausgabeverhalten wird bestimmt von	ZfT
• Höhe des Einkommens	
• Alter; steigend mit zunehmendem Alter; Ausnahme: Rückgang bei ältester Gruppe	
– 30–44 Jahre (40 % aller Türken)	höchste Ausgaben
– 18–29 Jahre	höchster Anteil für Freizeit und Urlaub
– über 60 Jahre (8%)	geringste Ausgaben
• Aufenthaltsdauer	Ausgaben steigen mit Dauer

Einkaufsquellen (Mehrfachnennung möglich)	ZfT
Discounter	88 %
Supermarkt	48 %
nationalspezifischer Einzelhandel	43 %
deutscher Einzelhandel	12 %
Warenhaus	10 %
Versandhandel	2 %
Sonstige	11 %

Sparverhalten	
abhängig von • Einkommen • Alter • beruflicher Stellung	
Anteil der Sparer	über 50 %
Sparvolumen pro Haushalt und Monat	
125–250 €	36 %
225–500 €	17 %
über 500 €	8 %
Sparquote pro Haushalt und Monat	ca. 440 €

Investitionen	ZfT
Geldanlage in der Türkei	70 %
Geldanlage in Türkei und Deutschland	55 %
Geldanlage nur in der Türkei	27 %
Geldanlage nur in Deutschland	18 %
Immobilien in der Türkei	71 %
Lebensversicherung in Deutschland	36 %
Sparkonto in Deutschland	32 %
Konten/Anlagen bei türkischen Banken	28 %
Wohnbesitz in Deutschland	16 %
davon jüngere Migranten (gesamt: über 29 Mrd. €)	25 %

Zum Vergleich: 1996 verfügten 54000 türkische Haushalte über Wohneigentum, 1999 verfügten 96000 türkische Haushalte über Wohneigentum Steigerungsrate: 78 % in drei Jahren	
Selbstständige Betriebe (90 Branchen)	rund 60000
Umsatz p.a.	über 25 Mrd. €
Investitionen p.a.	6 Mrd. €
Beschäftigte	ca. 300000

Ausgewählte Daten: Lebenssituation in NRW (Quelle: ZfT)

- Ca. 20 % besitzen deutsche Staatsangehörigkeit.
- Ca. 30 % denken daran, deutsche Staatsangehörigkeit anzunehmen.

Zunehmende Zufriedenheit über Wohnverhältnisse:

- Über 50 % wohnen in überwiegend deutschen Wohnvierteln
- Ca. 13 % wohnen in gemischten Wohnvierteln

Verbundenheit:

- 31 % fühlen sich vornehmlich der Türkei verbunden
- 21 % fühlen sich vornehmlich Deutschland verbunden
- 40 % fühlen sich beiden Ländern verbunden

Sprachkenntnisse:

- 50 % mittlere bis schlechte Deutschkenntnisse
- 75 % gute bis sehr gute Türkischkenntnisse (Selbsteinschätzung der Befragten)

Ausgewählte Konsumbeispiele (Quelle: TID 1996)	ZfT
Bewertung: 1 bis 6 1 = trifft voll zu, 6 = stimme gar nicht zu Anteile 1 – 3	
Bekannte Markenartikel: gute Qualität	74 %
Markenartikel: teurer, da bessere Qualität	63 %
Achte beim Einkauf mehr auf Marke als auf Preis	54 %
Essen und Trinken: wichtig	85 %
Fertiggerichte erleichtern die Arbeit	24 %

Leben ohne Auto unvorstellbar	50 %
Mobilfunknetze	
D 2	44 %
D 1	29 %
E Plus	20 %
Nutzung Mobiltelefon	
nur beruflich	20 %
nur privat	54 %
beides	26 %
Verwendung von Vollwaschmitteln	
täglich	9 %
mehrfach pro Woche	56 %
1 x pro Woche	25 %
mehrfach pro Monat	6 %
Welche Schokolade in letzten 4 Wochen gegessen?	
Milka	44 %
Ritter Sport	25 %
Alpia	13 %
Kinderschokolade	11 %
Heißgetränke	
Bohnenkaffee	55 %
Schwarzer Tee	52 %
Türkischer Mokka	16 %
Kräuter-/Früchtetee	14 %
Löslicher Kaffee	10 %
Espresso	5 %
Haarpflegeprodukte verwende ich ...	
täglich	16 %
mehrmals pro Woche	52 %
1x pro Woche	15 %
mehrmals pro Monat	2 %
Elektrischer Rasierapparat	
Braun	24 %

Phillips	8 %
Grundig	4 %
Panasonic	3 %
Privileg	3 %
Remington	1 %
Bausparvertrag	
Sparkasse	48 %
Deutsche Bank	9 %
Volksbank	8 %
Postbank	6 %
Dresdner Bank	6 %
Citibank	4 %
Commerzbank	3 %
Styling und Kosmetik	
Lege immer Wert auf Aussehen	77 %
Bevorzuge Kosmetika auf natürlicher Basis	36 %
Lippenstift, Lidschatten	43 %
Männer: Nichts außer Rasierwasser	57 %

Die Unvollkommenheit der Statistik

Alle diese Zahlenangaben müssen mit der Anmerkung versehen werden: „Vorsicht!" Sie treffen zwar den Trend, dürfen aber nicht vorbehaltlos als vollständig, zuverlässig und aktuell betrachtet werden. Der Grund ist die schlichte Tatsache, dass es über mehr als 2,5 Millionen in Deutschland lebende Menschen keine zuverlässigen Zahlenwerke gibt. Türkische Institutionen können sich kontinuierlich aktualisierte Untersuchungen finanziell nicht leisten. Außerdem bestand dafür auch kaum Bedarf. Und deutsche staatliche Stellen betreiben, wenn es um türkischstämmige Migranten geht, keine ordentliche Datenpflege. Die deutsche Bürokratie recherchiert ungenau, nicht selten parteiisch – oder überhaupt nicht.

Beispiel: Rund 400 000 Türken – also jeder Fünfte – haben einen deutschen Pass. Damit haben sie zwar ihre Nationalität, nicht aber ihre kulturelle Identität aufgegeben.

Die sich daraus ergebende Situation ist absurd: Die kulturell bedingten Eigenarten, Mentalitäten, Meinungen und Lebensweisen oder die verwandtschaftlichen Bindungen zur Türkei, alle diese Kriterien, die Deutschtürken von der Mehrheitsgesellschaft nicht selten kritisch angelastet werden, sind mit dem Wechsel der Nationalität sozusagen über Nacht bedeutungslos. Keine Verbraucherstudie interessiert sich noch dafür, dass diese Ex-Türken besondere Konsumgewohnheiten haben. In keiner deutschen Amtsstube besteht Interesse an der ausgeprägten Vorliebe für Markenware, an der Zahl der Kinder oder den heimatlichen Bindungen der Neu-Deutschen.

Anderes Beispiel: Deutsche Politiker vermerken kritisch eine hohe Zahl von Arbeitslosen unter türkischen Jugendlichen. Grundlage dafür sind die Statistiken der Arbeitsämter. Doch die sind höchst ungenau und haben wenig mit der türkischen Wirklichkeit zu tun.

Zweifellos ist die Zahl der türkischen Arbeitslosen zu hoch, zumal unter Schulabgängern, die auf rund ein Drittel geschätzt wird. Doch die türkische Arbeitslosigkeit ist nicht dasselbe wie deutsche Arbeitslosigkeit. Die deutsche Arbeitslosenstatistik sagt nichts darüber aus, was türkische Jugendliche tatsächlich treiben, wenn sie offiziell ohne Job sind.

Zunächst gilt es, eine Grundregel türkischen Gemeinschaftslebens zu berücksichtigen: Die Nachkommen bleiben bis zu ihrer Heirat in der Obhut der Familie. Der unverheiratete Sohn, mehr noch die ledige Tochter, leben bei den Eltern und werden fast immer von diesen finanziert. Es mag unter der jüngeren Generation bereits Ausnahmen geben, die sich dieser Tradition entziehen. Aber als Grundsatz haben diese Familienbindungen noch immer ihre Gültigkeit. Das bedeutet, dass die Kids keineswegs auf der Straße stehen, ohne Job und Geld, nur angewiesen auf die Wohlfahrt.

Das hat Folgen. Die jungen Menschen, frei von dem Druck, den Lebensunterhalt verdienen zu müssen, leisten sich nicht selten eine „Auszeit". Bevor sie endgültig ins Berufsleben einsteigen, genießen sie eine Periode der Freiheit von Pflicht und Lohn. Leisten können sie sich diese Aussteigermentalität, weil sie die türkische Gemeinschaft auffängt. Wer von den jungen Leuten jobben möchte, findet jederzeit beim Pizza-Dienst eines Onkels eine Beschäftigung als Ausfahrer oder in der Druckerei eines Bekannten eine Tätigkeit als Lagerhelfer. Junge Mädchen jobben in der Kebabstube oder der Änderungsschneiderei einer Tante. Unter Türken ist diese Form von Zusammenhalt ebenso selbstverständlich wie der Anspruch, nach der Schulzeit nicht sofort in die Karrierepiste einzuschwenken.

Das ist die *eine*, optimistische Sichtweise. Die andere lautet: Viele Familien sind daran interessiert, dass ihre Kinder möglichst frühzeitig einen erheblichen Beitrag zum Familieneinkommen leisten. Ihnen erscheinen deshalb gut bezahlte Billigjobs oder Schwarzarbeit attraktiver als eine dreijährige schlecht bezahlte Lehrzeit. Zudem ist jener Einstieg in das Berufsleben mit weniger Lernaufwand verbunden, weil sich mit einer solchen Job-Perspektive die Anstrengungen um einen Schulabschluss relativieren.

Statistiken deutscher Datensammler haben mit solcherlei Lebensmodellen ihre liebe Not – also bleiben sie unberücksichtigt. Deutsche Bürokraten erstellen deutsche Statistiken nach deutschen Kriterien, während die Türken ihre türkische Lebensweise leben. Ein wirklichkeitsnahes Bild der Verhältnisse kommt daher kaum zustande.

Die in diesem Buch aufgeführten Daten beruhen auf Angaben des Zentrums für Türkeistudien (ZfT), des Statistischen Bundesamtes, der Beauftragten der Bundesregierung für Ausländerfragen und ihrer Pendants auf Länderebene, der Studie „Türken in Deutschland" (TID), die auf türkische Initiative zustande gekommen ist, aber seit 1996 vor allem aus finanziellen Gründen nicht mehr aktualisiert wurde. Außerdem wurden die Datensammlungen türkischer Werbeagenturen und deutscher Marketinginstitutionen, Verlage und Demoskopie-Institute berücksichtigt.

Grundsätzlich gilt: Die deutschen Daten sind nicht falsch, aber ungenau, sie geben häufig ein verzerrtes Bild wieder. Und die türkischen Quellen haben den Nachteil, dass sie sich häufig an deutschen Statistik-Usancen orientieren, ihre Urheber in Wahrheit jedoch mehr über die Lebensverhältnisse ihrer Landsleute wissen, als in den Zahlenwerken seinen Niederschlag findet.

Lifestyle und Werte türkischer Mitbürger in Deutschland (Lab-One-Studie)

Ungeachtet der erheblichen Zahl türkischstämmiger Bürger in Deutschland gibt es bislang keine umfassende Erhebung der qualitativen Eigenschaften dieser Zielgruppe. Häufig wird von der deutschen werbetreibenden Wirtschaft dieser Mangel als Begründung für den Verzicht auf Ethno-Marketing angeführt. Die Berliner Agentur Lab One hat deshalb eine repräsentative Zielgruppenstudie zum Konsumverhalten sowie zu Lebensstilen und Wertewelten der Deutschtürken durchgeführt. Diese Studie wurde Anfang des Jahres 2002 abgeschlossen.

Die wichtigsten Ergebnisse werden an dieser Stelle erstmals veröffentlicht.

Verankerung der Studie

Nach innovativen und progressiven Ansätzen im Ethno-Marketing Mitte der 90er Jahre in den klassisch relevanten türkischen Migrantenbereichen wie Transport/Automobile und Telekommunikation beginnt die Entwicklung bereits zu stagnieren. Einerseits fehlt es gegenwärtig eindeutig an neuen Konzepten, die über anfangs nahe liegende Marketingideen – zum Beispiel mit Bezug auf das traditionelle Zuckerfest („ramazan bayramı" – religiöser Abschlussfeiertag des muslimischen Fastenmonats Ramadan) – hinausgehen. Auf der anderen Seite mangelt es an einer differenzierten Betrachtung der Zielgruppe, deren unterschiedliche Lebensstile, Wertewelten und Konsumverhalten bislang nicht ausreichend beleuchtet wurden. Die repräsentativ und qualitativ durchgeführte Grundlagenstudie soll die Erkenntnisse und Erfahrungen der ersten Phase des Ethno-Marketing überprüfen und die heterogenen türkischen Lebenswelten anhand verschiedener Segmente herausarbeiten.

Die Studie wurde in strategischer Kooperation der Unternehmen GIM, Gesellschaft für innovative Marktforschung, Heidelberg-Berlin-Moskau, und Lab One, Agentur für Medien und Kommunikation, Berlin, durchgeführt. Erste Hypothesen wurden im Juli 2001 generiert. Die Expertenbefragung und Fokusgruppengespräche fanden im August/September 2001 statt. Die quantitative Befragung erstreckte sich über die

Monate November/Dezember 20001. Die Veröffentlichung der Ergebnisse erfolgte in verschiedenen Modulen im Januar 2002.

Organisation der Studie

Um ein tieferes Verständnis der Lebenswelt, der Lebensstile und Bedürfnisse zu erhalten, wurden im Verlauf der Studie das Alltagsleben, die Selbstwahrnehmung in der deutschen Mehrheitsgesellschaft und die Konsumgewohnheiten untersucht. Dabei spielten soziale, politische und religiöse Aspekte eine große Rolle.

Die Verbindung von qualitativen und quantitativen Forschungsmethoden ermöglichte, differenzierte Ergebnisse zum türkischen Leben in Deutschland zu erhalten, die sich von den üblichen klischeehaften Ausführungen unterscheiden. Auf eine Anwendung des Generationenmodells wurde verzichtet.

Dagegen wurden die richtungweisenden Entwicklungen innerhalb der jungen Generation stärker in den Vordergrund gestellt. Nicht das Alter, sondern die sich abgrenzenden Lebensstile werden im Ethno-Marketing zukünftig im Vordergrund stehen.

Wertvorstellungen, Integrationsmerkmale, Konsumeinstellungen und Mediennutzung stellen einige Elemente dar, mit deren Hilfe die verschiedenen Lifestyle-Orientierungen unterschieden werden können. Auch das jeweilige urbane Umfeld kann in Wechselwirkung mit den jeweiligen Lebensstilen stehen.

Das Forschungsdesign besteht aus einer Verknüpfung verschiedener Erhebungsmethoden:

- qualitativ: Experten
  Interviews mit Experten in den Bereichen Musik, Medien, Konsum, Familie, Werte, Jugend, Religion und Integration ermöglichten es, die aktuelle Situation und zukünftige Entwicklung auf gesellschaftlicher und lebensstilistischer Ebene zu erfassen. Die gewonnenen Informationen und Einschätzungen dienten als Rahmen für die Interpretation der Fokusgespräche.
- qualitativ: Fokusgruppen
  Die Gruppengespräche wurden mit Angehörigen verschiedener Altersgruppen im Rhein-Neckar-Gebiet und in Berlin durchgeführt. Diskutiert wurden das soziale Umfeld, Ineressegebiete, Freizeit, Lifestyle, Konsum und Medien. Über ein „Group-Mapping" wurden die sich unterscheidenden türkischen Gruppierungen heraus-

gearbeitet. Jede Teilnehmerin und jeder Teilnehmer wurde gebeten, ein kreatives Journal zu führen, in dem mit unterschiedlichen Mitteln (Text, Fotos, Zeichnungen, Einkaufszetteln etc.) die eigene Lebenswelt, Wünsche und die Wahrnehmung Deutschlands beschrieben und illustriert werden sollten. Diese Methode hat sich in vielen anderen Studien, z.B. bei Jugendlichen und Senioren, sehr bewährt.

Die Ergebnisse der Gespräche und Journale ermöglichten einen lebendigen und persönlichen Zugang zu den verschiedenen Themenfeldern. Die durch Bild und Text gewonnenen Perspektiven, z.B. über Familie, Freunde, Identität und Akzeptanz, spiegeln einen lebendigen Ausschnitt türkischer Lebenswelten in Deutschland wider.

- quantitativ: Fragebogen
  Die Erkenntnisse aus der qualitativen Erhebung flossen in die Konzeption des Fragenkatalogs ein, der über eine telefonische Befragung deutschlandweit und repräsentativ an 1001 türkischstämmige Personen im Alter von 14 bis 49 Jahren, Männer wie Frauen, gerichtet wurde.

Segmentierungsansatz der Studie

Ethno-Marketing bedeutet, das Konsum- und Kaufverhalten von ethnischen Minderheiten zu analysieren und für diese Zielgruppen Konzepte zu entwickeln. Ethnisches Marketing ist also ein zielgruppenspezifisches Marketing. Das heißt, dass die anvisierten Zielgruppen differenziert zu betrachten sind.

Es reicht nicht aus, diesen Minderheiten ein gemeinsames Verhaltensmuster überzustülpen.

Eine differenzierte Betrachtung muss den unterschiedlichen Einstellungen und Lebenswelten der Deutschtürken gerecht werden. Erst nachdem die Vielfalt erkannt ist, lassen sich übergreifende Ansprachen entwickeln. Wertvorstellungen, Integrationsmerkmale, Konsumeinstellungen und Mediennutzung stellen einige Elemente dar, mit deren Hilfe die verschiedenen Lifestyle-Orientierungen voneinander unterschieden werden können.

Aufgrund der zunehmenden Zahl der hier Geborenen und ihres wachsenden Einflusses auf die Lebensorientierung der älteren Generationen müssen neue Merkmale für die Segmentierung herangezogen wer-

63

den. Nicht mehr nur soziodemografische Faktoren, sondern die sich abgrenzenden Wertewelten, Lebensstile und Konsumeinstellungen müssen im Ethno-Marketing zukünftig stärker im Vordergrund stehen.

In den für die Studie durchgeführten Fokusgruppen wurden das soziale Umfeld, Interessengebiete, Freizeit, Lifestyle, Konsum und Medien diskutiert. In den Fokusgruppen fanden zwanglose Diskussionen mit einer bestimmten Anzahl ausgewählter Teilnehmer der interessierenden Zielgruppe statt – mit qualifizierten Moderatoren, die die Diskussion leiteten, ohne die Ergebnisse zu beeinflussen.

Über ein Group-Mapping haben die Teilnehmer die sich voneinander unterscheidbaren deutschtürkischen Gruppierungen herausgearbeitet. Diese Innenperspektiven der verschiedenen Gruppen wurden zu einem ersten Segmentierungsansatz entwickelt, den es über die quantitative Erhebung mit anschließender Clusteranalyse zu überprüfen galt.

Die Clusteranalyse gehört zu den multivariaten Analyseverfahren. Sie fasst die befragten Personen zu Gruppen zusammen. Personen innerhalb einer Gruppe sind sich möglichst ähnlich, die Unterschiede zwischen den Gruppen aber möglichst groß. Die Gruppierung erfolgt aufgrund einer Vielzahl von Variablen, z.B. auch demografische Merkmale und Wertvorstellungen. Die Clusteranalyse ermöglicht die Entwicklung von Typologien und Segmentierungen und somit die Definition von Zielgruppen und deren gezieltes Ansprechen.

Entsprechend den im Fragebogen abgefragten „persönlichen Werten" wurden in einem iterativen Verfahren fünf Cluster gebildet. Über eine Skala von 1 (wichtig) bis 6 (unwichtig) waren die Befragten gebeten worden, insgesamt 22 „persönliche Werte" in ihrer Wichtigkeit einzustufen.

Die abgefragten „persönlichen Werte"

Traditionalismus
Traditionelle Geschlechterrollen
Bescheidenheit
Tradition
Patriotismus
Das Einwanderungsland akzeptieren

Hedonismus
Ein aufregendes Leben
Fun/Spaß haben

Individualismus
Gut aussehen
Selbstständigkeit
Freiheit
Individualität

Materialismus
Wohlstand
Status

Postmaterialismus
Erfüllte Arbeit
Geistige Offenheit
Internationalität
Anpassungsfähigkeit

Soziale Werte
Wahre Freundschaft
Zugehörigkeitsgefühl
Soziale Toleranz
Sicherheit für die Familie
Große Gefühle

Sehr unterschiedliche Aussagen ergaben sich bei den traditionalistischen Werten (wie „traditionelle Geschlechterrollen"), den hedonistischen („aufregendes Leben") und materialistischen („Ehrgeiz") Werten. Vor allem mithilfe dieser Werte konstituieren sich die verschiedenen Gruppensegmente.

Neben den stark abweichenden Bewertungen gibt es gruppenübergreifend sehr ähnliche Einschätzungen bestimmter Werte. Die abgefragten Werte können somit sowohl ein Bild der Differenzierung als auch der Gemeinsamkeiten vermitteln. Folgende Stichpunkte wurden von nahezu allen Befragten recht hoch bewertet: „Erfüllte Arbeit", „Wahre Freundschaft", „Freiheit" und „Sicherheit für die Familie".

Die zentralen Segmente

65

Die mithilfe des Clusterverfahrens isolierten fünf Segmente lassen sich bestimmten deutschtürkischen Wertewelten zuordnen. Die Gruppen „Konservative", „Skeptiker", „Bikulturelle", „Materialisten" und „In-

tellektuelle" spiegeln in ihren Charakteristika weit gehend deckungs-gleich die Ergebnisse der Fokusgruppengespräche wider. Die Cluster-tabellen wurden über die Wertvorstellungen hinaus um ausgewählte demografische Daten (Alter, Geschlecht etc.), biografische Daten (Erzie-hung, Gläubigkeit), integrationsspezifische Daten (Sprachverwendung, Freundeskreis etc.) und Daten zu Mode und Musik erweitert. Auch hier entsprachen die Merkmale der Segmente denen, die von den Fokusgrup-penteilnehmern beschrieben wurden.

In einem letzten Interpretationsschritt wurde schließlich das gesamte quantitative Material mit Blick auf die fünf gebildeten Segmente ausge-wertet. Die Lifestyle-Orientierungen der verschiedenen Segmente konn-ten mithilfe der Angaben zu Mediennutzung, Freizeit, sozialem Umfeld, Konsum, Dienstleistungen und Gesellschaft konkretisiert werden.

Die Segmente

Total Sample	Werte/Lifestyle	Demografie	Soziografie
Konservative 21%	• bescheidenes Leben • geringer Ehrgeiz • aufgehen in der Masse • familienorientiert — • altbewährte Sitten bewahren • türkische Identität • hoher Ehrbegriff • sozial tolerant	• eher Frauen • eher älter: 30-49 Jahre • geringe Bildung • Geburtsland Türkei	• türkische Lebenswelt • gläubige bis streng gläubige Muslime • mögen türkische Volksmusik (Halk) und klassische türkische Musik (Sanat) • Familienkonsum, sparsam • wenig modeorientiert
Skeptiker 15%	• Freundschaft, Clique • Fun, Spaß • eher unangepasst • eher intolerant — • keine klare nationale Identität • eher unbescheiden • geringe geistige Offenheit	• eher Männer • bis 24 Jahre • geringe Bildung • überwiegend in Deutschland geboren	• gemischt türkisch-deutsche Lebenswelt/Freunde • hören HipHop • modeorientiert • Markenorientierung bei Unterhaltungselektronik, Handy, Kleidung
Bikulturelle 26%	• geistige Offenheit • gegen traditionelle Geschlechterrollen • Gastland akzeptieren • Internationalität — • Anpassungsbereitschaft • soziale Toleranz • bikulturell • hohe Integrationsbereitschaft	• eher Frauen • 18-39 Jahre • eher hohe Bildung • ein Drittel mit deutschem Pass	• gemischt-nationale Lebenswelt/Freunde • liberal gläubig • hören gern Türk-Pop • modebewusst • markenbewusst • hohe Ausgaben für Outgoing
Materialisten 15%	• Wohlstand/Besitz • Status/Ehrgeiz • sind für traditionelle Geschlechterrollen — • türkische Identität • Gastland akzeptieren • Anpassungsbereitschaft	• eher Männer • 25 - 39 Jahre • alle Bildungslevels • in Türkei geboren	• türkische Lebenswelt • zum Teil streng gläubige Muslime • traditionell türkisch erzogen • Ältere mögen Arabesk-Musik/ Jüngere mögen Türk-Pop und HipHop • Jüngere sind modebewusst • alle: markenbewusst
Intellektuelle 28%	• geistige Offenheit • Freiheit • Individualität • gegen Traditionen — • Selbstständigkeit • gegen traditionelle Geschlechterrollen • kein großer Patriotismus zur Türkei	• eher Männer • 30 - 39 Jahre • in Türkei geboren • liberal erzogen	• wenig gläubige Muslime • mögen Halk (türkische Volksmusik) • großer deutscher Freundeskreis • nicht sehr modebewusst • hohe Ausgaben für Outgoing

Altersverteilung in %		
Basis	1001	100,0
14–17 Jahre	119	11,9
18–24 Jahre	203	20,3
25–29 Jahre	150	15,0
30–39 Jahre	354	35,4
40–49 Jahre	175	17,5

40–49 Jahre 17,50
30–39 Jahre 35,40
25–29 Jahre 15,00
18–24 Jahre 20,30
14–17 Jahre 11,90

0 5 10 15 20 25 30 35 40

Aufenthaltsdauer in %		
Basis	683	100,0
0–5 Jahre	25	3,7
6–10 Jahre	83	12,2
11 Jahre und mehr	574	84,0
Mittelwert		**19,4**

11 Jahre u. mehr 84,0
6–10 Jahre 12,2
0–5 Jahre 3,7

0 20 40 60 80 100

Staatsangehörigkeit in %		
Basis	1001	100,0
Nur die türkische	718	71,7
Nur die deutsche	230	23,0
Die deutsche sowie die türkische	48	4,8
Sonstige	5	0,5

Sonstige 0,5
Die deutsche sowie die türkische 4,8
Nur die deutsche 23,0
Nur die türkische 71,7

0 10 20 30 40 50 60 70 80

Lifestyle und Werte türkischer Mitbürger in Deutschland (Lab-One-Studie)

Schulabschluss/ Berufsausbildung in %		
Basis	1001	100,0
Volks-/Grund-/ Haupt- ohne	307	30,7
Volks-/Grund-/ Haupt- mit	256	25,6
Mittlere Reife/ weiterführende	204	20,4
Abitur, Hochschulreife	170	17,0
Studium	64	6,4

Studium 6,4
Abitur, Hochschulreife 17,0
Mittlere Reife/weiterführende Schule ohne Abitur 20,4
Volks-/Grund-/Hauptschule mit abgeschlossener Berufsausbildung 25,6
Volks-/Grund-/Hauptschule ohne Lehre/Berufsausbildung 30,7

0 5 10 15 20 25 30 35

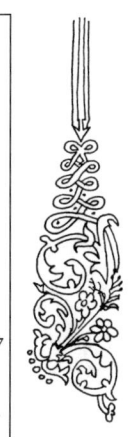

Haushaltsgröße in %		
Basis	1001	100,0
1 Person	23	2,3
2 Personen	62	6,2
3 Personen	163	16,3
4 Personen	354	35,4
5 Personen	256	25,6
6 Personen	87	8,7
7 Pers. u. mehr	56	5,6
Mittelwert	**4,3 Personen**	

7 Personen u. mehr 5,6
6 Personen 8,7
5 Personen 25,6
4 Personen 35,4
3 Personen 16,3
2 Personen 6,2
1 Person 2,3

0 5 10 15 20 25 30 35 40

HH-Nettoeinkommen in %	
Basis in EUR	1001 100,0
Habe k. eig.	0,2
bis unter 250	0,4
250–500	1,3
500–750	1,0
750–1000	2,9
1000–1250	4,3
1250–1500	5,6
1500–1750	11,2
1750–2000	9,2
2000–2250	8,1
2250–2500	6,0
2500–3000	7,6
3000 u. mehr	8,3
Antw. verw.	34,1

Antwort verweigert/weiß nicht 34,1
3.000 EUR und mehr 8,3
2.500 bis unter 3.000 EUR 7,6
2.250 bis unter 2.500 EUR 6,0
2.000 bis unter 2.250 EUR 8,1
1.750 bis unter 2.000 EUR 9,2
1.500 bis unter 1.750 EUR 11,2
1.250 bis unter 1.500 EUR 5,6
1.000 bis unter 1.250 EUR 4,3
750 bis unter 1.000 EUR 2,9
500 bis unter 750 EUR 1,0
250 bis unter 500 EUR 1,3
Bis unter 250 EUR 0,4
Habe kein eigenes Einkommen 0,2

0 5 10 15 20 25 30 35

Wanderer zwischen zwei Welten

Verteilung nach Bundesland (in %)		
Basis	1001	100,0
Baden-Württ.		18,4
Bayern		9,8
Bremen		1,8
Hamburg		4,1
Hessen		10,8
Niedersachs.		6,2
NRW		36,3
Rheinl.-Pfalz		3,2
Saarland		0,7
Schlesw.-H.		1,2
Berlin		7,6
Brandenburg		0
Meckl.-Vorp.		0
Sachsen		0
Sachsen-Anh.		0
Thüringen		0

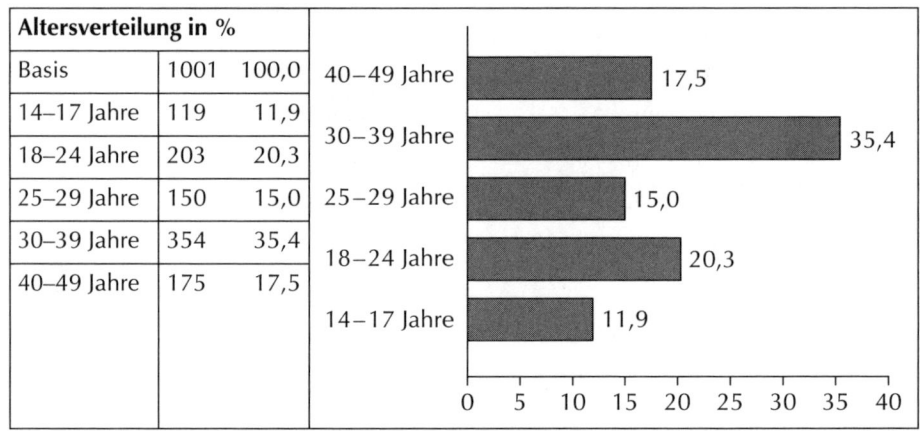

Altersverteilung in %		
Basis	1001	100,0
14–17 Jahre	119	11,9
18–24 Jahre	203	20,3
25–29 Jahre	150	15,0
30–39 Jahre	354	35,4
40–49 Jahre	175	17,5

Lifestyle und Werte türkischer Mitbürger in Deutschland (Lab-One-Studie)

Aufenthaltsdauer in %		
Basis	683	100,0
0–5 Jahre	25	3,7
6–10 Jahre	83	12,2
11 Jahre und mehr	574	84,0
Mittelwert	19,4 Jahre	

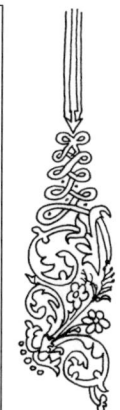

11 Jahre und mehr — 84,0
6–11 Jahre — 12,2
0–5 Jahre — 3,7

Staatsangehörigkeit in %		
Basis	1001	100,0
Nur die türkische	718	71,7
Nur die deutsche	230	23,0
Die deutsche sowie die türkische	48	4,8
Sonstige	5	0,5

Sonstige — 0,5
Die deutsche sowie die türkische — 4,8
Nur die deutsche — 23,0
Nur die türkische — 71,7

Verteilung nach Bundesland (in %)	
Basis	1001 100,0
Baden-Württ.	18,4
Bayern	9,8
Bremen	1,8
Hamburg	4,1
Hessen	10,8
Niedersachsen	6,2
NRW	36,3
Rheinland-Pfalz	3,2
Saarland	0,7
Schleswig-H.	1,2
Berlin	7,6
Brandenburg	0
Meckl.-Vorp.	0
Sachsen	0
Sachsen-Anhalt	0
Thüringen	0

Berlin 7,6
Schleswig-Holstein 1,2
Saarland 0,7
Rheinland-Pfalz 3,2
Nordrhein-Westfalen 36,3
Niedersachsen 6,2
Hessen 10,8
Hamburg 4,1
Bremen 1,8
Bayern 9,8
Baden-Württemberg 18,4

0 5 10 15 20 25 30 35 40

72

Die innere Welt der Türken in Deutschland: Traditionen, Kultur und Veränderungen

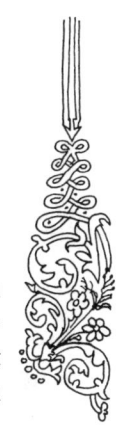

Noch immer unterscheiden sich die Werte der in Deutschland lebenden Türken erheblich von der Mehrheitsgesellschaft. Vor allem das Verhältnis zwischen Alt und Jung, Mann und Frau, Familie und Außenwelt spielt eine bestimmende Rolle. Ohne Kenntnis dieser Merkmale ist kein Marketing für diese Zielgruppe zu betreiben.

Die türkische Community

In Deutschland leben drei Türkengenerationen: Die erste, als Gastarbeiter vor etwa 40 Jahren eingewanderte Generation der heute über 40-, meist schon über 60-jährigen, die zweite Generation der 20- bis 40-jährigen und die dritte Generation der heute unter 20-Jährigen. Die erste und dritte Generation machen jeweils etwa ein Drittel, die zweite Generation ungefähr 40 Prozent aus. Dazu kommen noch – als quasi vierte Gruppe die nachgezogenen Heiratspartner aus der Türkei. Ethnisch ist eine große Zahl türkischer Kurden zu unterscheiden. Religiös hebt sich die Gruppe der Alewiten (islamische Glaubensgemeinschaft) ab.

Es gibt Gemeinsamkeiten, zu denen sich die überwiegende Mehrzahl der türkischen Community bekennt: Fußballabend, Antalyaspor K. gegen Werder Bremen, UEFA-Cup. Plötzlich spielt es für Türken keine Rolle, welche Generation, politische Richtung oder Religion sie vertreten. Der gesamte Kölner Innenstadt-Ring wird bis spät in die Nacht von roten Fahnen mit dem weißen Halbmond beherrscht. Stolz präsentieren durch die City flanierende Gruppen junger Männer und Frauen die Schals mit den Vereinsfarben. Auch Mehmet, 25, Student aus dem Vorort Nippes, gehört dazu: „Sonst bin ich ja Fan des 1. FC Köln. Aber in so 'nem Fall muss man einfach den türkischen Verein unterstützen. Klar, dass ich für die türkische Mannschaft bin. Das ist eine Herzenssache. Wir Türken wissen, wenn's darauf ankommt, wo unser Herz schlägt."

Das Bekenntnis zur türkischen Identität und die türkische Sprache sind jenseits der Generationsunterschiede, politischen und religiösen Merkmale ein wesentlicher Teil der gemeinsamen Identität. Die Elektri-

zitätsfirma Yello hat gezeigt, welche Werbemuster dazu passen. Sie setzte in Anzeigen und Fernsehspots nicht auf türkische Prominenz oder Bilder von heimatlichem Flair. Im Mittelpunkt stand vielmehr die türkische Sprache. Es ging um Sprichwörter, die Leser und Zuschauer erweitern und vervollständigen sollten. Der Erfolg war durchschlagend. Überall in Deutschland riefen Türken die Yello-Callcenter an und machten Vorschläge für weitere Sprichwörter.

Dass der Sprachcode so deutliche Wirkung zeigte, liegt an ethnologischen Grundbegriffen von Werten und Normen aller Türken. Zwar hat das Leben in Deutschland die eingewanderten Türken und ihre Familien verändert. Doch funktioniert dieser Wandel nach dem Prinzip „Weiche Schale – harter Kern": Der Schutzmantel, die weiche Außenhaut, unterliegt dem Einfluss der deutschen Mehrheitskultur. Aber der Kern, das durch Erziehung Erlernte, erweist sich als beeindruckend beständig.

Dem Stereotyp der deutschen Vorstellung von „Türken schlechthin" am nächsten kommt die erste Generation der als Gastarbeiter eingewanderten Türken, die ihr Verständnis von Kultur und Identität aus dem Mutterland mitbrachten. Der aktuellen Realität der Lebensumstände deutlich näher kommen die zweite und dritte Generation, die ihrem Bildungsniveau, der persönlichen Einstellung und den Erfahrungen entsprechend die Regeln und Muster der deutschen Mehrheitsgesellschaft annehmen oder ablehnen, mal mehr, mal weniger.

Die Familie

Kernbegriff des türkischen Selbstverständnisses ist die Familie. Sie ist Dreh- und Angelpunkt türkischer Wertvorstellungen. Der Wir-Wert rangiert weit über dem deutschen Ideal von Individualität. Die patrilineare Mehr-Generationen-Familie funktioniert als wirtschaftlich-soziale Einheit. Sie differenziert sich nach dem Alter und Geschlecht ihrer Mitglieder. Die beengten Wohnverhältnisse in Deutschland erzwingen häufig das Modell der Kernfamilie plus „Ergänzungspersonen" in ein und demselben Haushalt, etwa die Familie mit den Großeltern im gleichen Haus oder zumindest in derselben Straße. Deshalb ist der durchschnittliche türkische Haushalt mit statistisch 3,4 Personen im Vergleich zum deutschen Haushalt mit 2,2 Personen deutlich größer. Auch ist der Anteil der Single-Haushalte oder der kinderlosen Paare noch erheblich geringer als bei Deutschen: 84 Prozent der in der Bundesrepublik lebenden Türken sind verheiratet und haben ein bis zwei Kinder. Aber nur knapp ein Vier-

tel lebt in Ein- bis Zwei-Personen-Haushalten. Bei den Deutschen liegt diese Quote mit etwa 50 Prozent doppelt soch hoch.

In der familiären Hierarchie stehen die Großeltern ganz oben. Ihnen folgen die Eltern. An der Basis rangieren die Kinder, die über keine nennenswerten „Machtbefugnisse" verfügen. Von den jüngeren Familienmitgliedern wird bedingungsloser Respekt („saygı") und Gehorsam gegenüber den Älteren erwartet. Verbale und gestische Ehrbezeugungen gegenüber der älteren Generation sind selbstverständlich. Das Mitspracherecht der Kinder bei Entscheidungen in Familienangelegenheiten ist minimal. Während in der deutschen Gesellschaft das Ideal der „ewigen Jugend" gilt, werden in türkischen Familien die Älteren und Alten geachtet und geehrt. Der soziale Status steigt mit dem Alter und der Zahl der Kinder.

Weit deutlicher als in der deutschen Gesellschaft gilt bei Türken das Geschlecht als Unterscheidungsmerkmal. So zählen Jungen zur Gruppe der Väter, werden also einmal deren Machtbefugnisse erben. Dadurch entsteht ein inniger Kontakt zwischen den männlichen Alten und ihren männlichen Nachkommen, zugleich freilich ein ausgeprägtes Konkurrenzverhalten. Männer und Frauen bewegen sich – auch räumlich – in getrennten Lebenswelten. Großväter, Väter und Söhne verbringen einen erheblichen Teil ihrer Freizeit außerhalb des Hauses in Cafés und Vereinen. Dort sind sie unter sich. Für Frauen und Mädchen hingegen liegt der Lebensmittelpunkt innerhalb des Haushalts.

Töchter gehören zur Welt der Mütter. Sie sind in vielen Entscheidungen abhängig von ihren Vätern und Brüdern. In konservativen, traditionell strukturierten Familien sind die Töchter auch räumlich häufig auf den Autoritätsbereich ihrer Mütter beschränkt – auf Haus und Wohnung oder den Umgang mit Freundinnen und Nachbarinnen. In der Öffentlichkeit sind sie nur selten alleine anzutreffen. Meist werden sie von einem Familienmitglied oder Freundinnen begleitet. Deshalb sind bei vielen türkischen Großveranstaltungen so genannte „Frauen-Matinéen" üblich. Diese sind auch bei der dritten Generation beliebt. Erst mit der Heirat wechseln die jungen Frauen in einen neuen familiären und gesellschaftlichen Raum – in den Machtbereich ihrer Ehemänner.

Dieses Innen-außen-Prinzip verdeutlicht die geschlechtsspezifische Rollenverteilung. Männer sind für die Außenwelt zuständig. Sie sind verantwortlich für Finanzen und soziale Kontakte zur Gesellschaft. Frauen sind für die Innenwelt zuständig. Ihnen obliegen Organisation und Ablauf der Haushaltsführung, Kindererziehung und familiäre Kontakte. Sie sind die „Trouble-Shooter". Männer greifen in diesen Bereich nur ein, wenn es um Entscheidungen im Außenbereich geht.

75

Der Mann ist als Familienoberhaupt und wichtigster Entscheidungsträger für das gesamte physische und psychische Wohlergehen der ihm anvertrauten Familienmitglieder alleine verantwortlich. Er entscheidet in Konfliktsituationen mit der Außenwelt. Er fällt alle wirtschaftlichen, gesellschaftlichen, gesundheitlichen und religiösen Entscheidungen. Von den Kindern erwartet der Vater respektvolles, ehrerbietiges Verhalten, Gehorsam und die Erfüllung religiöser Pflichten.

Von den Söhnen als potenziellen Nachfolgern verlangt der Vater darüber hinaus Leistungsbereitschaft und eine gute Ausbildung, um möglichst bald zum gemeinsamen Familieneinkommen beitragen zu können. Ist der Vater verhindert, tritt der älteste Sohn an seine Stelle. Ein erfolgreiches Familienoberhaupt verfügt über Bildung und bemüht sich um wirtschaftlichen und somit um sozialen Aufstieg, was ihm die entsprechende Macht, wichtige gesellschaftliche Kontakte und Vermögen einträgt.

Der Frau obliegt das „innere Management". Sie kümmert sich um Hausarbeiten und Kinderbetreuung, wobei sie von den Töchtern unterstützt wird. Sie entscheidet über die Ausstattung von Haushalt und Kindern. Dafür ist die Bezeichnung „beyaz eşyalar" ein Hinweis: Weiße Konsumgüter und -waren – Kühlschrank, Wasch- oder Kaffeemaschine – sind die klassischen Brautgaben für junge Ehepaare. Von den Brauteltern wird erwartet, das junge Paar zur Hohzeit mit „beyaz eşyalar" auszustatten. Da diese Brautgaben im Falle der Scheidung bei der Frau verbleiben, entscheidet sie vor der Hochzeit über die Anschaffungen.

Die Frau ist in der Familie stets der erste Ansprechpartner für emotionale Belange. Daraus ergibt sich eine lebenslange enge Bindung zu den Kindern, zu Töchtern wie Söhnen. Häufig vermittelt sie bei Konflikten zwischen Kindern und Vater. Die Ehre der Männer („saygı") hängt ab vom sittlichen und religiösen Verhalten der Frauen („namuz"). Deshalb unterliegt ihr Verhalten strengen Anstandsregeln im Umgang mit dem anderen Geschlecht. Der Jungfräulichkeit kommt dabei eine hohe Bedeutung zu, sie ist gesellschaftlich allgemein erwünscht. Sexualität und freizügige Darstellungen sind deshalb im familiären Kreis Tabuthemen. Je älter die Frau ist und je mehr Kinder sie hat, umso höher ist ihre Stellung in der familiären Hierarchie. Auch hat die Tatsache, dass viele türkische Ehefrauen in Deutschland berufstätig sind und einen finanziellen Beitrag leisten, ihren familiären Freiraum bei Entscheidungen erweitert und ihre familiäre Position gestärkt. Das widerspricht dem in der deutschen Gesellschaft verbreiteten Vorurteil von der unselbstständigen und rechtlosen türkischen Ehefrau.

Von den Töchtern erwartet man, dass sie den Fähigkeiten der Mütter in Haushalt und Kindererziehung nacheifern sowie durch Bildung und Ausbildung u.a. ihre Attraktivität für eine Ehe steigern. Dabei sehen viele Familien eine berufliche Tätigkeit ambivalent. Das erklärt nicht zuletzt die niedrigere Quote der Schulabschlüsse und Berufsausbildung türkischer Mädchen. So wird einerseits der soziale Aufstieg durch Ausbildung und Berufstätigkeit von Frauen wohlwollend zur Kenntnis genommen. Andererseits soll die Frau ihre berufliche Tätigkeit zugunsten der Kinderbetreuung aufgeben. Wichtiger als berufliche Bildung sind für viele Eltern noch immer Aussehen und Schönheit der Töchter – wichtige Determinanten für das Ansehen der gesamten Familie. Zum Kauf etwa von Kosmetika steht den Mädchen ein erhebliches Budget zur Verfügung. Die Vorstellungen von Schönheit orientieren sich dabei am klassisch-weiblichen Ideal. Leistungsfähigkeit und Sportlichkeit haben im Gegensatz zur deutschen Teenagerkultur nur eine untergeordnete Bedeutung.

Die Verwandtschaft

Die nächste wichtige Beziehungsebene ist die Verwandtschaft. Sie wird als Einheit betrachtet und ist erste Anlaufstelle für Rat, Tat und Hilfe. Das gilt in abgeschwächter Ausprägung auch noch für die dritte Generation. Dabei liegt der Schwerpunkt familiärer Beziehungen bei den männlichen Verwandten.

Eine wesentliche Orientierung liefert der Herkunftsort der ersten Generation. Durch die Ausreise nach Deutschland wurden die traditionellen Familienbindungen durchbrochen. An die Stelle der nun fehlenden Familienmitglieder traten die Nachbarn am Heimatort. In diesem Umfeld wird auch häufig die Wahl des Ehepartners getroffen. Da in den 80er Jahren in Deutschland der Nachzug von Familienmitgliedern politisch stark eingeschränkt wurde, war die „Heiratsmigration" häufig die einzige Möglichkeit, in die Bundesrepublik einzureisen. Deshalb ist der Druck der in der Türkei verbliebenen Verwandten auf Heiratskandidaten noch heute hoch.

Unter Türken ist die Verwendung korrekter Verwandtschaftsbezeichnungen sehr wichtig. Sie deuten an, wie eng oder locker die sozialen Beziehungen sind. Türken reden sich nicht nur mit dem Vornamen an, sondern ergänzen ihn durch die verwandtschaftliche Beziehung, die häufig sogar den Vornamen ersetzt. So wird aus einem jungen Mann mit dem Namen Murat oft ein „Murat ağabey". Das Mädchen Fatma wird zur

„Fatma abla". Oft spricht man einfach vom „ağabey" – dem großen Bruder – oder von „abla" – der großen Schwester. Dies gilt auch, wenn keine verwandtschaftlichen Beziehungen bestehen. Sich mit der richtigen Bezeichnung anzusprechen vermittelt Sicherheit im gesellschaftlichen Umgang und ist ein Hinweis, dass man die gesellschaftlichen Codes beherrscht.

Die Verwendung verwandtschaftlicher Termini für Fremde gilt als deutliches Zeichen der Akzeptanz und persönlichen Nähe. Allerdings stecken auch alters- und geschlechtsspezifische Umgangsregeln dahinter. Wird ein älterer Mann beispielsweise als „ağabey" – älterer Bruder – angesprochen, drückt das besondere Nähe aus. Die Anrede „amca" – Onkel – bedeutet Rang und Respekt. „Usta" – Meister – ist die Umschreibung für berufliche Kompetenz. Spricht ein Mann eine fremde Frau mit „yenge" – Schwägerin – oder „teyze" – Tante – an, bemüht er sich, jegliche Form von Sexualität auszuschließen.

Das Netzwerk

Der Einhaltung von Werten und Normen dient das Netzwerk der häufig großen Verwandtschaft. Hier wird überwacht, ermahnt, gemaßregelt und kontrolliert. Durch die Migration nach Deutschland, die den verwandtschaftlichen Verbund in der Heimat auseinander gerissen hat, lockerte sich das Kontrollnetz und die persönlichen Freiheiten nahmen zu. Heute gibt es diese Netzwerke in neuer Form wieder. Sie werden von ehemaligen Dorfnachbarn aus der Türkei, aber auch von neuen türkischen Nachbarn in Deutschland gebildet. Häufig sprechen sich die Mitglieder dieses Beziehungsnetzes mit verwandtschaftlichen Begriffen wie Tante, Onkel oder Schwager bzw. Schwägerin an.

Innerhalb dieser Gruppen wird Gleiches mit Gleichem beantwortet. Das gilt besonders für den Austausch von Geschenken oder ideellen Werten wie Informationen, Kontakten oder Beziehungen zu Ansprechpartnern in nützlichen Positionen. Dabei verlaufen alle Außenbeziehungen zunächst über interne Kanäle. Beispielsweise werden Heiratskandidaten bevorzugt über dieses Netzwerk gesucht. Verwandte, Nachbarn oder Verwandte von Nachbarn kommen zuerst in die engere Wahl. Sucht z.B. ein Türke juristischen Beistand, hört er sich zunächst in seinem sozialen Umfeld nach einer Empfehlung um. Erste Wahl ist dann immer ein türkischer Anwalt. Dabei geht es weniger um die gemeinsame Sprache als vielmehr um die verbreitete Angst, „übers Ohr gehauen zu werden". Vertrauen in das eigene Netzwerk bedeutet: Wenn Herr X den

Anwalt Y empfiehlt, kann er nicht schlecht sein. Würde nämlich Herr X eine schlechte Empfehlung abgeben, müsste er damit rechnen, dass sich diese Fehlleistung herumspricht. Herr X würde somit an Ansehen verlieren.

Eröffnet ein Türke das Gespräch mit dem Hinweis auf einen gemeinsamen Bekannten, bedeutet dies für den Gesprächspartner die Verpflichtung zu Ehrlichkeit und Entgegenkommen. Sprechen sich zwei Türken mit pseudofamiliären Bezeichnungen an, erlegt dies der Beziehung unausgesprochen die Verpflichtung auf, sich gegenseitig zu helfen.

Das Netzwerk ihrer engeren Umgebung spielt bei Türken laut einer Umfrage der IP/Turkmedia (TID 1996) eine wichtige Rolle, um sich z.B. über neue Produkte zu informieren: Freunde und Bekannte sind für 60 Prozent, Händler und Verkäufer für 39 Prozent die wichtigsten Informationsquellen.

Die Religion

Etwa zwei Drittel der Türken bezeichnen sich als religiös. Die Einhaltung der fünf Grundpflichten des Islam sowie eine Lebensführung gemäß den religiösen Vorschriften wird von vielen jungen Türken ernst genommen. Diese Grundpflichten umfassen:

- das Glaubensbekenntnis zu Allah und Mohammed als seinem Propheten
- die Verrichtung der täglichen fünf Gebete
- die Einhaltung des Fastenmonats Ramadan
- die Entrichtung einer Armensteuer
- eine Wallfahrt nach Mekka

Die Tatsache, dass die in Deutschland lebenden Türken noch immer von großen Teilen der Mehrheitsgesellschaft abgelehnt werden, wird häufig mit dem Islam begründet. Möglicherweise hat aber die Erfahrung dieser fortgesetzten Ablehnung gerade bei der jüngeren Generation zu einer Renaissance der religiösen Interessen geführt. Traditionen und religiös bestimmte Wertvorstellungen haben sich im Laufe der Zeit immer mehr vermischt und so sind viele der in Deutschland lebenden Türken konservativer als ihre Landsleute in der Türkei. Bei den Migranten haben sich Einstellungen verfestigt, die in der Heimat bereits als überholt gelten. Gerade bei der zweiten und dritten Generation ist eine trotzige Abwehr von christlich-abendländischen und eine wachsende Akzeptanz von kon-

79

servativ-islamischen Wertvorstellungen zu beobachten: „Seit über 30 Jahren erzählt man uns fortgesetzt, dass wir anders sind", sagt eine Türkin der zweiten Generation. „Egal, wie gut wir Deutsch lesen, sprechen oder uns wie Deutsche benehmen, immer bleibt ein letzter Vorbehalt. ‚Ja, aber im Grunde seid ihr doch …' heißt es immer wieder. Darauf haben wir jungen Türken keine Lust mehr. Da bekennen wir uns doch lieber zu unseren Wurzeln und leben so, wie es unsere Religion vorschreibt. Damit sind wir dann wirklich anders, aber wenigstens sind wir so gute Muslime und keine schlechten Deutschländer mehr."

Vor dem Hintergrund, dass man aus religiösen Motiven abgelehnt wird, stehen deutsche Produkte nicht selten im Verdacht, dass sie sich nicht mit islamischen Glaubensgeboten vertragen. Typisch ist etwa das Misstrauen, dass auf dem Etikett nicht deklariertes Schweinefleisch in deutschen Produkten enthalten sein könnte.

Tradition und Wandel

Freilich werden solche aus dem ländlichen Großfamiliendenken der Türkei stammenden Wertvorstellungen inzwischen häufig aufgebrochen. Die zweite Generation stieg durch ihre besseren Sprachkenntnisse und durch höheres Bildungsniveau zum unverzichtbaren Berater bei fast allen Auseinandersetzungen mit der deutschen Außenwelt auf. Diesen Vorteil haben die Nachkommen gezielt zu ihrem Nutzen innerhalb des familiären Machtgefüges in Anspruch genommen. Häufig hat man den Einruck, dass ungeachtet der äußerlich noch immer intakten traditionellen Familienstruktur die Kinder und Enkel mit subtilen Mitteln ihre Eltern zu Entscheidungen in ihrem Sinne veranlassen. Da insbesondere die Mütter eine wichtige Schlüsselposition in der Familie einnehmen, wissen die Nachkommen sie geschickt zu manipulieren, um auf diesem Umweg die Entscheidungen des Vaters zu beeinflussen.

Auch der Bewegungsspielraum und die Entscheidungsfreiheit türkischer Frauen und Mädchen der zweiten oder dritten Generation hat sich auf diese Weise beträchtlich erweitert. Ihre Ansprüche an Partner und Ehemänner sind erheblich gestiegen. Oberflächlich betrachtet, unterscheiden sich türkische Teenager kaum von ihren deutschen Altersgenossinnen. Auch das gestiegene Bildungsniveau der Söhne stellt nicht selten das Prinzip absoluter Unterordnung unter die Entscheidungsgewalt der Väter infrage. Zwangsläufig haben sich deshalb ganz unterschiedliche Typologien entwickelt. Diese Differenzierung nimmt von Generation zu Generation zu. Konservative Traditionalisten leben neben orthodoxen und fundamentalistischen Islamisten, weltgewandte, unpolitische Yuppies bilden eine Gruppe neben engagierten Intellektuellen oder innovativen Protagonisten, teilweise innerhalb derselben Generation. Die jüngste Türken-Community ist inzwischen ähnlich differenziert wie die deutsche Gesellschaft, nur noch durch das dünne Band türkischer Traditionen mit der Familie verbunden.

Türkische Teenager zeigen inzwischen einen Trend zur „doppelten Sozialisation": Im täglichen Umgang mit der Mehrheitsgesellschaft werden, gleich einem Mantel, deren Werte und Normen „angezogen", nach eigener Einschätzung harmlose und angenehme Normen übernommen, etwa Konsumgewohnheiten oder Lebensstil. Andere, der eigenen Erziehung widersprechende Aspekte, beispielsweise die individualistische Lebensweise, werden hingegen einfach ignoriert. Und im Umgang mit der eigenen Gruppe werden diese fremden Eigenarten, um beim Bild mit dem übergezogenen Mantel zu bleiben, an der Garderobe abgelegt.

Dabei ist das Bestreben zu beobachten, jeweils nach persönlicher Neigung neue oder traditionelle Annehmlichkeiten anzunehmen bzw. beizubehalten, aber neue oder traditionelle Unannehmlichkeiten abzulehnen. Z.B.: Männliche Jugendliche lehnen eine Beziehung mit deutschen Mädchen im Gegensatz zu ihren Eltern nicht mehr ab. Viele haben deutsche Freundinnen. Aber für die Ehe suchen sie sich eine türkische Frau, um nicht auf die – für deutsche Partnerinnen weniger selbstverständliche – bequeme Rundum-Versorgung verzichten zu müssen. Geht es indessen um den Partner für die eigene Schwester, reagieren die jungen Männer deutlich traditionell: Ein älterer Bruder, der seiner jüngeren Schwester einen deutschen Freund zugesteht, ist immer noch die Ausnahme.

Warum Deutsche nichts von türkischer Werbung verstehen

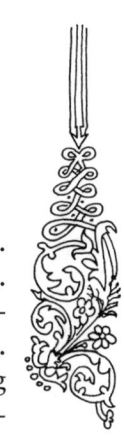

Werbung für Deutschtürken sieht anders aus als Werbung für Deutsche. Außerdem sieht sie anders aus als Werbung für Türken in der Türkei. Die Türken als ethnische Minderheit brauchen ganz eigene Ansprachemuster. Deutsche können diese Codes begreifen, aber kaum beherrschen. Eine Grundregel funktioniert freilich immer: Nehmen Sie bei Werbung für Deutschtürken den fachlichen Rat deutschtürkischer Werber in Anspruch!

Türken wollen ernst genommen werden

Auf dem Bildschirm erscheint ein einfaches Häuschen in der Landschaft Anatoliens. Im TV-Off klingelt ein Telefon. Eine Großmutter mit weißem Kopftuch und langem Rock greift zum Hörer: „Alo?" Schnitt. Eine Berliner Straße, im Hintergrund der Fernsehturm am Alexanderplatz. Schnitt. Eine türkische Wohnung. Die gesamte Familie, zehn Personen, hat sich im Wohnzimmer versammelt. Alle sitzen um das Telefon herum. In der Nahaufnahme ist zu erkennen: Es handelt sich um ein Modell Telekom Actron C3. Schnitt. Die glücklich lächelnde Oma telefoniert mit ihren Verwandten in Deutschland. Vor ihrem Gesicht flimmert der Schriftzug „Deutsche Telekom". Und aus dem Off werden die Vorzüge des Telefonapparats gelobt: „Ein Modell mit Mikrofon, ein soziales, mithörfreundliches Gerät. Mit Freisprechfunktion. Genau das Richtige für die Großfamilie."

Zu sehen war der Spot im Werbeprogramm der türkischen Sender Kanal D und TRT Int. Die Landschaft Anatoliens rührte an die Heimatliebe der Türken und die Oma an ihren Familiensinn. Dass außerdem mit einem Freisprechtelefon die Telekom ausdrücklich auf die Bedürfnisse einer Großfamilie einging, das vermittelte den Türken das Gefühl, ernst genommen zu werden. Und wenn diese Botschaft auch noch von einem Großunternehmen kommt, ist die Botschaft umso wirksamer – denn je größer das Unternehmen, umso höher bei Türken das Ansehen.

Es sind solche Werte, deren Berücksichtigung über den Erfolg von Werbung für Deutschtürken entscheidet. An der Spitze der Ansprachemuster steht die Botschaft, dass Türken ernst genommen werden möch-

ten – so die Einschätzung der türkischen Ethno-Agenturen. Als nationale Minderheit auf das Wohlwollen der Mehrheitsgesellschaft angewiesen, überdies finanziell meist schwächer als deutsche Nachbarn und Arbeitskollegen, leidet das Selbstwertgefühl. Aus einer Haltung latenter Verunsicherung ist den in Deutschland lebenden Türken deshalb wichtig, wenigstens als Konsumenten ernst genommen zu werden. Wenn beispielsweise in deutschen Zeitungen ausführlich über italienischen Fußball, aber kaum ein Wort über die türkische Liga berichtet wird, obgleich doch viel mehr Türken als Italiener in Deutschland leben, dann heißt das für die Kicker-Fans: Die nehmen uns nicht ernst. Wenn Türken in der Werbung gerne in ihrer Muttersprache angesprochen werden möchten, dann hat das wenig mit Sprachkenntnissen zu tun. Es geht vielmehr um den Eindruck: Hier will jemand etwas von mir, der geht auf mich ein, und zwar in meiner Muttersprache.

„Türken schätzen es, wenn man eigens für sie Werbung kreiert und dabei auf den spezifischen Sprachwitz eingeht", erläutert Erk Güner, Chef der Berliner Agentur WFP. Für Mercedes-Benz waren beispielsweise türkisch sprechende Autoverkäufer ein erfolgreicher Einfall: „Diese Art von Werbung wertet das Selbstwertgefühl der Türken auf. Die sagen: Jemand bemüht sich und macht extra Werbung für uns. Das kommt gut an und steigert die Wertschätzung für das deutsche Unternehmen." Es sei falsch zu glauben, Türken würden durch türkischsprachige Werbung davon abgehalten, Deutsch zu lernen: „Das Gegenteil ist richtig. Türkischsprachige Werbung fördert die Integration, denn nur wer ein positives Selbstwertgefühl hat, kann sich in die deutsche Gesellschaft wirklich integrieren."

Positive Wirkung hat auch, wenn Türken Post bekommen, weshalb Mailing-Aktionen bei Türken besonders beliebt sind. „Post bekommen ist in vielen Kulturen ein Ausdruck hoher Wertschätzung und stellt eine besondere Aufmerksamkeit dar", bestätigt Horst Löffler, Studienleiter der Deutschen Direktmarketing Akademie in Berlin. Dass ausgerechnet Stromfirmen auf türkisches Interesse stoßen, hat mit ihrem Bedarf an Statussymbolen zu tun. Denn viele, vor allem ältere Türken kommen aus Dörfern, die noch nicht elektrifiziert waren. Jetzt lassen sie in ihren Wohnungen überall das Licht brennen – als eine Art Statussymbol.

Es sind solche Feinheiten, die über den Erfolg von türkischer Werbung entscheiden und die Deutsche schwer nachvollziehen können – dass man z.B. in der Türkei zum Abschied nicht winkt, sondern mit einem hinterher gekippten Eimer Wasser glückliche Reise wünscht; Oder dass ein Autonummernschild mit der Buchstabenkombination EV für die häuslichen Türken besonders symbolträchtig ist, da es für die Begriffe „Heim und Wohnung" steht. Warum die türkischen Mädchen so wild auf Handys sind, weiß Atilla Çiftçi von der Berliner Agentur BEYS: „Mit dem Handy können sie mit der Freundin oder dem Lover ungestört und unkontrolliert von der Familie chatten – Tratsch, Witze, Liebesbriefe."

„Allgemein wird Kultur als ein komplexes Ganzes dargestellt", erklärt Salih Atik, bis Ende 2001 Media- und Account Director von WFP: „Glaubensvorstellungen, Künste, Sitten, Recht, Gewohnheiten, Kenntnisse definieren uns genauso wie die kollektiven Normen, Muster oder Äußerungen unseres Verhaltens. Trotz aller Individualisierung in modernen Gesellschaften ist es doch die kollektive Programmierung, die eine Gruppe von Menschen von anderen unterscheidet. Und genau diese Unterschiede führen zur Entstehung von Sub- und Parallelkulturen."

Aus diesem Grund hat vieles in der Werbung für Deutschtürken eine andere Bedeutung als für Deutsche. Ihr ästhetisches Empfinden unterscheidet sich vom deutschen ebenso wie ihre Ansprüche an Printanzeigen: Softe Farbtöne, ruhiger Eindruck, große Bilder und wenig Text. Türken lieben emotionale Werbung, besonders wenn von Heimat, Familie und Freundschaft die Rede ist. Ohne Gefühle geht nichts. In einem Fernsehspot des Telefonkonzerns o.tel.o streift ein bekannter türkischer Volksschauspieler durch einen Wald und führt Selbstgespräche über die Kraft der Bäume, die tief in der Erde verwurzelt sind. Ein Bild, das Assoziationen wecken soll zur türkischen Heimat, aber auch zur Größe und Stärke des Telefonunternehmens, das die Verbindung zur Türkei herstellt, natürlich zu konkurrenzlos günstigen Preisen.

Es gibt kein „Welt-Produkt"!

Marketingleute haben einen Traum: Ein Produkt, möglichst erfolgreich – ein Markt, möglichst weltweit – eine Werbung, möglichst in einer Sprache. Unterstützt wird dieser Traum von dem amerikanischen Harvard-Professor Theodore Levitt, der davon überzeugt ist, dass die ganze Welt zu einem einzigen großen Markt mit einheitlichen Standards zusammenwächst. Als Beispiel dieser Ökonomie wird gerne die Firma Gillette angeführt, die rund 800 Produkte in über 200 Ländern verkauft, gelegentlich unter anderem Namen. „Die Welt wird zu einem gemeinsamen Marktplatz, auf dem die Menschen – egal, wo sie leben – sich dieselben Produkte und Lebensstile wünschen. Globale Unternehmen sollten die Unterschiede zwischen Ländern und Kulturen vergessen und sich vielmehr darauf konzentrieren, universale Bedürfnisse zu befriedigen",

meint Levitt, der davon ausgeht, dass Kommunikations- und Transporttechnologien einen homogenen Markt schaffen. Das Ergebnis sei ein Markt standardisierter Produkte. Autohersteller sollten nach seiner Ansicht einheitliche „Welt-Autos" bauen und Haarpflegefirmen ein „Welt-Shampoo" produzieren. Es gebe bekanntlich genügend Beispiele für international erfolgreiche Produkte: Coca-Cola, McDonald's Hamburger, Montblanc-Schreibgeräte oder der Walkman von Sony. Sicher, räumt Levitt ein, es gebe einige regionale Varianten, etwa dass Coca-Cola in einigen Ländern weniger süß sei oder dass McDonald's in Mexiko Chilisauce anstelle von Ketchup verwende. Doch das ändere nichts am Trend zur weltweiten Produktkultur.

Leider haben Träume den Nachteil, dass sie selten wahr werden, und auch Professor Levitt wurde längst von der Realität überholt. Maggi scheiterte an der türkischen Kochkultur mit fertigen Gewürzmischungen: Die türkische Küche ist bekannt für Frischware! Cheez-Whiz-Käse von Kraft wird in Puerto Rico für praktisch jede Speise – Marktanteil 95 Prozent – verwendet, aber in Kanada nur als Toastaufstrich und in den USA fast ausschließlich für Junkfood. Die Seifenwerbung für „Camay" zeigt in den USA eine reizvolle Dame in der Badewanne, in Venezuela einfach nur einen Mann im Badezimmer, in Italien und Frankreich nur die Hände des Mannes und in Japan wird der Mann sogar im Freien gezeigt.

Renault-Kleinwagen werden in ihrem Heimatland als kleine „Superautos" angepriesen, ebenso angenehm auf der Autobahn wie in der Innenstadt zu fahren. In der deutschen Werbung werden hingegen Sicherheit, technischer Fortschritt und Komfort betont, während in Italien die Beschleunigung gelobt wird und in Finnland die solide Konstruktion und der beständige Wert ganz oben stehen. Die Idee vom weltweiten, gemeinsamen Markt scheitert ganz einfach an den kulturellen Unterschieden und sich daraus ergebenden Ansprachemuster der Konsumenten.

Dr. Philip Kotler, Marketing-Professor an der Kellogg Management School of the Northwest University in Chicago, schätzt, dass etwa 80 Prozent aller Produkte auf irgendeine Weise an regionale Märkte angepasst oder verändert werden. Diese Anpassung konzentriert sich freilich überwiegend auf geldwerte Eigenschaften von Zielgruppen wie Alter, Einkommen oder Beruf und nur selten auf kulturelle Merkmale. Volkswagen unterteilt die Autokäufer in sechs Gruppen: 1. Auto-Fans, 2. sensible Kunden, 3. Komfortsucher, 4. Zyniker (Käufer, die die reine Fahrleistung suchen und sich nicht um Tempolimits oder Umweltschutz scheren), 5. Bedarfsfahrer und 6. Angstkäufer. Bei General Food wird Hundefutter für vier Klassen verkauft: 1. junge Hunde, 2. erwachsene

Hunde, 3. übergewichtige Hunde, 4. alte Hunde. Der Zahnpasta-Markt unterscheidet zwischen 1. gesundheitsorientierten Verbrauchern, 2. Hypochondern, 3. Aktivisten (Käufer, die in ständiger Sorge um Reinlichkeit und Vorsorge sind), 4. Hedonisten (Käufer, denen Zähneputzen Lust bedeutet). Nur selten wird ein Markt nach kulturellen Kriterien unterteilt. Dass islamische Türken aus Glaubensgründen kein Schweinefleisch essen, fällt nicht etwa unter die Kategorie „kulturelle Eigenschaft", sondern in die Abteilung „Fleischverbrauch".

Angelika J. Engel, Produktentwicklerin bei Ford Deutschland, berichtet von dem bemerkenswerten Beispiel der Zusammenarbeit zwischen den Automobilfirmen Renault und Volvo: „Renault ist nicht einfach eine Autofirma, ein staatseigenes Unternehmen mit dem Ziel, Geld zu verdienen, sondern ein wichtiger Teil französischen Nationalbewusstseins. Frankreich ist ein katholisches Land und Katholiken sind deutlich hierarchisch orientiert. Volvo hingegen ist ein nationales Symbol für Schweden, einem seit Jahrzehnten sozialdemokratisch regierten, traditionell protestantischen Land. Weder Renault noch Volvo waren Global Player, würden aber gemeinsam mit einem Marktanteil von 12,7 Prozent auf Weltrang 4 hinter VW, der Peugeot-Gruppe und General Motors vorrücken. Also begründeten die beiden Firmen 1990 eine Partnerschaft für Design und Produktion, tauschten 1991 Aktien aus – und trennten sich 1993 wieder. Beide Unternehmen hatten zwar gründlich die wirtschaftlichen Faktoren und politischen Unterschiede analysiert, nicht jedoch die Führungsstrukturen und vor allem nicht die kulturellen Differenzen. Deshalb musste das Projekt scheitern."

Angelika Engel kennt viele Beispiele, wie Unternehmen ihre liebe Not mit kulturellen Eigenarten ihrer Zielgruppen bekamen. So ergab eine Marktuntersuchung des indischen Automobilmarktes von Ford, dass eines der wichtigsten Zubehörteile die Hupe ist. Im chaotischen Straßenverkehr Indiens kommen Autofahrer ohne ordentlichen Lärm nicht vorwärts. Außerdem gehört Hupen in manchen Ländern wie etwa Italien einfach zur automobilen Kultur und zur Demonstration: „Hört ihr mich? Ich komme! Das Leben macht Spaß, das Auto macht Spaß. Die Hupe macht Spaß!" Doch bei Ford ignorierte man den indischen Hinweis und baute weiterhin herkömmliche Hupen ein, die für normalen, nicht aber für den Dauergebrauch konstruiert waren. „Die indischen Autokäufer haben Ford das ziemlich übel genommen. Der Imageschaden war beträchtlich", weiß die Ford-Expertin Engel.

Unternehmen werden überwiegend von Kaufleuten und Technikern geleitet. Kaufleute sind am Umsatz interessiert, Techniker an ordentlichen Produkten.

Bedarfsmarkt – Zielmarkt

Für die Kultur von Zielgruppen interessiert sich – fast – niemand. Damit sind allerdings auch die Schwierigkeiten vorprogrammiert, die treffenden Ansprachemuster einer kulturell so ausgeprägten Zielgruppe wie der Deutschtürken zu finden. Die Marketinglehre unterscheidet zwischen „Zielmärkten" und „Bedarfsmärkten". Es liegt auf der Hand, dass es einfacher ist, auf den offensichtlichen Bedarf von Zielgruppen zu reagieren – etwa wenn Türken sich für Autos als Prestigeobjekt begeistern, viel in ihre Heimat telefonieren oder gerne Markenkleidung tragen, um sich fortschrittlich zu präsentieren. Ein Zielmarkt setzt hingegen die Beschäftigung mit den Eigenschaften und vor allem mit den nationalen und kulturellen Besonderheiten der Zielgruppe voraus, um die Angebote danach auszurichten – weit mehr Aufwand.

Die Deutschtürken wurden von der deutschen Werbewirtschaft überwiegend als Bedarfs- und kaum als Zielmarkt behandelt. Deshalb blieb die ausgeprägte Familienorientierung als Ansprachemuster weit gehend unberücksichtigt. Eine Ausnahme ist der Fernsehspot, in dem eine türkische Vorzeigefamilie im Mercedes in der Heimat vorfährt, wo die Gattin mit dem Führerschein fächelt und der Sohn die Verlobte in die Arme schließt. Bilder, die in Sfumato-Effekt getaucht und von orientalischen Sehnsuchtsklängen untermalt werden: Die Familie hat Vorrang, noch lange vor Konsumträumen und Selbstverwirklichungsphantasien. Häuslich, familien- und eigenheimorientiert sind die Deutschtürken. Fast jeder Vierte hat einen Bausparvertrag abgeschlossen und ebenso viele sind Eigentümer einer deutschen Immobilie, so eine Untersuchung des Zentrums für Türkeistudien.

Solche Ausprägungen sind eindeutig und taugen als „Zündmechanismus" für Werbebotschaften. Dazu gehört beispielsweise auch die Freude der Türken an Sprache und Kommunikation. Seit in Mercedes-Niederlassungen nicht nur türkische Verkäufer beschäftigt werden, sondern überdies Tee-Küchen mit Samowar eingerichtet wurden, treffen sich dort manche Türken einfach nur zum „Autoanschauen" und Fachsimpeln.

Eyüp Yılmaz ist Möbelhändler in Köln. Er kam 1980 nach Deutschland, um Betriebswirtschaft zu studieren. Heute ist er Filialleiter von „Yimpaş", einer Kette von 13 Läden, die Kleidung, Gebrauchsgegenstände, Lebensmittel und Möbel verkaufen. Die typische deutsche Couchgarnitur habe nur einen Sessel, erzählt der 42-Jährige: „Zu einer türkischen gehören zwei, denn ein türkischer Haushalt ist immer auf Gäste eingestellt." Deshalb empfehle sich auch der Kauf von mindestens einem zusätzlichen Beistelltisch: „Darauf serviert man den Gästen Tee und etwas Gebäck. Auch wir laden die Kunden gerne zum Tee ein." In der kleinen Küche des Möbelhauses wird dann knallhart gefeilscht. „Hier geht es zu wie auf einem Basar. Feilschen gehört dazu, sonst macht das alles keinen Spaß. Wir Türken haben schon immer gefeilscht. Wozu brauchen die Deutschen dafür ein Gesetz?" Yılmaz ist ein Entertainer, genauso wie es seine kommunikationsfreudigen Landsleute von einem Verkäufer erwarten.

Dass Türken feilschen, hat übrigens weniger mit dem Preis zu tun. Der muss schon extrem günstig sein, um andere Argumente, etwa Service-Zusagen oder den vertrauensvollen Eindruck des Verkäufers, aus dem Feld zu schlagen. Eine Hotline, 24 Stunden täglich mit türkisch sprechenden Beratern besetzt, hebt die Kauflaune erheblich. Wenn beispielsweise ein Vertreter des Mobilfunkunternehmens Talkline bei einer türkischen Hochzeit erscheint und dem Brautpaar einen Pre-Selection-Anschluss einschließlich 500 Freiminuten überreicht, dann klatschen die Gäste nicht nur begeistert Beifall, sondern lassen auch ihre Adressen für weitere Akquisitionsgespräche notieren.

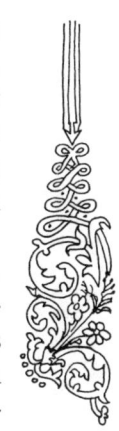

Befindlichkeiten und Eigenarten

Es ist ein seltsames Phänomen: Bundesbürger fliegen im Urlaub nach Bali und haben keine Probleme mit den Empfehlungen ihres Fremdenführers, den Einheimischen nicht unhöflich die linke Hand oder Körperseite zu bieten. Doch sie schütteln verständnislos den Kopf, wenn Türken dem traditionellen Reinheitsgedanken folgend nur ungern Haustiere in die Wohnung lassen oder aufgrund beengter Verhältnisse widerwillig die Waschmaschine in der Küchenzeile dulden. „Nach Ägypten wär's nicht so weit, aber bis man zum Südbahnhof kommt ...", spottete der Wiener Schriftsteller Karl Kraus.

„In den Augen vieler Deutscher gelten Südeuropäer, Amerikaner oder Araber oft als unorganisiert", kommentiert die Fachzeitschrift *Chef* und schätzt, dass deshalb immerhin ein Drittel aller Auslandsgeschäfte scheitern: „Die Misserfolge sind zu 70 Prozent in den gegensätzlichen Verhaltensmustern begründet." Das Blatt beschreibt die Probleme von Michaela Wall-Doppler, die Metallprofile an die US-Bauindustrie verkauft: „Ich hatte immer den Eindruck, ich spreche von A und die Amerikaner von B." Die Erklärung lieferte ihr ein Seminar bei der IHK München. Dort erfuhr sie, dass Amerikaner auch heute noch von ihrem enormen Freiheitsdrang geprägt, während Deutsche eher hierarchische Strukturen gewohnt sind: „Dinge wie schlechte Planung und Unpünktlichkeit, über

die ich vorher stocksauer gewesen wäre, kann ich jetzt meist schon im Vorfeld durch offene Gespräche ausräumen."

Die Psychologin Sylvia Schroll-Machel, spezialisiert auf interkulturelle Psychologie, beschreibt, was nicht nur für den Umgang von Deutschen mit Türken, sondern allgemein das deutsche Verhältnis zu Ausländern belastet: „Sie unterschätzen oft, wie viel persönliche Kontakte ausmachen. In Italien zum Beispiel gehört zu einer Geschäftsverhandlung nun mal ein ausgiebiges Mittag- oder Abendessen." Italiener sind offenbar mit den Türken mental verwandt, denn sie irritiert ebenfalls die direkte und zielstrebige Art der Deutschen. Der einfache Griff zum Telefon bedeutet für sie noch keinen persönlichen Kontakt. Selbst die nordischen Schweden tun sich schwer mit der deutschen Art. Hierarchisches Denken ist ihnen fremd. Selbst mit höheren Vorgesetzten ist man per Du. Geheimniskrämerei, etwa im Geschäftsleben in Bezug auf Umsatz- oder Produktionszahlen, werden ebenso kritisch beäugt wie man transparente Informationen schätzt.

Türken sind zwar ähnlich hierarchisch orientiert wie Deutsche, doch gemeinsam ist ihnen mit Niederländern oder US-Amerikanern, dass sie nicht stringent einer Überlegung folgen, sondern in ihrem Denken mehrere Strategien verfolgen. Und ebenso wie auf Österreicher oder Niederländer wirkt auf Türken arrogant und kalt, was hierzulande als effektiv und professionell geschätzt wird, nämlich zielorientiertes, konsequentes Verhalten. Der Ursprung dieses deutschen Wesens ist u. a. durch die Art der Industrialisierung historisch begründet: Die erste Industrialisierungswelle in Deutschland setzte im europäischen Vergleich spät ein und musste schnell gehen, um den Rückstand gegenüber den Nachbarn aufzuholen. Auch das Wirtschaftswunder nach dem Zweiten Weltkrieg basierte auf Effizienz und Leistungsbereitschaft. Dagegen herrscht bei den Türken und den meisten anderen Kulturkreisen das Trial-and-Error-Prinzip.

Die Einsicht in solche Zusammenhänge kommt auch dem Umgang mit Türken zugute. Eine Vielfalt kleiner Befindlichkeiten und Eigenarten fügt sich zu Mustern. Als die Berliner Agentur BEYS 1999 für den neuen türkischen Radiosender „metropol FM" eine Promotion-Kampagne startete, gelang es den beiden Agenturchefs Atilla Çiftçi und Burhanettin Gözüakça binnen zwei Wochen, dass die „Spree-Türken" fast ausschließlich „ihren Sender" einschalteten. „Radio ist Emotion, vom Ohr ins Herz", begründete Metropol-Geschäftsführer Werner Felten die begeisterte Reaktion der Zielgruppe auf das Programm aus Orient-House, Türken-Pop, Arabesk, Fantasy und Klassik – dazwischen Beiträge über Liebeskummer oder Benzinpreise. Die Deutsche Telekom sponserte die

Aktion. Rot war die vorherrschende Farbe der Werbeveranstaltungen, auch so ein türkisches Signal, denn Rot ist die türkische Nationalfarbe. Auf Plakaten war ein weiß-blaues Auge abgebildet – noch ein Signal: Das Auge soll vor dem bösen Blick schützen. Die Anzeigen wurden von großen Bildern und wenig Text bestimmt. Viele Türken sind immer noch lesefaul.

Trotzdem ist ihnen die Sprache wichtig. Als TelDaFax Anzeigen mit dem Slogan „Kein Schwein ruft mich an" veröffentlichte, waren die Türken entsetzt. Schweine sind in der türkischen Kultur negativ besetzt. Wenn in deutschen Wohnstuben die Fernsehwerbung flimmert, sinkt der Aufmerksamkeitswert. Türken hingegen sehen genauer hin. Sie sind interessiert an Informationen, auch wenn sie werblich verpackt daherkommen. Eingestampft werden musste freilich das Plakat eines Telekommunikationsunternehmens: Ein Vater mit Schnauzbart, der Sohn im weit geöffneten Hemd, am Handgelenk glitzert ein Goldkettchen. Die Szene sollte das Klischee vom türkischen Schnäppchenjäger mit der Aldi-Tüte bedienen. Und das gefällt den Türken gar nicht. Und wenn in der Deo-Werbung eine nackte Frau in die Gischt eines Wasserfalls springt, ist das Deo für Türken erledigt: In türkischer Werbung sollten sogar Babys mindestens eine Windel anhaben.

Woher bekommen Deutschtürken ihre Produktinformationen?

Persönliche Quellen: *Familie, Freunde, Nachbarn*
Kommerzielle Quellen: *Werbung, Verkäufer*, Händler, Wareninformationen
Öffentliche Quellen: *Medien*, Verbraucherorganisationen
Erfahrung: Gebrauch und Prüfung des Produkts

Teil II

Die deutschtürkische
Mediengesellschaft

Die Medien und ihre Nutzung

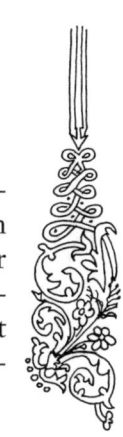

Mehr türkische als deutsche Fernsehkanäle sind in Deutschland zu empfangen. Außerdem gibt es Tageszeitungen, Zeitschriften, Magazine, in Berlin einen türkischen Hörfunksender. Die mediale Infrastruktur der Türken, von den meisten Deutschen nahezu unbemerkt, ist dicht geknüpft. Doch es gibt auch Kritiker, die darauf verweisen, dass es sich fast ausschließlich um türkischsprachige Medien handelt, die wenig zum Zusammenwachsen der beiden Parallelgesellschaften beitragen.

Fernsehen

Im Sommer 2001 veröffentlichte das Medienmagazin *Journalist*, das Fachblatt der um einwandfreien Gebrauch der deutschen Sprache bemühten Zunft, einen Beitrag über die Medien der ausländischen Minderheiten in Deutschland. Der Artikel endete vielsagend mit dem Hinweis, 37 Prozent der Türken „gaben zu", fast ausschließlich auf Türkisch zu kommunizieren – als müsse man etwas „gestehen", wenn sich Menschen in ihrer Muttersprache unterhalten.

Diese Art von Deutung ist verräterisch, denn sie zeigt, dass die Nutzung türkischsprachiger Medien der deutschen Mehrheitsgesellschaft unbehaglich ist. Das gilt umso mehr, als bis Mitte der 80er Jahre türkische Migranten noch ganz überwiegend die öffentlich-rechtlichen TV-Kanäle einschalteten. Und wer das deutsche Fernsehen sieht, so die ideologische Deutung, fügt sich auch in die Denkweise und früher oder später in die Lebensweise seines Gastlandes ein.

Die Erklärung hat nur einen Fehler: Sie unterschlägt, dass den Türken damals kein anderes TV-Programm zur Verfügung stand. Die öffentlich-rechtlichen Anstalten hatten das Monopol. Die Türken ebenso wie die übrigen nationalen Minderheiten waren auf die Zielgruppensendungen deutscher Sender für „Gastarbeiter" angewiesen. Das änderte sich erst mit Einführung des Privat- und Satellitenfernsehens. Bis 1990 strahlte nur der staatliche türkische Sender TRT sein Programm in Deutschland aus. 1991 folgte das für Migranten entwickelte und durch einen hohen Anteil von Nachrichten- und Informationssendungen gekennzeichnete TRT-Int.-Programm. Ebenfalls Anfang der 90er Jahre gingen über Satellit zu empfangende Privatsender wie Show TV, HBB, TeleOn, Kanal 6,

TGRT, ATV, Kanal D oder Kanal 7 auf Sendung. Hinzu kamen der Pay-TV-Kanal Cine 5 sowie der private Nachrichtensender NTV/CNN-Türk. Einige Sender zogen sich inzwischen wieder zurück.

Mit wenigen Ausnahmen sind die Privatsender kommerziell orientiert und konzentrieren sich auf Unterhaltung. Allerdings verfügen sie teilweise über beträchtliche Mitarbeiter- und Produktionsbasen in Deutschland. Dennoch gibt es teilweise deutliche politische Trends: TRT, dessen Führungspersonal von der türkischen Regierung berufen wird, orientiert sich an der offiziellen türkischen Politik. TGRT vertritt national-konservative, Kanal 7 parteipolitische Positionen.

Fernsehen ist für Deutschtürken das wichtigste Informationsmittel. In rund 90 Prozent der Familien wird der Fernsehapparat regelmäßig eingeschaltet, bei 96 Prozent mindestens eine, bei etwa der Hälfte sogar mehr als drei Stunden täglich. Die Bedeutung des Fernsehens geht auch aus der technischen Ausstattung der Haushalte hervor: Bereits 1993 verfügten 58 Prozent – laut einer anderen Befragung von 1996 immerhin noch 44 Prozent – über einen Kabelanschluss. Bei mehr als 70 Prozent gibt es eine Satellitenschüssel. Dass häufig sowohl deutsche wie türkische Programme genutzt werden, ist nahe liegend, weil in türkischen Haushalten nicht selten mehrere Generationen leben, denen mehr als ein Fernsehgerät zur Verfügung steht. In einem Punkt sind sich fast alle Untersuchungen zur Mediennutzung einig: Jüngere Migranten, vor allem mit Schul- und Berufsausbildung, schalten häufiger deutsche Kanäle ein, während die ältere Generation türkische Angebote vorzieht.

Auffällig sind indessen die unterschiedlichen Zahlen diverser Umfrageergebnisse. Das Institut für Türkeistudien führte im Herbst 1999 eine Umfrage durch, die im Mai 2001 validiert wurde. Das Bundespresseamt veröffentlichte im August 2001 eine von der Gesellschaft für Konsumforschung GfK in Nürnberg und der in Potsdam ansässigen Göfak Medienforschung durchgeführte Auftragsstudie.

	Bundespresseamt/GfK	Zentrum für Türkeistudien
nur deutsches TV	30 %	7 %
nur türkisches TV	18 %	40 %
beides	40 %	53 %
gesamt	88 %*	100 %

* 12 % ungenannt

Die Unterschiede sind so auffällig, dass herkömmliche Erklärungen für eine Deutung nicht mehr ausreichen. Die Untersuchung des Bundespresseamtes lässt erkennen, dass es vor allem um die Frage geht, ob die Deutschtürken gesellschaftlich integriert sind und die Nutzung deutscher Medien dafür Hinweise liefert: „Im Ergebnis konnten sechs Integrationsmilieus identifiziert werden. Drei davon sind durch eine relative Nähe zur deutschen Mehrheitsgesellschaft gekennzeichnet und umfassen etwas mehr als die Hälfte der untersuchten türkischen Population. Hier findet man vielfältige Formen der Nutzung deutscher Medien, in der Regel in Kombination mit türkischen. Von den restlichen drei Milieus sind zwei relativ stark gegenüber der deutschen Mehrheitsgesellschaft abgegrenzt; sie repräsentieren ca. 20 Prozent der türkischen Bevölkerungsgruppe. Für Integrationsaktivitäten von Seiten der Mehrheitsgesellschaft interessant ist die dritte Gruppe, die fast ein Viertel der türkischen Bevölkerung repräsentiert. Hier sind die Grenzziehungen gegenüber der deutschen Mehrheitsgesellschaft nicht so starr und weniger konsistent als bei den letztgenannten Gruppen. Dabei ist sie durchaus für Grenzüberschreitungen offen", heißt es in der Zusammenfassung.

Insgesamt geben zwei Drittel der Befragten an, die deutsche Staatsangehörigkeit zu besitzen oder ihren Erwerb zu planen. Mehr als die Hälfte möchte für immer in Deutschland bleiben. 62 Prozent schätzen ihre Deutschkenntnisse als gut oder sehr gut ein. Deutlich schwächer ist dagegen das Interesse für deutsche Politik ausgeprägt. Lediglich 27 Prozent bezeichnen es als stark oder sehr stark. Immerhin 38 Prozent interessieren sich für aktuelle deutsche Themen. Das Vertrauen in deutsche Parteien ist mit 15 Prozent eher schwach, in die Gewerkschaften etwas stärker. Dagegen kommt die Frage nach dem Vertrauen in soziale Leistungen auf bessere Werte. Ärzte: 75 Prozent, Sozialeinrichtungen für Türken: 43 Prozent, deutsche Schulen: 56 Prozent. Knapp vier Fünftel „finden es gut", wenn ihre Landsleute viele deutsche Bekannte haben, die Hälfte befürwortet Ehen zwischen Deutschen und Türken. Daraus ergeben sich folgende Typen:

- Typ A: Ledige Frauen unter 30, schwach religiös
- Typ B: Berufstätige Männer unter 40 mit Abitur oder (Fach-) Hochschulbildung
- Typ C: Berufstätige Ledige unter 30, ohne Partner, weiterführender Schulbesuch – die typischen Singles
- Typ D: Verheiratete, religiöse Frauen mit Grund- oder Hauptschulbildung

97

- Typ E: Frauen über 40, religiös, nicht berufstätig und ohne Schul-abschluss – die so genannte „erste Generation"
- Typ F: Männer über 50, verheiratet, religiös und ohne Schulab-schluss – ebenfalls die „erste Generation".

Die Ergebnisse:	A	B	C	D	E	F
Deutsche Staatsangehörigkeit (ja/ geplant)	+	+	+	–	– –	– –
Aufenthaltsdauer (für immer)	+	+	+	–	/	– –
Deutschkenntnisse	+	+	++	–	–	– –
Interesse an deutscher Politik	–	++	++	+	– –	– –
… an aktuellen deutschen Themen	– –	++	+	/	–	/
Vertrauen in deutsche politische Institutionen	/	–	++	+	– –	–
… in Sozialeinrichtungen	–	/	+	+	–	/
Soziale Einbindung	++	+	+	+	– –	– –
Politische Vertretung	–	– –	++	+	–	– –

„Während die GfK in ihrer Studie versucht hat, so etwas wie eine allge-meine Mediennutzungssituation abzubilden, ermitteln wir ‚harte' Marktanteile", urteilt Dr. Joachim Schulte vom Marktforschungsinstitut Data4U in Berlin: „Während die GfK bei ihren Face-to-Face-Interviews nach der allgemeinen Mediennutzung der letzten Tage gefragt hat, fra-gen wir bei unseren telefonischen Interviews: ‚Welchen TV-Sender sehen Sie jetzt?' – also im Moment der Kontaktaufnahme. Mal abgesehen da-von, dass es sehr schwierig ist, sich sämtliche Sender und die jeweilige Nutzungsdauer zu merken, die man in den letzten Tagen gesehen hat, be-ruhen die Aussagen der GfK-Studie also auf einer nachträglichen Selbst-einschätzung der Befragten. In der Marktforschung nennen wir dies ‚weiche Daten', denen üblicherweise keine besonders hohe Aussagekraft zugebilligt wird."

Diese Kritik hat vor allem deshalb Gewicht, weil bei der GfK-Unter-suchung der türkischen Mediennutzung eine politische Komponente nicht zu übersehen ist: „Besonders bei türkischstämmigen Migranten be-

steht aufgrund des großen Angebots an heimatsprachlichen Medien die Gefahr, dass sie sich durch den Konsum staatlicher und kommerzieller Fernsehsender aus der Türkei in eine massenmediale Isolation begeben", schrieb das Fachblatt *Journalist*. Die türkische Berichterstattung sei weder umfassend noch objektiv und ihre Nutzung wirke sich nachteilig auf deutsche Sprachkenntnisse von Kindern aus. Mit anderen Worten: Wer zu viel türkisches Fernsehen sieht, ist geistig und politisch benachteiligt.

Nun sind strittige Deutungen von Umfragen unter Marketingleuten durchaus üblich. Doch was die GfK-Studie des Bundespresseamtes angeht, bestätigte sich der verbreitete Mangel an Verständnis für kulturelle Eigenarten der Deutschtürken. Joachim Schulte: „Entscheidender ist der Umstand, dass die GfK die Interviews von deutschen Interviewern in deutscher Sprache hat führen lassen. Viele Türken, insbesondere der ersten und zweiten Generation, sind nicht in ausreichendem Maße der deutschen Sprache mächtig, um den Feinheiten eines solchen Interviews auf Deutsch zu folgen." Auch ein Mitlesefragebogen in türkischer Sprache nutze wenig, da gerade viele der älteren Türken schlecht oder gar nicht lesen können. Hinzu komme, dass Türken äußerst freundliche Gastgeber sind: „Ihr kultureller Verhaltenskodex schreibt ihnen vor, den Gast nicht zu verprellen und ihm in seinen Wünschen entgegenzukommen. Das bedeutet, dass sie dem Gast, also in diesem Fall dem deutschen Interviewer, möglichst alles recht machen möchten. Wenn man sich zusätzlich das bei vielen Türken ausgeprägte soziale Verhalten vor Augen hält, sich in Gegenwart von Deutschen als besonders angepasst und integriert zu zeigen, kann man sich gut vorstellen, zu welchen Verzerrungen dies beitragen kann. Viele Türken präsentieren sich im direkten Kontakt mit Deutschen ‚deutscher‘, als sie in Wirklichkeit sind, und geben dann natürlich an, sie würden viel und häufig deutsches Fernsehen schauen bzw. generell deutsche Medien bevorzugen."

Data4U führt seit 1992 regelmäßig Marktforschung bei Türken über deren Konsum und Fernsehgewohnheiten durch. Seit über sechs Jahren werden in drei bis vier Studien jährlich die Reichweiten türkischer TV-Sender in Deutschland untersucht. Die Ergebnisse sind deutlich: Türken nutzen ganz überwiegend türkische Medien. „Dabei ist die Vorliebe für türkische Medien ein nahezu homogenes Phänomen, fast unabhängig von Merkmalen wie Alter, Geschlecht, Einkommen, Aufenthaltsdauer und formale Integration", betont Joachim Schulte.

Die GfK/Bundespresseamt-Studie kommt insbesondere bei türkischen Kindern im Alter zwischen 6 und 13 Jahren zu einem anderen Ergebnis:

deutsches Fernsehen bevorzugt	63 %
türkisches Fernsehen bevorzugt	7 %
deutsch/türkische Programme gleich gern	30 %

Dieses Ergebnis decke sich mit der Tatsache, dass 93 Prozent der Kinder dieser Altersklasse in Deutschland geboren sind und 90 Prozent von ihnen gut Deutsch sowie 70 Prozent Türkisch sprechen und verstehen. „Die befragten Kinder können sich in der alltäglichen Kommunikation mit Familie und Freunden mündlich flexibel in zwei Sprachen bewegen", heißt es in der GfK-Studie. Nicht einmal die Wahl der Freunde spiele unter Kindern eine Rolle, da 81 Prozent ihre Freizeit mit türkischen und 80 Prozent mit deutschen Freunden verbringen.

„Ich sehe die Gefahr, dass die GfK-Studie bei vielen, die sich nur oberflächlich mit dem Thema beschäftigen, den Eindruck hinterlässt, dass der Grad der Mediennutzung das Hauptkriterium für den Grad der Integration der türkischen Mitbürger darstellt", meint Joachim Schulte.

Satelliten-Fernsehen: Mehr türkische als deutsche Sender

Satelliten Eutelsat W1 und W3 (analog und digital)
Sender: TRT 1, TRT 2, TRT 3, TRT 4, TRT Gap, Samanyolu TV, BRT, Lig TV, Best TV, TV 8, Vizyon Salon 1 International, Vizyon Salon 5 International, Vizyon Salon 6 International, Vizyon Salon 7 International, DigTurk promo, Fox Kids Turkey, Kiss TV, CNN Türk, Showtime, Marco Polo, Muşik, Pop TV, Olay TV, TGRT, Mesaj TV, Meltem TV, Ege TV, Hakk TV u. a.

Satellit Türksat (analog und digital)
Sender: Kiss TV, Bayrak TV, Bayrak TV International, Flash TV, Kanal 7, Kanal 7 International, Samanyolu TV World, CNN Türk, Star TV, Star Digital, BRT 1, ATV, Kanal D Fun, Maxi TV, Işik TV, Kral TV, TeleOn u. a.

Quelle: INFOSAT, Ausgabe 162/ September 2001

Info: www.digitur.de

Hörfunk

Das gilt auch für den Hörfunk. Angefangen hatte es 1961 beim Saarländischen, Westdeutschen und Bayerischen Rundfunk mit italienischen Gastarbeitersendungen. Drei Jahre später folgten türkische Programme. 1999 wurden die allabendlichen ARD-Auslandsprogramme reformiert und auf 30 Minuten verkürzt. Als Vorbild diente „Radio Multikulti" vom SFB, 1994 gestartet und seither rund um die Uhr auf Sendung und von vielen Türken als „trocken und hochgestochen" kritisiert. Seit 1998 gibt es für Ausländer das „Funkhaus Europa" vom WDR in Zusammenarbeit mit Radio Bremen, SFB und dem Hessischen Rundfunk. Andere Sender setzen auf einzelne Sendungen, etwa der SWR mit „Blickpunkt Europa" oder „SWR International".

An der Spitze der türkischen Beliebtheitsskala steht allerdings kein deutscher Sender, sondern der im Sommer 1999 angetretene Privatsender „94^8 metropol FM" in Berlin, der erste türkischsprachige Hörfunksender außerhalb der Türkei. Seit Mitte 2000 ist metropol FM auch über Satellit zu empfangen. Die Reichweite wird von Infratest mit 22000 Hörern angegeben. Mehr als 70 Prozent der Berliner Türken hören regelmäßig den Mix aus Türk-Pop, News und Service.

Seltsamerweise kommt die Studie des Bundespresseamtes zu einem Ergebnis, das den deutschen Sendern einen deutlichen Vorsprung einräumt:

Medien-Rangliste der Deutschtürken		
Rang	Programm	Nutzung
1.	deutsche Fernsehprogramme	70 %
2.	türkische Fernsehprogramme	58 %
3.	deutsche Hörfunkprogramme	37 %
4.	deutsche/türkische Printmedien	27 % (jeweils)
5.	türkische Hörfunkprogramme	15 %

Berliner Hörfunk-Rangliste			
Rang	deutsche Sender	türkischsprachige Sender	Nutzung
1.		Metropol	38 %
2.	Energy 103,4		20 %
3.	RTL		17 %
4.	rs.2		14 %
5.	SFB 88,8		10 %
5.		Multikulti	10 %
5.	Kiss FM		10 %
6.		Deutsche Welle	5 %

Eine Erklärung dafür, dass deutsche Hörfunkprogramme von Ausländern bevorzugt werden, ist das Übergewicht dieser Sender. Dabei bleibt freilich unberücksichtigt, dass alle fremdsprachigen Sendungen nur stundenweise und häufig auf der Stereo-untauglichen Mittelwelle ausgestrahlt werden. Insgesamt kommen alle ARD-Sendungen – neben den ganztägigen WDR- und Multikulti-Programmen – auf gerade mal 11 Stunden pro Woche, wohlgemerkt nicht nur in türkischer, sondern in allen Sprachen der in Deutschland lebenden Ausländer. Hohe Einschaltquoten von über 50 Prozent wurden nur in den 60er Jahren während der Gastarbeiter-Zuwanderung verzeichnet.

Sicherlich spielen Sprachkenntnisse beim Hörfunk eine noch größere Rolle als bei der Fernsehnutzung. Da jedoch laut GfK-Studie 58 Prozent aller Türken nach eigener Einschätzung beide Sprachen gut bis sehr gut, weitere 35 Prozent nur etwas weniger gut sprechen, kann von einer Sprachbarriere keine Rede sein.

Zeitungen

Die Ära der türkischen Zeitungen begann in Deutschland 1970, als die Tageszeitung *Hürriyet* eingeflogen wurde. Zwei Jahre später folgte *Milliyet* und bald wurden acht überregionale türkische Zeitungen in

Deutschland vertrieben, von denen einige wieder verschwanden und andere inzwischen über eine spezielle Europa- oder Deutschland-Redaktion verfügen: *Hürriyet, Türkiye, Sabah, Milliyet, Zaman, Milli Gazete, Evrensel* und *Ozgür Politika* sowie *Cumhuriyet* und *Dünya*.

Insgesamt, so glauben türkische Agenturleute, liest etwa die Hälfte der Deutschtürken sowohl deutsche wie türkische Zeitungen. Dieser Einschätzung folgt auch die Untersuchung des Bundespresseamtes, die deutsche Periodika in der Spitzengruppe sieht:

Rang	deutsch	türkisch	Nutzung
1.		Hürriyet	38 %
2.	BILD		28 %
3.	regionale Tageszeitung		26 %
4.		Sabah*	19 %
5.		Türkiye	7 %
6.	überregionale Tageszeitung		6 %
7.		Milliyet	5 %
7.		Star	5 %

* mittlerweile eingestellt

Einen herausragenden Versuch startete 1999 der Chef der Berliner Agentur Lab One, Ozan Sinan, mit dem Magazin *Etap*: In deutscher Sprache, an die zweite und dritte Generation gerichtet, hatte das Zeitgeist-Magazin jene Deutschtürken im Blick, die eine eigene, zwischen Heimat und Gastland angesiedelte Identität entwickelt haben. *Etap* und sein Herausgeber ernteten viel Lob, scheiterten jedoch an der unvermeidlichen finanziellen Durststrecke.

Auch wenn die werbliche Ansprache von Deutschtürken nur etwa 10 Prozent der Aufwendungen für die Ansprache deutscher Konsumenten kostet, beklagen Mediaplaner, dass es über türkische Medien und vor allem auf dem Printsektor zu wenig fundierte, aktuelle Zahlen gibt. Allein die mit 58 000 Exemplaren auflagenstärkste *Hürriyet* ist IVW-geprüft. „Die Mediazahlen von *Hürriyet* und *Milliyet* stammen noch aus dem Jahr 1996", klagte das Fachmagazin *w&v*. Hauptproblem ist, dass die

103

türkischen Printmedien in den Anzeigenplänen der deutschen Werber viel zu selten vorkommen. „Wir haben keinen speziellen Werbeansatz für ausländische Mitbürger in Deutschland", zitiert beispielsweise *w&v* die Werbeleiterin Jana Kühn von Woolworth.

In den meisten deutschen Agenturen und Marketingabteilungen herrscht die Auffassung, türkische Konsumenten könnten werblich ebenso gut über deutsche Printmedien erreicht werden. Und auch wenn die Umfragezahlen sich unterscheiden, lesen nicht wenige Türken deutsche Zeitungen. Eine 2001 abgeschlossene Studie, erstellt von der Marplan Forschungsgesellschaft im Auftrag der ZMG Zeitungs Marketing Gesellschaft in Frankfurt, bestätigt diese Behauptung. Dazu Mitat Cinar von WFP kritisch: „Hier wurde der Versuch unternommen, die ausländischen Titel in Deutschland, die im Rahmen der ethnospezifischen Kommunikation zum Nachteil einheimischer deutschsprachiger Titel an Bedeutung gewinnen, abzuschwächen. Die dahinter stehende Aussage ist klar: Wenn man ausländische Zielgruppen erreichen möchte, sollte man sich deutscher Printtitel und nicht türkischsprachiger bedienen."

Nutzungshäufigkeit von Tageszeitungen	deutsche Titel	ausländische Titel
(fast) täglich	16 %	9 %
mehrmals pro Woche	23 %	28 %
etwa 1 x pro Woche	19 %	20 %
ca. alle 14 Tage	5 %	8 %
gesamt	63 %	65 %

Die ZMG wies erstmals nach, dass die Reichweite deutscher Zeitungen in Wahrheit um fast 4 Millionen größer ist, als dies in deutschen Marketingstatistiken ausgewiesen wird: So viele in Deutschland lebende Ausländer lesen nämlich die deutsche Presse. Da sie jedoch in die üblichen Konsumerhebungen nicht einbezogen werden, bleibt ihre Marktmacht unentdeckt.

Laut einer repräsentativen Untersuchung, die 1995 im Auftrag des Bundesministeriums für Arbeit und Sozialordnung durchgeführt wurde, lesen rund 31 Prozent der Türken deutsche Zeitungen und Zeitschriften.

Auch das Zentrum für Türkeistudien kam im Mai 2001 zu dem Ergebnis, dass Türken deutsche Medien in erheblichem Umfang nutzen:

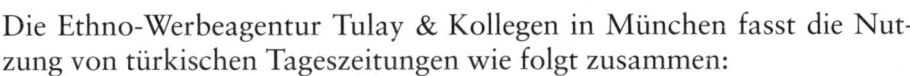

	Fernsehen	Hörfunk	Tageszeitung	Wochenzeitschrift
deutsch	97,9 %	22,1 %	41,1%	15,8%
türkisch	96,5 %	9,6 %	73,7 %	5,3 %

Die Ethno-Werbeagentur Tulay & Kollegen in München fasst die Nutzung von türkischen Tageszeitungen wie folgt zusammen:

- 55 % lesen nur türkische Tageszeitungen
- 38 % lesen türkische und deutsche Tageszeitungen
- 7 % lesen nur deutsche Tageszeitungen
- 33 % lesen Tageszeitungen
- 30 % lesen täglich Tageszeitungen

Allerdings gehört zum Gesamtbild auch die Tatsache, dass die Nutzung deutscher Medien keineswegs „deutsches" Verhalten bedeutet. Im Gegenteil, auch Türken, die Fernseh- und Hörfunkprogramme des Gastlandes einschalten oder deutschsprachige Zeitungen und Zeitschriften lesen, denken und fühlen überwiegend türkisch. Ihre Ansprachemuster folgen fast durchweg türkischer Kultur und Tradition. „Auch wenn die Qualität des Konsums sich entsprechend den Entwicklungszyklen der Migration wandelt, spricht die Konstanz der bisher erhobenen Daten doch dafür, dass dies für unabsehbare Zeit auch so bleiben wird", meint Data4U-Chef Joachim Schulte. Er spricht damit an, was nur dadurch zu erklären ist, dass zahlreiche Untersuchungen das Beharrungsvermögen der Türken in Bezug auf ihre kulturelle Identität nicht einbeziehen und es daher zu unterschiedlichen Ergebnissen kommt. So liegt für Joachim Schulte der „Marktanteil türkischer Sender in den türkischen Haushalten bei durchschnittlich rund 75 Prozent, der der deutschen hingegen nur bei rund 25 Prozent. Noch deutlicher fällt die Präferenz im Printbereich aus. Türkische Tageszeitungen haben einen kumulierten Marktanteil von rund 85 Prozent im Vergleich zu ca. 15 Prozent für die deutschen Zeitungen."

Daraus ergibt sich das Paradox, dass zahlreiche Marktuntersuchungen für eine Akzeptanz deutscher Medien bei Türken sprechen, aber die Mentalität und die daraus folgenden Konsumgewohnheiten davon weit

gehend unbeeindruckt bleiben. Werbung in türkischen Medien hat für Türken nicht denselben Stellenwert wie Werbung in deutschen Medien.

Türkische Tageszeitungen in Europa und Deutschland				
Titel	redaktionelle Linie	Auflage in Europa	Auflage[1] in Deutschland	Auflage[2] in Deutschland
Hürriyet	liberalkonservativ, Neigung zu Boulevard	160 000	48 000	107 000
Milliyet	linksliberal	25 000	16 000	16 000
Sabah[*]	liberal, Neigung zu Boulevardpresse	40 000	25 000	
Türkiye	konservativ-religiös	65 000	40 000	40 000
Zaman	religiös-intellektuel	16 000	13 000	13 000
Milli Gazete	religiös-fundamentalistisch		12 000	12 000
Evrensel	links	12 000	8 000	
Özgür Politika	kurdische Zeitung in türkischer Sprache, links, kurdisch-national	15 000		8 000
Cumhuriyet	linksliberal			20 000
Emek	links			8 000
Ortadogu	rechtsnational			3 000
Dünya	liberal[3]			

Quellen: [*] eingestellt [1] Zentrum für Türkeistudien [2] Tulay & Kollegen [3] WFP

Daneben gibt es kostenlose regionale Anzeigenblätter, die auf politische Aussagen verzichten. Die Herausgeber sind häufig lokale Korrespondenten der überregionalen türkischen Tageszeitungen.

Türkische Magazine – zum Beispiel *Merhaba, Hayat oder Düsaya* – spiegeln das erhebliche Risiko türkischer Gründungen wider, denn einerseits handelt es sich um ambitionierte, das wachsende Selbstbewusstsein repräsentierende Blätter, andererseits ist ihre Zukunft mangels ausreichender Werbung keineswegs gesichert. Die Zielgruppen sind Deutschtürken der zweiten und dritten Generation, weshalb sie meist zweisprachig, in Türkisch und Deutsch, erscheinen.

Medienreichweite (in Prozent)							
Medien	14–18 Jahre	19–29 Jahre	30–39 Jahre	40–49 Jahre	50–59 Jahre	über 60 Jahre	gesamt
Fernsehen	98	95	97	94	95	79	95
Türkisch	70	71	79	80	88	74	77
Deutsch	95	91	88	83	70	61	85
Hörfunk	72	64	55	56	45	48	58
Türkisch	21	21	19	23	29	32	23
Deutsch	68	56	47	46	29	30	49
Tageszeitungen	65	72	74	73	64	73	71
Türkisch	37	50	55	60	58	68	53
Deutsch	55	60	54	45	35	28	51
Video	93	87	78	73	64	57	79
Zeitschriften	82	80	71	68	59	54	72
Bücher	91	89	89	85	76	74	86

Quelle: Bundespresseamt

Am häufigsten gesehene Fernsehprogramme			
Rang	deutsch	türkisch	Nutzung
1	RTL		54 %
2	Pro Sieben		41 %
3		TRT-Int.	34 %
4	SAT 1		31 %
5		ATV-Int.	30 %
5		Show TV	30 %
6		Kanal D	26 %
7	ARD/Das Erste		24 %
8	RTL 2		22 %
9	ZDF		18 %
10		Interstar	14 %
11		TGRT	13 %

Quelle: Bundespresseamt

Fernsehen: Welche Programme werden gerne gesehen?		
Sendung	türkisches TV	deutsches TV
Nachrichten	69 %	57 %
Türkische Filme	64 %	–
Türkische Unterhaltungsserien	55 %	–
Musiksendungen	52 %	44 %
Kino/TV-Filme	48 %	69 %
Shows, Quiz	47 %	40 %
Sport	42 %	44 %
Action, Krimis	40 %	56 %
Magazine, Dokumentationen	40 %	27 %
Comedy	38 %	40 %
Talk-Shows	37 %	32 %
U-Serien	31 %	34 %

Quelle: Bundespresseamt

Zusammenfassend lässt sich – so die Werbeagentur Tulay & Kollegen in München – über die Mediennutzung der Deutschtürken sagen:

- Audio-visuell orientiertes Mediennutzungsverhalten
- Generationsabhängige, differenzierte Bindung an türkischsprachige Medien
- Deutsche Inhalte – auch Werbung – sind in türkischsprachigen Medien unterrepräsentiert.

TV-Sender					
TV-Sender	**Empfang**	**Reichweite**	**Sendezeit**	**Redaktionelle Linie**	**Zuschauer**
Kanal D	• Satellit TürkSat • Kabel in Berlin • MediaVision Bundesweit	Deutschland	24 Stunden	Unterhaltungsprogramme dominieren	junges, dynamisches Publikum
TRT-INT	• Satellit TürkSat • Kabel	Deutschland	24 Stunden	Informationsorientierte Programme und Unterhaltung	Breites Publikum
TGRT	Satellit Digital-Empfang	Deutschland Euroopa	24 Stunden	konservativ bis religiös	Breites Publikum
Kanal 7	• Satellit TürkSat • Digital-Empfang	Deutschland Türkei Europa	24 Stunden	• Unparteiisch[1] • eher konservativ • Türk. Tradition u. Sitten werden gepflegt • Universale Tatsachen und nationale Kultur • Familienfreundlich	Breites Publikum TID werden extra als Zielgruppe angegeben. Fernsehen des Volkes[2]

[1] Selbsteinstufung des TV-Kanals; [2] Selbstdefinition des TV-Kanals

TV-Sender					
TV-Sender	**Empfang**	**Reichweite**	**Sendezeit**	**Redaktionelle Linie**	**Zuschauer**
TD1 Lokales Fernsehen für Berlin-Brandenburg	Berliner Kabelnetz	Berlin-Brandenburg	22 Stunden	• Konservativ • Gezielte Ansprache der Türken in Berlin • Aktuelle lokale Beiträge • Lokale TV-Spots	Türken in Berlin
atv	Bundesweit über Media-Vision Kabel in Berlin	Deutschland	24 Stunden	• Liberal • Unterhaltungsprogramme dominieren	Breites Publikum

Das türkische Fernsehen und seine Nutzung in deutschtürkischen Haushalten

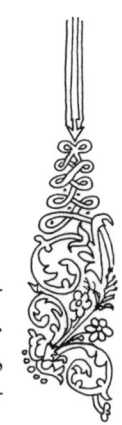

An der Frage, ob Deutschtürken mehr türkisches oder deutsches Fernsehen nutzen, entzündet sich immer wieder Streit unter Marktforschern. Die vom Bundespresseamt veröffentlichte Untersuchung behauptete, deutsche TV-Kanäle lägen auf der Beliebtheitsskala türkischer Zuschauer vor den türkischen Fernsehsendern. Dieser Behauptung widerspricht Joachim Schulte, Chef der Gesellschaft für Kommunikationsforschung mbH Data4U in Berlin nachdrücklich. Dies sei ein Beispiel für das ungenügende deutsche Verständnis für türkische Sitten und Eigenarten.

Datensammlung

Erstmals mit türkischen Medien hatte Joachim Schulte 1992 als Mitarbeiter des Berliner Kabelprojekts zu tun. Damals wurde die ehemals senatseigene PK Berlin – Projektgesellschaft für Kabelkommunikation – in die privatwirtschaftliche Media Port Berlin GmbH überführt. Ab 1990 wurde der türkische Fernsehsender TRT Int. in das bundesdeutsche Kabelnetz eingespeist und Schulte hatte die Aufgabe, die deutschen Studioteams der TRT-Produktion zu organisieren. Er war damit erster Ansprechpartner für türkische Journalisten und Redakteure. Zu diesem Zeitpunkt war das TRT-Programm weit gehend werbefrei. Für den deutschen Werbemarkt wurden also Daten über die Fernsehgewohnheiten der türkischstämmigen Bevölkerung in Deutschland sowie Daten zu den Konsumgewohnheiten dieser Bevölkerungsgruppe benötigt.

Die GfK, die in Deutschland im Auftrag der Arbeitsgemeinschaft Fernsehforschung die Reichweiten der TV-Sender ermittelt, lieferte damals keine Daten über ausländische Haushalte. Auch die übrigen Meinungsforschungsinstitute sahen sich dazu nicht oder nur zu beträchtlichen Preisen in der Lage. Deshalb wurde Schulte beauftragt, Methoden der Datenerhebung für die inzwischen gegründete Vermarktungsgesellschaft Turkish Media Marketing (TMM) zu entwickeln.

„Wir begannen also, systematisch alle in Deutschland verfügbaren statistischen Daten über die Türken in Deutschland zu sammeln, und konnten uns bald ein Bild über die regionale Verteilung sowie die Alters- und Geschlechtsstruktur machen. Im nächsten Schritt bauten wir eine Datenbank mit Telefonnummern türkischer Haushalte auf und konnten im Sommer 1992 die erste telefonische Umfrage zum ‚Fernsehverhalten in den türkischen Haushalten in der Bundesrepublik Deutschland‘ durchführen", berichtet Joachim Schulte.

In den Jahren bis 1995 wurden in derselben Konstellation acht bis zehn weitere Studien zu den Reichweiten der türkischen Sender, außerdem verschiedene Erhebungen über das Konsumverhalten sowie erste Begleitstudien zur Wirksamkeit von Werbekampagnen im türkischen Fernsehen durchgeführt. Im gleichen Jahr machte sich Schulte mit der Werbeagentur MMD selbstständig und gründete das Marktforschungsinstitut Data4U, das von der zwischenzeitlich zur IP-Gruppe gehörenden TMM den Auftrag weiterer Reichweitenstudien erhielt.

Seither führte Data4U regelmäßig jedes Jahr drei bis vier telefonische, computergestützte Reichweitenstudien bei türkischen Haushalten in Deutschland durch. Die Ergebnisse sind die Basis für die Kalkulation der Werbepreise türkischer Fernsehsender sowie die Grundlage für die Mediaplanung. Daneben führt Data4U Studien zu den „Türkischen Printmedien in Deutschland", außerdem zum „Türkischen Telekommunikationsmarkt in Deutschland" sowie zum Thema „Deutschtürken im Intenet" und seit 1999 Erhebungen über die Konsumgewohnheiten dieser Bevölkerungsgruppe durch.

Türkische Medien etablieren sich

Schulte: „In den letzten 10 bis 15 Jahren hat sich in Deutschland eine reichhaltige türkische Medienlandschaft entwickelt. Über Kabel, insbesondere aber über Satellit, sind heute mehr als 20 türkische Fernsehsender in Deutschland zu empfangen und rund acht türkische überregionale Tageszeitungen am Kiosk erhältlich. Dieses Angebot besteht fast ausschließlich aus türkischsprachigen Medien aus der Türkei, während in Deutschland produzierte türkischsprachige Medien vornehmlich erst in den letzten zwei bis drei Jahren entwickelt wurden und zur Zeit noch keine bedeutende Rolle spielen."

Seit Jahren wird in allen Untersuchungen die überwiegende Nutzung der Deutschtürken von türkischen Medien bestätigt. Eine Untersuchung aus dem Jahr 2001 ergab beispielsweise einen kumulierten Marktanteil

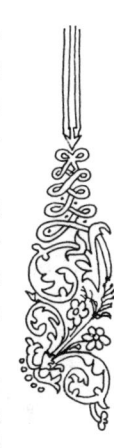

für die türkischen Fernsehsender von etwas mehr als 76 Prozent, während es alle deutschen Sender zusammen auf nur knapp 24 Prozent Marktanteil brachten. Dieses Verhältnis – drei Viertel türkische, ein Viertel deutsche Nutzung – bestätigte sich kontinuierlich in allen Erhebungen der letzten Jahre.

Noch deutlicher fällt das Ergebnis für die Nutzung von türkischen und deutschen Tageszeitungen aus. Eine Umfrage vom Januar 2000 ergab einen kumulierten Marktanteil von 87,2 Prozent für die türkischen Tageszeitungen, während es alle deutschen Tageszeitungen zusammen gerade auf 12,8 Prozent Marktanteil brachten.

Eine Sonderrolle spielt der Hörfunk. Weil es, von einigen Satellitenprogrammen abgesehen, bis 1999 keine türkischen Radiosender in Deutschland gab, übten sich die Deutschtürken in Medienverzicht und wichen auf Konserven – Kassetten und CDs – aus. Über 50 Prozent der Befragten gaben 1996 bei einer Regionalerhebung in Berlin trotz des hohen Stellenwerts von Musik bei Deutschtürken an, dass sie „nie Radio hören". Das Bild änderte sich deutlich nach dem Programmstart von „Metropol FM", dem ersten türkischen Hörfunksender in Berlin. Anfang 2000 gaben nur noch 12 Prozent der Befragten an, „nie Radio zu hören"; der Sender erreichte eine Tagesreichweite von fast 70 Prozent in Berlin.

„Insgesamt spielt das Fernsehen bei der Mediennutzung jedoch eindeutig die Hauptrolle", so Schulte. „Während Fernsehen in der türkischen Bevölkerung je nach Jahreszeit eine Bruttoreichweite zwischen 80 und 90 Prozent erreicht, kommen die Tageszeitungen auf eine Bruttoreichweite von etwa 33 Prozent."

Die Kiste läuft immer!

Bis zu 80 Prozent der von Schultes Umfragen erreichten Haushalte sahen zum Zeitpunkt der Kontaktaufnahme fern. Dabei spielte es fast keine Rolle, ob der Kontakt am frühen Nachmittag oder am späten Abend stattfand. „Sobald wir einen Haushalt telefonisch erreichen, können wir fast sicher davon ausgehen, dass ein Fernsehgerät eingeschaltet ist. Während für deutsche Haushalte eine deutliche Steigerung des Fernsehkonsums zu Beginn der Semi-Prime-Time gegen 18.00 Uhr und nochmals zur Prime-Time gegen 20.00 Uhr typisch ist, verläuft die Tagesnutzungskurve in den türkischen Haushalten sehr flach auf hohem Niveau. Das heißt, das Fernsehgerät wird zeitig am Tag eingeschaltet und läuft dann bis zum späten Abend – die Kiste läuft immer!"

113

Dabei ist die Vorliebe für türkische Medien ein nahezu homogenes Phänomen, fast unabhängig von Alter, Geschlecht, Einkommen, Aufenthaltsdauer und formaler Integration. So betrug laut Schultes Untersuchungen der Unterschied bei den kumulierten Marktanteilen türkischer Programme zwischen Männern und Frauen gerade 2,4 Prozent. Auch innerhalb der verschiedenen Altersgruppen gibt es keine gravierenden Unterschiede. Zwar schauen jüngere Türken in der Tendenz etwas mehr deutsches Fernsehen, während die Älteren noch mehr türkisches TV bevorzugen, aber im Prinzip bleibt es beim 3:1 für die türkischen Sender. Auch eine Aufschlüsselung nach Einkommen, Aufenthaltsdauer oder formaler Integration ergibt kaum Unterschiede. Zwar steigt die Nutzung deutscher Fernsehsender in Haushalten mit höherem Einkommen sowie bei in Deutschland geborenen oder eingebürgerten Türken etwas an. „Aber bei allen Gruppen überwiegt der türkische Fernsehkonsum deutlich", fasst Schulte zusammen.

Die Tendenz geht zu kommerziellen Serien-, Game-Show- und Spielfilmkanälen, und zwar unabhängig davon, ob türkische oder deutsche Sender eingeschaltet werden. In früheren Jahren konnte der staatliche Sender TRT Int. aufgrund seiner technischen Reichweite eine Spitzenposition einnehmen. Inzwischen haben jedoch die Privatsender ATV, Kanal D oder Show TV die Spitze übernommen. Auch unter den deutschen Sendern liegen die privaten Kanäle RTL oder Pro 7 in der Sehergunst der Deutschtürken vorne.

„Ent-Ethnisierung" – „Re-Ethnisierung"

„Kritiker bemängeln, dass das große Medienangebot eine Re-Ethnisierung des Fernsehkonsums der Deutschtürken bewirke und folglich deren Integration in die deutsche Gesellschaft behindern oder gar verhindern würde. Es sei deshalb für Deutschtürken nicht möglich, sich von ihrem Heimatland zu lösen. Doch der Begriff ‚Re-Ethnisierung' setzt voraus, dass zuvor eine Phase der ‚Ent-Ethnisierung' stattgefunden hat und nunmehr rückgängig gemacht wird. Im Hinblick auf den Medienkonsum würde das bedeuten, dass die Deutschtürken zu einem früheren Zeitpunkt weniger türkische Medien konsumiert haben und heute Medieninhalte konsumieren, die den Türkeibezug stärker fördern." So lautet ein Kommentar von Joachim Schulte.

114

Zur Überprüfung solcher Behauptungen ging Data4U bis ins Jahr 1992 zurück. Damals verfügten 19 Prozent der türkischen Haushalte über eine Satellitenempfangsanlage und mit den Sendern TRT Int.,

Star 1, Show TV und Tele on standen insgesamt vier türkische Sender bundesweit zur Verfügung. Daneben gab es eine verbreitete türkische Videokultur mit zahlreichen Videotheken in den entsprechenden Wohnbezirken. Es existierte also auch in dieser Vor-Fernseh-Ära eine ausgedehnte türkische Medienlandschaft. Überhaupt kann man zurückblickend feststellen, dass es schon in den 60er und 70er Jahren einen türkischen Medienmarkt gab, der größer war, als damals wahrgenommen wurde. Beispielsweise gab es damals in Deutschland rund 200 türkische Kinos. Auch die großen türkischen Tageszeitungen erschienen bereits Anfang der 60er Jahre mit eigenen Deutschland-Ausgaben.

Heute – rund zehn Jahre später – hat sich die Zahl der Haushalte mit Satellitenempfang (70–85 Prozent) sowie die Anzahl der türkischen Sender (ca. 20) ungefähr verfünffacht. Türkische Videotheken und Kinos sind nahezu aus dem Straßenbild verschwunden. Im gleichen Zeitraum stiegen die kumulierten Marktanteile der türkischen Sender von etwa 68 Prozent (1992) auf rund 75 Prozent (2001). Berücksichtigt man den Rückgang des Video- und Kinokonsums, so ist die Nutzung türkischer Medien ungefähr auf hohem Niveau konstant geblieben.

Auch qualitativ sind keine großen Veränderungen zu erkennen. Eine genauere Untersuchung der Programmgestaltung der bei Deutschtürken beliebten Sender zeigt, dass diese außer türkischen Spielfilmen vor allem Serien ausstrahlen, die keine türkischen, sondern amerikanische Produktionen sind.

Eine „Re-Ethnisierung" durch das große Medienangebot findet somit schon deshalb nicht statt, weil es bislang keine Phase der „Ent-Ethnisierung" gegeben hat. „Deutschtürken nutzen türkische Medien, wie sie es schon immer getan haben", bringt Schulte die Entwicklung auf den Punkt. Einerseits ist der umfassende türkische Medienmarkt in Deutschland als Kompensation zu einem ungenügenden Programmangebot von deutschen Sendern zu sehen. Andererseits ist er eine natürliche Nabelschnur zur alten Heimat, die den hier lebenden Migranten ein Stück kultureller Autonomie sichert. Man kann diese kulturelle Autonomie als nostalgisch oder sogar als fremdbestimmt bezeichnen, aber die Entstehung erster einheimischer türkischer Medien kennzeichnet die Schwelle zur nächsten Phase in der Entwicklung einer eigenständigen deutsch-türkischen Medienkultur. Schließlich kann Integration nicht mit dem Verzicht auf politische und kulturelle Identität gleichgesetzt werden, sondern muss als Synthese von heimatlicher Kultur und jener des Gastlandes stattfinden.

115

Die Deutschtürken sind sich ihres problematischen Verhältnisses zu türkischen Medien durchaus bewusst. Sie wissen, dass ihr türkischer

Medienkonsum kritisch betrachtet wird. Mehr noch: Sie halten den Konsum deutscher Medien für ein Statussymbol. Daraus lässt sich die Frage ableiten, ob die Türken in Deutschland bei Befragungen angeben, andere Sender gesehen zu haben, als sie tatsächlich eingeschaltet haben.

Sind Türken loyale Zuschauer?

Der laut Data4U-Messungen konstant hohe Marktanteil türkischer Sender oder – umgekehrt – der konstant geringe Wert deutscher Sender scheint zunächst gegen diese These zu sprechen. Die Ergebnisse zur allgemeinen Fragestellung „Schauen Sie in der Regel mehr türkisches oder deutsches Fernsehen?" geben jedoch einen ersten Hinweis auf die Existenz des Problems. Auf diese Frage antworteten etwa 50 Prozent der Befragten: „Mehr türkisches TV." Etwa ein Drittel gab an, gleich viele türkische und deutsche TV-Kanäle einzuschalten. Knapp 17 Prozent meinten, dass sie „mehr deutsches TV" sehen. Umgerechnet auf Marktanteile – deutsche zu türkischen Programmen – wäre dies ein Verhältnis von 33 zu 67 Prozent, während die tatsächlichen Zahlen bei 25 zu 75 Prozent liegen.

Noch deutlicher wird das Problem in den Data4U-Studien bei der Einschätzung türkischer Sender. So gilt beispielsweise der türkische Sender Kanal 7 als anspruchsvoll, glaubhaft, objektiv, aktuell und informativ. Knapp 7 Prozent der Befragten bezeichneten diesen Kanal als ihren bevorzugten Sender. Die für das Jahr 2000/01 ermittelten durchschnittlichen Marktanteile für diesen Sender liegen mit etwa 3 Prozent jedoch bei weniger als der Hälfte. „Das heißt", sagt Joachim Schulte, „mehr als die Hälfte derjenigen, die Kanal 7 als ihren bevorzugten Sender bezeichnen, tun dies nicht, weil sie diesen Sender regelmäßig einschalten, sondern aufgrund der positiven Imagewerte dieses Senders." Umgekehrt ist das Verhältnis bei dem Sender Show TV – er gilt als unterhaltsam, aber als wenig informativ, glaubhaft und anspruchsvoll. Hier liegen die ermittelten durchschnittlichen Marktanteile mit 11,5 Prozent um rund ein Drittel über dem Wert der bevorzugten Sender von 7,7 Prozent.

Hinzu kommt, dass deutsche Fernsehsender häufig nicht genau identifiziert werden können und nur bekannt sind, weil man dort eine Fußballübertragung mit türkischer Beteiligung gesehen hat: Am 14. September 2000 übertrug das ZDF die UEFA-Cup-Begegnung zwischen Antalyaspor gegen Werder Bremen. Während die durchschnittlichen Marktanteile des ZDF bei den Deutschtürken bei 1,4 Prozent liegen, erreichten sie während dieser Übertragung Spitzenwerte von bis zu über 26 Prozent.

Eine These lautet: Türken sind keine loyalen Zuschauer. Sie identifizieren sich nicht mit einem bestimmten Kanal. Türken stehen den türkischen Sendern kritisch gegenüber. Joachim Schulte widerspricht: „Rund zwei Drittel der Befragten geben an, einen bevorzugten Sender zu haben. Auch die Beurteilung der bevorzugten Sender erfolgt eher unkritisch. Sie liegt auf einer Notenskala von 1 bis 6 für positive Eigenschaften des Senders wie sympathisch (1,4), aktuell (1,5), informativ (1,6), unterhaltsam (1,7), fortschrittlich-modern (1,8) stets am oberen Ende der Skala."

Auch wenn sich, oberflächlich betrachtet, wenig Grundsätzliches am Medienkonsum der Deutschtürken geändert hat, so darf die derzeitige Mediensituation nicht als endgültig betrachtet werden. Deutsche und deutschtürkische Medien dürften an Bedeutung gewinnen. Dies scheint ein Blick ins Internet zu bestätigen. Nutzten im Sommer 2000 rund 18 Prozent der Deutschtürken das Internet (deutsche Nutzer: 34 Prozent), waren es im Frühjahr 2001 bereits knapp 30 Prozent – vornehmlich jüngere Altersgruppen zwischen 14 und 29 Jahren. Bemerkenswert ist daran, dass hier erstmals in einem Medium deutsche Inhalte bevorzugt werden. Dies mag auch an der Angebotsstruktur liegen – es gibt weit mehr attraktive deutschsprachige als türkischsprachige Angebote. So geben deutlich mehr als die Hälfte an, mehr an „deutschsprachigen Angeboten im Internet interessiert" zu sein. Rund ein Drittel zeigt sich gleichermaßen an deutsch- und türkischsprachigen Angeboten interessiert. Auch die deutschtürkischen Internetportale wie vaybee.de, tikla.com, super-online.com oder türkinfo.de, vornehmlich Ende der 90er Jahre gegründet, werden von etwa einem Drittel der Deutschtürken regelmäßig genutzt.

Verglichen mit der Fernseh- und Printmediennutzung kehren sich die Verhältnisse im Internet nahezu um: Rund drei Viertel deutschsprachige und nur ein Viertel türkischsprachige Nutzung. Darüber hinaus ist eine hohe Akzeptanz für deutsch-türkische Internetportale festzustellen. Das bedeutet: Die Mediennutzung der Deutschtürken scheint in hohem Maße vom Angebot bestimmt zu werden. Es spricht daher nichts dagegen, dass Deutschtürken vermehrt deutsche oder deutsch-türkische Medienprodukte im TV- oder Printbereich nutzen würden, wenn es dafür entsprechende Angebote gäbe.

Joachim Schulte: „Da in diesem Bereich von deutschen Medienunternehmen nur sehr bedingt Initiativen zu erwarten sind, ist vornehmlich der unternehmerische Geist der Türken in Deutschland gefragt, der sich bereits in vielen anderen Wirtschaftszweigen manifestiert. Nach praktisch

117

nur einer Generation haben die Türken in Deutschland mit einer Selbst-
ständigenquote von 4,1 Prozent den bundesdeutschen Durchschnitt
erreicht. Die rund 60 000 türkischen Betriebe in Deutschland haben etwa
250 000 Arbeitsplätze geschaffen und tragen mit einem erwirtschafteten
Jahresumsatz von 28,7 Milliarden Euro zum bundesdeutschen Bruttoso-
zialprodukt bei. Einige dieser türkischen Betriebe sind Medienunternehmen. Dies sind die Pioniere und Keimzellen einer eigenständigen deutsch-
türkischen Medienkultur."

„Vaybee!" – Heimatgefühle im Web

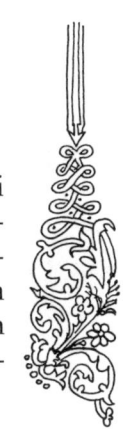

Die erste türkische Internetplattform „Vaybee!" ist besonders bei Deutschtürken der dritten Generation überaus beliebt. Laut einer Emnid-Umfrage surfen rund 18 Prozent der in Deutschland lebenden Türken regelmäßig im Internet, weitere 26 Prozent wollen innerhalb von Jahresfrist folgen. Die USA sind das Vorbild: Der Wunsch nach einem Kommunikationsforum in der Muttersprache steht der Integration keineswegs entgegen.

Zweisprachig im Netz

„Es war einmal und war auch nicht ...", so beginnen orientalische Märchen: Es waren einmal drei Brüder, Hasim (33), Tamer (27) und Akgün Kulmaç (30) sowie ihr Schwager Ufuk Şenay (37). Die betrieben zusammen einen Verlag für Hotelpublikationen. Eines Tages stellten sie fest, dass die in Europa lebenden Türken bislang keine Basis im Internet hatten. Nach dem Vorbild USA machten sie sich an die Arbeit und entwickelten ein Konzept. „Vaybee!" kam als erstes bilinguales Ethno-Portal der Türken dem Urschrei „Wow!" der Hip-Hop-Generation gleich.

„Unsere Zielgruppe, die Türken der dritten Generation, sind jung, markenbewusst, dynamisch und qualitätsbewusst", erklärt Akgün Kulmaç. „Autos, Kleidung, Pflegemittel und überhaupt alle Äußerlichkeiten sind wichtige Statussymbole. Die Community der dritten Generation sind aber auch markentreu. Genau das wollen wir mit Vaybee! erzielen. Wir arbeiten an unserem Kultstatus, denn das mögen die Mitglieder und vertrauen dann der Marke." Als Begründung für die Zweisprachigkeit führt er an: „Das ist wichtig, denn viele Türken der dritten Generation sind mittlerweile bikulturell. Sie unterhalten sich in beiden Sprachen. Das kann man etwa daran sehen, dass sie mitten im Chat oder in Diskussionsforen die Sprache wechseln. Sie haben kein Problem damit. Sie wollen sich einfach nur über interessante Themen unterhalten."

Bevor es so weit war, klemmte sich das Quartett das Konzept unter den Arm und ging zu seinem mittlerweile wichtigsten Partner, der Frankfurter IVC Venture Capital AG, die sich schließlich mit 3 Millionen Euro beteiligte. Im Februar 2000 fand der erste Netzauftritt der Vaybee! AG statt, der von Anfang an deutlich machte, dass Bescheidenheit nicht zu den ausgeprägten Merkmalen dieser Generation zählt – eher das Denken

in großen Maßstäben, das Ranklotzen, wie die Expansionspläne ins Multimedia-Geschäft und der für 2004 geplante Börsengang erkennen lassen.

Das kleine Unternehmen macht einen vertrauenerweckenden Eindruck: Helle, moderne Fabrikanlage im Hinterhof des Kölner Stadtteils Braunsfeld, Großraumbüro, typischer Charme der New Economy. Rund 20 Mitarbeiter, 15 fest Angestellte, drei Freelancer und zwei Praktikanten. Durchweg bilingual und bikulturell, zu zwei Drittel Türken. Der hohe Frauenanteil ist ein Indiz für den Kulturwandel der dritten Generation, denn das steigende Technikinteresse wird zu 70 Prozent Vaybee!-Aufrufe weiblicher Web-Surfer und 60 Prozent Frauen unter den Machern deutlich. „Während viele Unternehmen der Old Economy die Frauenquote mit aller Macht nach oben schrauben wollen, herrscht in der New Economy bereits Gleichberechtigung", sagt Mitarbeiterin Sevgi Şenay. Das Klicken der Tastaturen ist fast das einzige Geräusch, sonst gibt es nichts, was die gewöhnlich lautstarke Kulisse von Redaktionen ausmacht. Flache Hierarchien: „Bei uns sitzt der Chef mit den Mitarbeitern zusammen", heißt es.

Einer der Chefs ist Tamer Kulmaç. Der in Köln gebürtige Türke ist für Marketing und Kooperationen zuständig. „Vaybee!" versteht er als interaktives Lifestyle-Magazin, das eine Brücke zwischen den im Ausland lebenden Türken vor allem seiner Generation schlägt. Die Themen sind Nachrichten, Wirtschaft, Sport, Lifestyle/Mode, Familie, Reisen und Musik. Auch der Spaß kommt nicht zu kurz: Chaträume, Diskussionsforen, Message-Boards. Vom Austausch von Meinungen, Informationen und Stimmungen lebt das Portal. Hinzu kommen E-Mail- und SMS-Service; E-Commerce soll im hauseigenen Shop angeboten werden und ein eigenes Reiseportal wird gerade angedacht. Die Kombination von Inhalt und Service kommt an. Allein im Dezember 2001 wurden 590 000 Visits und 14,8 Millionen Page-Impressions verzeichnet. Derzeit zählt die Community 125 000 registrierte Mitglieder.

Seit rund 40 Jahren setzen sich Bundesbürger mit der „Problemgruppe Türken" auseinander, befürchten Integrationshemmnisse und reiben sich an der fremden Kultur – und dann kommt eines Tages die übernächste Generation, in vielen Bereichen ein Spiegelbild der deutschen Jugendkultur, und formuliert ihre Ansprüche auf Selbstdarstellung und Spaß, ganz einfach so. „Vaybee!" ist auch ein Beweis dafür, dass die jahrzehntelange Einwanderungsdiskussion längst von den jungen Deutschtürken überholt wurde. Die wollen in erster Linie einen Unterhaltungscocktail, ein Forum für ihre Weltsicht und Meinung – in beiden Sprachen.

Den Kultstatus ihrer Marke geben die „Vaybee!"-Macher geschickt an ihre Werbekunden weiter. „Man muss mit der Werbung dahin gehen, wo die Zielgruppe gerade ist", meint Akgün Kulmaç.

„Angefangen haben wir mit Werbung für ‚Vaybee!' über ungewöhnliche Anzeigen in der Tageszeitung *Hürriyet*. Wir haben Anzeigen auf den Kopf gestellt, im wahrsten Sinne des Wortes. Bei der *Hürriyet* musste erst einmal geprüft werden, ob das machbar war. Damit haben wir etwas Neues eingeführt. Jetzt werben wir nur noch durch Events und Sponsorauftritte oder Mund-zu-Mund-Propaganda. Das funktioniert bei der Zielgruppe sehr gut."

Aktive Kommunikation durch schnelle Dialoginstrumente sichert nach seiner Ansicht die gezielte Ansprache am Ethno-Markt. Das haben auch die Kooperationspartner erkannt. Die Zusammenarbeit mit dem Berliner Hörfunksender „Metropol FM" und der Online-Auktionsfirma „eBay" oder die Vermittlung von Jobs und Praktika in ganz Europa in Kooperation mit „Jobpilot" sind feste Bestandteile des Repertoires.

Den Begriff „Ethno-Marketing" findet Akgün Kulmaç indessen unglücklich: „Ich finde den Ausdruck ‚multikulturelles Marketing' besser. Unsere Daten und Zahlen sprechen für sich. Das überzeugt die meisten Unternehmen."

„Vaybee!" bietet unterschiedliche Werbeformate. Logo-Platzierungen in klassischen Formen wie Banner, Buttons oder Pop-ups sind ebenso möglich wie Splash-Screen oder Platzierungen im hauseigenen Newsletter. Darüber hinaus arbeitet die Online-Plattform mit Sponsoren für bestimmte Bereiche, etwa Channels oder Foren, sowie bei Events, zusammen. Mit dem Konzept „Vaybee!-Solutions" ist ein Marketing-Gesamtpaket im Angebot.

Durch aktuelle Online-Umfragen und Zusammenarbeit mit Skopos erhält der Werbekunde u.a. ein Marketing-Gesamtpaket und unmittelbaren Einblick in seine Zielgruppe. Regelmäßige Reportings und Direktmailings auf der Basis der Mitgliederdatenbank gehören zum Service. Damit werden Streuverluste gering gehalten und direkte Zugriffe auf spezielle Zielgruppen gesichert. Unternehmen wie Arcor, die Deutsche Telekom, Deutsche Bank oder Gruner & Jahr, Deutsche Bahn und Otto-Versand, aber auch Markenfirmen wie Nivea, Maggi oder Shell stehen bereits in der Liste der Portal-Kunden. „Bei uns ist vieles emotionaler", fasst Kulmaç zusammen: „Wir nutzen wärmere Farben für unsere Werbung, setzen auf gewagtere Formate und stellen den Kult unserer Marke in den Mittelpunkt."

Teil III

Die Spezialisten

Ethno-Agenturen: Spezialisten für kulturelle Befindlichkeiten

In Deutschland gibt es kaum ein Dutzend auf ethnisches Marketing spezialisierte Agenturen. Die Schlüsselstellungen halten Gründungen von Deutschtürken. An ihrem Insider-Wissen führt kein Weg vorbei, wenn es um Werbung für Türken in Deutschland geht.

Das Potenzial der türkischen Zielgruppe

Es sei einfach Unsinn, zu behaupten, die deutsche Wirtschaft habe keine Ahnung von Ethno-Marketing, meint Bülent Tulay, Gründer und Chef der Agentur Tulay & Kollegen in München: „Deutschland ist eine der führenden Exportnationen der Welt und macht fortgesetzt Werbung für Japaner, Amerikaner, Türken, Russen oder Briten." Das sei doch kein Ethno-Marketing, widerspricht Mitat Cinar, Public-Relations-Manager der Berliner Agentur WFP. „Ethno-Marketing richtet sich an nationale Minderheiten und berücksichtigt deren kulturelle Identität im Verhältnis zur Mehrheitsgesellschaft."

Beides ist richtig, ändert aber nichts daran, dass deutsche Firmen offenbar lieber bei Ausländern im Ausland werben als bei Ausländern im eigenen Land. Etwa 200 Firmen sind in Deutschland im Ethno-Marketing auf irgendeine Weise aktiv, laut Schätzung von Ozan Sinan, dem Chef der Berliner Agentur Lab One, mit Etats von etwa 125 000 bis einer halben Million Euro im Jahr. Damit kommen etwa 60 Millionen Euro zusammen, gerade etwa 0,002 Prozent der gesamten jährlichen Werbeausgaben in der Bundesrepublik. Auf ebenfalls 1 bis 2 Promille schätzt das Fachblatt *Absatzwirtschaft* den Ethno-Anteil von den 32 Milliarden Euro, die im Jahr 2000 in Deutschland für Werbung ausgegeben wurden. „Ein Witz, gemessen an dem, was alleine die türkische Zielgruppe konsumiert", urteilt Bülent Tulay, für den im ethnischen Werbemarkt ein Potenzial von mindestens 1,3 Milliarden Euro steckt.

Dass die türkische Zielgruppe so deutlich im Abseits steht, hat vor allem einen Grund: Sie wird unterschätzt. Mindestens 11 bis 15 Milliarden Euro beträgt die jährliche Kaufkraft der türkischen Haushalte – einschließlich der Geldanlagen und Einkommen aus gut 60 000 selbstständigen Unternehmen weit über doppelt so viel. Rund 3,5 Milliarden

Euro wandern in den rund 700 000 türkischen Haushalten jedes Jahr auf die hohe Kante. Fast 30 Milliarden Euro haben vornehmlich jüngere Türken in deutschen Immobilien angelegt. Zum finanziellen Gewicht kommen zwei weitere für die Werbung wesentliche Aspekte: Deutschland-Türken sind offen für bestimmte Ansprachemuster und sie verfügen über eine entwickelte Medienstruktur.

Seit über 40 Jahren leben Türken in Deutschland, aber die Werbekampagnen, die sich an türkische Konsumenten richten, kann man an einer Hand abzählen. Doch nur die Werbung für die Energie-Marke Yello entsprang der Absicht, eine neue Zielgruppe zu erschließen. Die Mercedes-Kampagne war, genau genommen, nur die Antwort auf die bereits bestehende Nachfrage der Türken nach dem Prestige-Auto mit dem Stern. Und auch o.tel.o lieferte kein Beispiel für wirklich offensiven Pioniergeist, denn der Bedarf der häufig in ihre Heimat telefonierenden Deutschtürken an günstigen Ferntarifen war bei der Suche nach neuen Marktchancen einfach nicht zu übersehen. Niemand kann sagen, deutsche Agenturen würden innovativ und begeistert auf den türkischen Markt drängen.

Wohl betont Ralf Kober, Geschäftsführer der Agentur S&J-Retail: „Wir denken bei jeder Präsentation darüber nach, inwieweit es für das jeweilige Produkt Sinn macht, ausländische Zielgruppen gesondert anzusprechen." Die Kieler Agentur Thomsen holte sich den Türken Ali Uzun, Betriebsrat bei der HDW-Werft und Vorsitzender des Fußballvereins Inter Türkspor, als Leitfigur einer Kampagne für die Stadtwerke. Aber das sind Ausnahmen. Beispielsweise ist Bernd M. Michael von der Networkagentur Grey in Düsseldorf der Überzeugung, dass sich kulturelles Know-how am besten in der eigenen Agentur aufbauen lässt: „Das Marktvolumen ist noch klein. Daher haben wir gesagt, das können wir auch selbst."

Die Beweise dafür stehen aus. Eher ist es umgekehrt: Zwischen Rhein und Oder gibt es so gut wie keine deutsche Agentur, die kompetent und erfahren mit dem bundesdeutschen Markt der Türken umgehen könnte. Und das wiederum ist offenbar Grund genug, dass sie ihren Türken erst gar keine türkische Werbung anbieten. Nur ausnahmsweise kamen deutsche oder internationale Großagenturen bislang auf den Gedanken, mit einer türkischen Spezialagentur zu kooperieren und deren Marktwissen zu nutzen. Zwar beschwichtigt Bülent Tulay: „In diesem Geschäft geht es um harten Wettbewerb. Die Platzhirsche sehen Newcomer nicht gerne. Ich kritisiere nur, wenn deutsche Agenturen schlechte Werbung für Türken machen. Das hat nichts mit deutschen oder türkischen Agenturen zu tun, sondern mit guter oder schlechter Werbung." Aber Agenturen wie Publicis MCD, die am türkischen Markt für den Telekommunikationsanbieter Interroute Telecom mit dem Nürnberger Spezialisten Bülent Bayraktar kooperiert, sind die Ausnahme.

Not invented here

Bei vielen deutschen Werbern kursiert noch immer, was in den 70er Jahren bereits als „NIH-Syndrom" kolportiert wurde: Not invented here – was nicht im eigenen Haus erfunden und erarbeitet wird, taugt auch nichts. Das führte beispielsweise in der Automobilindustrie dazu, dass zahlreiche, heute als ebenso fortschrittlich wie selbstverständlich geltende Technologien wie Abgasturbolader, elektronische Zündung, ABS-Bremssystem oder Katalysator mehrfach erfunden wurden – zunächst von firmenfremden Außenseitern, dann nochmals von den betriebseigenen Ingenieuren. Der Schweizer Michel May, als hochbegabter Ingenieur in der Vierradbranche bekannt, stellte bereits Autos von Ford, Jaguar oder Mercedes-Benz auf die Räder, die von Turboladern angetrieben wurden, als die Firmenleute Turbolader noch als exotische Spielerei abtaten: „Diese Erscheinung ist sicherlich ,urmenschlich' und kennzeichnet wohl auch heute noch jeden größeren Betrieb, und zwar in Wissenschaft und Technik ebenso wie in Politik oder Religion. Neue Dinge müssen zunächst von den Betrieben beurteilt werden. Dafür zuständig ist meist die Abteilung für Forschung und Entwicklung. Der finanzielle Etat ist meistens so groß, dass die firmeninterne Kostenkontrolle regelmäßig die Frage aufwirft: Könnt ihr das mit all eurem Geld und den vielen Spezialisten nicht selbst leisten? Hier liegt ein erhebliches Potenzial für Friktionen bei der Zusammenarbeit mit Außenstehenden."

Mit ähnlicher Ignoranz versuchen heute wieder deutsche Unternehmen und Agenturen, türkische Kampagnen Marke Eigenbau zu entwickeln, ohne Rücksicht auf die inzwischen bekannten Detailprobleme, die von türkischen Spezialagenturen viel besser gelöst werden könnten. Karstadt-Kaufhäuser rückten zu Beginn der Ära des Satellitenfernsehens flugs die Empfangskits für türkische Programme in die Verkaufsregale. Die Aktion wurde einfach mit hauseigenem Instinkt für eine gute Gelegenheit und ohne fachlichen Beistand von türkischen Beratern in Gang gesetzt und gilt bis heute als eine der Erfolgsgeschichten türkischer Kundenansprache. Doch irgendwie hatte bei den Kaufhauskonzernen niemand mehr so richtig Lust, diese Erfahrung auszubauen. Unbeachtet blieb beispielsweise, dass Deutschtürken in der Frühzeit des Fernsehens die ersten Abnehmer – Marktsättigung binnen kurzer Zeit unglaubliche

127

85 Prozent – von Videorecordern waren, weil sie nur so ihre Heimatfilme sehen konnten. Überhaupt bleibt an der Werbefront nahezu unbeachtet, dass Deutschtürken zu den eifrigsten Käufern von Unterhaltungselektronik zählen.

Türkische Werbeagenturen

Rund 16 000 Mitglieder zählt der Gesamtverband Werbeagenturen. Die Anzahl der türkischen Agenturen in Deutschland lässt sich hingegen an nicht einmal zehn Fingern abzählen. Die Mehrzahl wurde von Seiteneinsteigern ohne Studium, aber mit Erfahrung in Bezug auf die türkische Zielgruppe gegründet. Kein Grund für Arroganz: Auch die meisten deutschen Werbeagenturen gehen auf Grafiker, die PR-Agenturen meist auf Journalisten zurück. Der Münchner Altmeister der PR, der gebürtige Ungar Josef von Ferenczy, war zeitlebens nicht einmal der deutschen Sprache so recht mächtig. Jedenfalls wissen die türkischen Agenturen, was bei ihren Landsleuten ankommt und welche Produkte sie konsumieren.

Gewicht haben nur vier oder fünf Agenturen: Die wichtigsten Adressen sind neben kleineren Werbefirmen in Düsseldorf, Stuttgart und Nürnberg die Agenturen BEYS, Lab One und WFP in Berlin sowie Tulay in München. In Köln, der deutschen Stadt mit den meisten türkischen Einrichtungen, Verbänden und Vereinen, gibt die SeS & Sutter Mediengesellschaft seit 1997 türkische Branchenbücher sowie seit 2001 die Wirtschaftszeitung *Dünya* heraus. Zudem agiert das Unternehmen als Ethno-Agentur und Organisator kultureller Veranstaltungen, etwa des alljährlichen Mittelmeer-Filmfestivals. Die Epizentren der Datenerhebung sind das von Professor Dr. Faruk Şen repräsentierte Zentrum für Türkeistudien in Essen und das von dem Deutschen Joachim Schulte gegründete Marktforschungsinsitut Data4U in Berlin. BEYS hat sich auf den Markt in Berlin-Brandenburg konzentriert und liefert solides Handwerk. Lab One gilt in der Branche als innovativ und eigenwillig und ist daher unter den eher traditionell ausgerichteten Deutschtürken umstritten. Tulay, 1989 gegründet und damit die älteste türkische Agentur, ist der Brückenkopf im deutschen Süden. WFP-Gründer Erk Güner hat mit dem Großkunden Mercedes-Benz den bislang erfolgreichsten Coup gelandet und wird deshalb gelegentlich als „Pate" bezeichnet. Alle haben sie umfangreiche Adresskarteien angelegt, WFP von 220000, Lab One von etwa 230000 und Tulay von ca. 450000 türkischen Haushalten in der Bundesrepublik.

Das Statussymbol mit dem Stern

„1995 haben wir begonnen zu überlegen, wie wir die Zielgruppe Türken ansprechen können", berichtet Erich Fiala vom Mercedes-Marketing. „Der Auslöser war, dass unsere Niederlassungen immer mehr Kontakt mit türkischen Käufern hatten und dass außerdem die Erfahrung aus der Zusammenarbeit mit Sony vorlag, wo man schon Jahre zuvor türkischen Gastarbeitern erfolgreich Videorecorder verkauft hatte, da im Heimatland Türkei das Sony-System Beta der vorherrschende Standard war. Unsere Mercedes-Benz-Niederlassungen mit großem türkischem Bevölkerungsanteil haben daraufhin türkische Verkäufer eingestellt. Das war der Anfang. Danach begannen wir mit Imagewerbung im türkischen Fernsehen, z. B. für die E-Klasse, um den türkischen Mitbürger in seinem bekannt latenten Wunsch nach einem Mercedes zu bestärken. Inzwischen denken wir daran, auch Werbung für gebrauchte und neue Transporter bei den türkischen Unternehmern zu machen. Außerdem, allerdings nur gelegentlich, schalten wir Printanzeigen. Der Anteil der Werbung für die türkische Zielgruppe am gesamten Werbeetat ist zwar sehr gering, aber wir sind sehr zufrieden."

Die Ethno-Story von Mercedes-Benz wird in der Branche als Erfolgsgeschichte gehandelt: „Von 8 auf 13 Prozent Marktanteil bei den Türken, das ist nicht schlecht", freut sich Erich Fiala. Doch Türken-Marketing ist selten eindeutig gut oder schlecht, weil es von zahlreichen Unwägbarkeiten bestimmt wird: Unzureichende Marktdaten lassen Spielraum für Interpretationen. Niemand kann genau sagen, wie die Werbung bei der sich verändernden Zielgruppe ankommt. Kulturelle Befindlichkeiten der Türken sind zwar Erfahrungstatsachen, aber kaum „harte Fakten" für Kampagnen. Hinzu kommen politische Einflüsse, so etwa die Frage, ob der Konsum türkischer Medien die Integration in die deutsche Gesellschaft behindert.

Dass WFP und Mercedes-Benz ihre Kampagne loben, liegt nahe. Man kann die MB-Kampagne freilich auch kritisch betrachten. Da ist zunächst die Tatsache, dass der Mercedes schon lange vor der Gastarbeiterwelle einen legendären Ruf in der Türkei hatte. Das berühmte Markensymbol, der silberne Stern auf der Motorhaube, wird für alle Mercedes-Fahrzeuge von einem Istanbuler Betrieb gefertigt. Viele Türken kamen mit dem Traum nach Deutschland, nach einigen Jahren harter Arbeit mit einem Mercedes wieder in die Heimat zurückzukehren. Weil sich aber kein Gastarbeiter ein Auto für 25 000 Euro leisten konnte, musste man sich mit einem Gebrauchtwagen zufrieden geben: Mercedes richtete damals praktisch den gesamten Gebrauchtwagen-

129

markt auf den türkischen Markt aus. Aber inzwischen stiegen die zweite und dritte Generation ins Berufsleben ein, verdienten besser als ihre Väter und Großväter – und können den Traum ihrer Ahnen verwirklichen und einen Mercedes-Neuwagen kaufen. Hinzu kommt, dass Mercedes nicht mehr ausschließlicher Hersteller von teuren Nobelkarossen ist. Inzwischen deckt die schwäbische Marke alle Marktsegmente ab, vom Stadtauto bis zur Präsidenten-Limousine. Türken können also auch Mercedes fahren, wenn es finanziell nur für die Golf-Klasse reicht. Der steigende Marktanteil ist den Mercedes-Verkäufern sozusagen „entgegengewachsen". Ob Mercedes heute möglicherweise auch ohne Werbung mehr Autos an Türken verkaufen würde, fragt sich Ozan Sinan, Chef der Agentur Lab One: „Junge Türken kaufen heute keineswegs nur Mercedes, sondern auch BMW oder Audi. Oder glauben Sie tatsächlich, dass Türken einen Mercedes aufgrund von Fernsehwerbung und Zeitungsanzeigen kaufen?"

Statussymbol Zigarettenmarke

Das ist eine der Fragen, die mangels ernsthafter Erhebungen bislang niemand ganz zuverlässig beantworten kann. Seltsamerweise verlangt die deutsche Werbeszene immer wieder den Nachweis, dass türkische Werbung tatsächlich zum Produktabsatz beiträgt. Diese Forderung ist umso schwerer nachvollziehbar, als längst klar ist, dass der Verzicht auf Werbung für die Türken mit sinkenden Marktanteilen verbunden ist. Ein Beispiel lieferte die WFP-Werbung für das Medikament „Talcid" der Bayer AG, dessen Absatz im türkischen Marktsegment rückläufig war. Durch TV-Werbung, im türkischsprachigen Sender TD 1 in Berlin ausgestrahlt, zogen die regionalen Verkaufszahlen deutlich an und erreichten nach Bayer-Aussage wieder das frühere Niveau. Ein anderes Beispiel war die Zigarettenmarke Marlboro – in den 60er und 70er Jahren bei Türken der Mercedes unter den Zigarettenmarken und Symbol für Prestige und Erfolg. Doch dann kamen Türken nach Deutschland und sahen, dass die Edel-Packungen in jedem Automaten steckten, was der ersten Generation fast wie eine Entehrung vorkam. Als dann irgendwann die Absatzzahlen schrumpften, klopften die Marlboro-Verkäufer besorgt den deutschen Markt ab: Keine Veränderung! Erst als sie sich der 20- bis 30-jährigen Kerntruppe unter den türkischen Rauchern zuwandten, bekamen sie die Quittung für den jahrelangen Verzicht auf Werbung präsentiert: Fast jeder dritte türkische Raucher hatte inzwischen der Prestigemarke der Vätergeneration den Rücken zugekehrt und zu

Stuyvesant, West oder Gauloise gegriffen. Die Tabakfirma hatte versäumt, ihr Image rechtzeitig bei den für Werbung empfänglichen Türken angemessen zu pflegen.

Die türkische Agenturszene

Die kleine Agenturszene des türkischen Marktes ist stark differenziert. Da sind auf der einen Seite die eher traditionellen Werber wie Tulay und WFP, die betonen, alle türkische Werbung müsse in der Muttersprache erfolgen. Türken, so ihre Auffassung, bleiben auch dann Türken, wenn sie sich erfolgreich in die deutsche Mehrheitsgesellschaft integrieren sowie deren Lebensmuster und Sprache übernehmen. Sie sehen überwiegend türkisches Fernsehen und lesen vor allem türkische Zeitungen. Überall dort, wo es wie in der Werbung um Emotionen geht, so die These, müssten türkischsprachige Muster angewandt werden.

Auf der anderen Seite stehen Werber wie Ozan Sinan mit seiner Lab-One-Agentur, die eine wachsende Schicht der Dritte-Generation-Türken sehen, denen es gleichgültig ist, ob sie nun in ihrer Muttersprache oder auf Deutsch angesprochen werden; die beide Sprachen gleichermaßen beherrschen, in vielen Bereichen ihrer Identität zwar türkisch fühlen, aber deutsch leben, denken und handeln; denen Erfolg und berufliches Fortkommen wichtiger sind als die Frage, ob Werbung nun unbedingt auf Türkisch daherkommen muss. „Es gibt einfach nicht mehr ‚den Türken' schlechthin, zumindest nicht in der dritten Generation", glaubt Ozan Sinan.

Beide Seiten versuchen, ihre Behauptung zu beweisen. Da sind einerseits die Werber, überwiegend Traditionalisten, die auf ihre Lebenserfahrung und Sicht der Zielgruppe pochen. „Wenn ich in der Berliner U-Bahn fahre, sehe ich nur Türken, die türkische Zeitungen lesen. Wenn ich in türkische Wohnungen komme, sehe ich nur Fernseher, über die türkische Programme flimmern", so Mitat Cinar von WFP.

Ganz anderer Meinung sind die überwiegend jungen türkischen Werber. Auch sie kennen in Traditionen und Heimatliebe verhaftete Landsleute, die vorzugsweise türkische Medien konsumieren. Aber daneben begegnen sie auch einer neuen Generation, die *BILD* liest und *RTL* oder *SAT 1* sieht, nicht ausschließlich, aber immer mehr. Sie halten es für falsch, diese veränderte Lebenswelt der Deutschtürken zu ignorieren, indem Werbung für Türken auf dem Postulat türkischer Sprache und Machart beharrt. „Ich weiß nicht, wie groß die Gruppe unter den jüngeren Türken ist, der es gleichgültig ist, ob Werbung deutsch oder türkisch

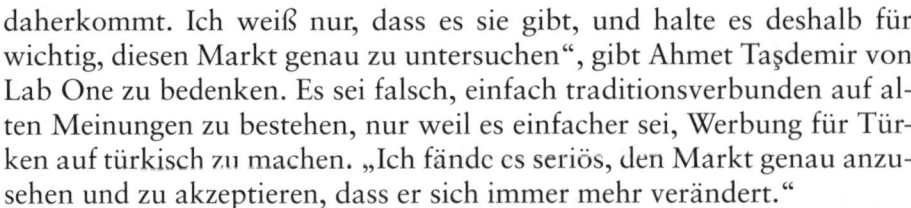

daherkommt. Ich weiß nur, dass es sie gibt, und halte es deshalb für wichtig, diesen Markt genau zu untersuchen", gibt Ahmet Taşdemir von Lab One zu bedenken. Es sei falsch, einfach traditionsverbunden auf alten Meinungen zu bestehen, nur weil es einfacher sei, Werbung für Türken auf türkisch zu machen. „Ich fände es seriös, den Markt genau anzusehen und zu akzeptieren, dass er sich immer mehr verändert."

Solche Veränderungen gibt es auf allen Märkten, weshalb die deutschen Zielgruppen ständig mit Umfragen, Studien und Tests abgeklopft werden. Selbst über Einzelpersonen gibt es Daten und „notfalls trifft die Beurteilung der Nachbar links oder rechts", meint Peter Triggs von der Informa Unternehmensberatung GmbH. Während die Regierungen über die Speicherung sicherheitsrelevanter Daten debattieren, hat die Werbewirtschaft längst gehandelt. Nichts entgeht der Sammelwut und wer bei der Schufa sich über die zu seiner Person gespeicherten Daten erkundigt, wird schon deshalb schlechter eingestuft – nach dem Motto „Wer nachfragt, hat etwas zu verheimlichen".

Marktanalysen

Deutsche Werber, Agenturen und Media-Abteilungen, Verlage und Medien beherrschen die Marktanalyse wie kaum eine andere Nation. Selbst die amerikanische Marketingbranche, die im Ruf steht, weltweit führend zu sein, muss sich von informierten Beobachtern den Vorwurf gefallen lassen, dass ihre Marktuntersuchungen häufig oberflächlich sind: „Oft unprofessionell zusammengeschustert", sagt eine Marketingdame bei GfK. Die deutsche Branche verfügt mithin über das geeignete Instrumentarium, über Media-Software, um den türkischen Markt schnell und effizient zu durchleuchten.

Nur: Bislang ist das Interesse gering. Die Medien finanzieren keine Studien, weil sie fürchten müssen, die Ergebnisse könnten zu ihren Ungunsten ausfallen. Die Wirtschaft scheut sich, mit Werbung in einen Markt einzusteigen, solange ihr keine harten Zahlen beweisen, dass es sich lohnt. Die Publicis Werbeagentur, im Ethno-Marketing für den Rhein-Main-Verkehrsverbund aktiv, klagt: „Es liegen keine Primärdaten vor, daher ist Primärforschung erforderlich. Das Problem dabei ist die Durchführung und Analyse." Gewöhnungsbedürftig für deutsche Mediaplaner ist zweifellos, dass es keine Media-Analyse und keine Mediazählung der türkischen Medien gibt. In den Mediadaten von Tageszeitungen finden sich zwar Leseranalysen, aber ohne Quellenangaben. Und auch was die Auflagen angeht, so gibt es überwiegend keine oder

veraltete Zahlen. Die kennen nur die Verleger oder die Vertriebsgesellschaften vor Ort.

Die Katze beißt sich in den Schwanz: Keine Werbung ohne Untersuchung – ohne Werbung kein Interesse an Studien. Die auf Konsumforschung spezialisierte GfK in Nürnberg führt die Türken bis heute nicht einmal in ihren Panels der in Deutschland lebenden Nicht-EU-Ausländer.

Hinzu kommt der Einfluss der Politik, der zwar nicht direkt, aber durch erheblichen Erwartungsdruck wirksam wird. Beispiel dafür ist die Frage, ob Deutschtürken überwiegend türkisches Fernsehen sehen und türkische Zeitungen lesen und sich deshalb nur zögerlich in die deutsche Gesellschaft einpassen. Festgemacht wird diese Behauptung an Umfragen sowie dem Sprachgebrauch: Sprechen die Türken überwiegend Türkisch oder Deutsch?

Ganz anders die Ergebnisse einer vom Bundespresseamt initiierten Studie: Deutschtürken ziehen deutsche Medien vor! Dass diese Untersuchung im Sommer 2001 ausgerechnet zu einem Zeitpunkt veröffentlicht wurde, da zwischen den deutschen Parteien der Streit um ein neues Einwanderungsgesetz tobte, mochte Zufall sein. Schwerer ins Gewicht fällt, dass die Mehrzahl aller Türkenstudien zwar quantitative Angaben machen, aber selten etwas aussagen über die Qualität der türkischen Meinungen und Lebensart. Es kann also durchaus sein, dass Deutschtürken tatsächlich überwiegend türkische Medien konsumieren – und sich trotzdem in die deutsche Gesellschaft integrieren. Ohne ausführliche Untersuchung vermag niemand das Gegenteil zu behaupten. So wie die Donauschwaben nach Jahrhunderten in der Fremde ihre Verbundenheit mit der historischen Heimat auch heute noch mit folkloristischen Festen demonstrieren, spricht einiges dafür, dass die in Deutschland lebenden Türken ihr Heimatgefühl ungeachtet der Anpassung an deutsche Lebensart bewahren. Als deutlicher Indikator gilt die geringe Zahl von Türken, die bereit sind, länger als zu einem Verwandtenbesuch in die Türkei zurückzukehren.

Deutsche Werber haben sich mit solchen Fragen kaum beschäftigt. Die türkischen Agenturen sind daher auf sich selbst gestellt und existieren als Parallelgesellschaft neben der deutschen Werbeszene. Lange sei man in der deutschen Werbeindustrie der Meinung gewesen, ihre „Reste" seien für türkische Kunden gut genug, schimpft Salih Atik, ehemaliger Media- und Account Director von WFP. Werbeslogans würden von türkischen Mitarbeitern übersetzt, die keine Ahnung von Werbung und Marketing hätten. „Zu den Türken hat man immer gesagt: ‚Ich komme – du gehen.' Das hat aufgehört. Aber in der Werbung behandelt

133

man sie weiterhin so." Und dann fragen sich die Unternehmen, warum die Kampagne nichts eingebracht hat, und stellen die Spots ein.

Dem Werbewert der Zielgruppe stehen etwas eigenwillige Werbestrukturen gegenüber. Bei türkischen Medien gehe es zu wie auf dem Basar, ließ sich der türkische Agentur-Mann Bülent Bayraktar von dem Fachblatt *w&v* zitieren: „Man kann über alles handeln." Was in den Preislisten der Mediadaten steht, ist eine Sache. Die Preise, die man mit Verhandlungsgeschick und im persönlichen Kontakt erzielt, sind oft eine andere – Nachlässe von bis zu 50 Prozent sind möglich. So gelten bei türkischen Zeitungen nicht die in Deutschland üblichen Millimeterpreise. Vielmehr werden Anzeigenplätze in so genannten „Karrees" berechnet: 50 Millimeter in einer Spalte. Auch die Mengenstaffeln funktionieren anders. Türkische Titel arbeiten mit Fünf-Tages-Preisen, was bedeutet, dass fünf Buchungen nacheinander vorteilhafter sind als eine Anzeige an zwei unterschiedlichen Tagen. Deshalb ist es in türkischen Medien auch keine Seltenheit, Anzeigen für 365 Tage im Jahr durchzubuchen. Die Motive sind jederzeit auswechselbar. Und nicht selten werden die Anzeigenplätze auch gewinnbringend „untervermietet".

Grenzgänger

Die Zusammenarbeit mit Ethno-Agenturen ist deshalb unausweichlich. Bei umfangreichen Neu-Kampagnen genügt nicht einmal das. Weil der kulturelle Unterschied zwischen deutschen Werbern und türkischer Zielgruppe allzu groß ist und häufig nichts anderes übrig bleibt, als sich auf die Vorschläge der Ethno-Agentur blind zu verlassen, kann es durchaus zweckmäßig sein, einen „Berater" dazwischenzuschalten: einen kompetenten „Grenzgänger", der sowohl die deutschen Werberegeln als auch die türkischen Usancen beherrscht, möglicherweise als Gast der eigenen Marketingabteilung.

Die Türkin Tülin Yeşilgonca hat Yello, die Nummer vier unter den deutschen Stromanbietern, in den türkischen Markt eingeführt: „Wir haben die Marke bei den Türken als jung, fröhlich, aber nicht so frech wie in der deutschen Werbung präsentiert. Wir legen Wert auf Vertrauenswürdigkeit. Anders als in der deutschen Kampagne kommunizieren wir daher auch stärker, dass hinter Yello der Konzern EnBW steht. Wir zeigen uns als verlässliche, kompetente Partner. Das spricht sich herum, denn Türken sind sehr kommunikativ." Die hochgebildete, seit vielen Jahren in Deutschland lebende Türkin tritt auf Kundenseite als Gesprächspartnerin der Agenturtürken auf. Sie versteht die oft geistreichen

Werbesprüche und kennt sich aus im Unterholz kultureller Empfindlichkeiten. Das alles können zwar auch türkische Agenturen vermitteln. Doch wenn deutsche Werber nicht einmal türkischsprachige Anzeigentexte verstehen oder sich wegen der eigenwilligen Ästhetik türkischer Printanzeigen die Haare raufen, kann ein „Moderator" viel Frust abbauen. „Ich verstehe oft nicht, was in den Anzeigen steht", bestätigt der Mercedes-Mann Erich Fiala, „da hilft nur Vertrauen. Ich muss mich darauf verlassen, dass die Agentur das richtig macht. Auch der Außenminister muss sich auf Simultanübersetzer verlassen können. Von ihm wird auch nicht verlangt, dass er alle Sprachen dieser Erde versteht. Trotz allem gibt uns der Erfolg Recht. Unser Marktanteil steigt ständig. Dies ist auch der Grund, weshalb immer mehr Vertriebspartner von uns türkische Verkäufer einstellen."

Was aber, wenn die Abgesandten des deutschen Kunden und die türkischen Agenturleute sich zum ersten Mal gegenübersitzen? Woher soll dann das Vertrauen kommen? Gibt es nicht auch in der deutschen Branche viele Beispiele, dass – ohne Sprachprobleme und Kulturunterschiede – eine Kampagne ungenau auf die Zielgruppe abgestimmt und inhaltlich schlecht verkauft wurde? Wie soll das im Hinterkopf nistende Misstrauen durch buchstäblich blindes Vertrauen ersetzt werden? Und überhaupt, wer sagt deutschen Firmen, ob und warum sich Werbung für Türken lohnt? Die Telefonfirma o.tel.o musste mit der Nase auf die Zahlen gestoßen werden: Dass die Deutschtürken für jährlich 230 Millionen Euro in die Türkei telefonieren, das sind pro Haushalt und Monat etwa 150 Euro Telefonkosten – mehr als dreimal so viel wie ein deutscher Kunde. Selten sind die Voraussetzungen für Ethno-Marketing so eindeutig wie 1998 bei o.tel.o, als eine Kampagne gestartet wurde, die bald knapp 200 000 türkische Pre-Select-Kunden einbrachte, fast ein Drittel aller türkischen Haushalte.

Weil der o.tel.o-Zuwachs nahezu vollständig auf Kosten der Deutschen Telekom ging, schrillten dort die Alarmglocken. Inzwischen sind türkische Agenturen dabei, für die Telekom die abgewanderten Türkenkunden zurückzugewinnen. Dafür mussten die Werbeleute des Ex-Monopolisten kräftig umlernen. Sie mussten sich sagen lassen, dass Mailings und Face-to-Face-Kommunikation in der türkischen Community wichtiger sind als bei Deutschen. Sie mussten „ethnische Produkte", etwa Freisprechtelefone (zum Mithören für die ganze Familie), mit Ferngesprächstarifen zu einem Bündel schnüren.

Auch wenn Beratung und Realisierung zu den angestammten Aufgaben einer Agentur zählen, kann es für das psychologische Klima vorteilhaft sein, sich einen kompetenten Mitarbeiter mit türkischem Pass als

Leitfigur in die eigene Marketingabteilung zu holen. Denn Berater wie Tülin Yeşilgonca, Tochter eines Maschinenbau-Unternehmers in Istanbul, die zum BWL-Studium nach Deutschland kam, können die Strukturen ihrer Landsleute entwirren: „Türken wurden in Deutschland viel zu lange als Gastarbeiter und nicht als Mitbürger betrachtet. Und Gäste sieht man nicht als Kaufgruppe", meint sie.

Danke für dieses Gespräch!

Deutschen Werbern fällt es schwer, das zu ändern. Angenommen, sie sitzen sich gegenüber, die deutschen Marketingleute und die türkischen Agentur-Menschen, um die Möglichkeiten der Zusammenarbeit zu erkunden. Dann stellen die Deutschen Fragen, die von den Türken nur unbefriedigend beantwortet werden können:

Kunde: „Sie sagen, Werbung für Türken in Deutschland müsse in türkischer Sprache erfolgen. Sprechen denn nicht viele Türken inzwischen Deutsch?"

Agentur: „Ja, schon. Aber eine Werbebotschaft kommt bei Türken nur in ihrer Muttersprache wirklich an."

Kunde: „Warum? Werbung ist doch keine Religion. Die muss man nur verstehen, nicht mit Haut und Haaren erfühlen."

Agentur: „Natürlich nicht, da haben Sie Recht. Aber Türken bleiben nun einmal auch dann Türken, wenn sie gut Deutsch sprechen und verstehen. Türken ticken anders."

Kunde: „Na gut, angenommen, das ist so. Aber können wir denn nicht einfach deutsche Fernsehspots und Printanzeigen ins Türkische übersetzen?"

Agentur: „Nein, das geht nicht. Türken reagieren auf andere Signale. Es geht nicht nur um die Sprache. Es geht auch um andere Sprach- und Bildsignale, um eine andere Diktion. Die unterscheidet sich wesentlich von den Deutschen."

Kunde: „Gut, dann nehmen wir die Spots und Anzeigen, die unsere Firma für die Werbung in der Türkei verwendet. Die müssen wir dann nicht einmal übersetzen."

Agentur: „Tut uns leid, aber das geht auch nicht. Werbung für Türken in Deutschland muss anders aussehen als Werbung für Türken in der Türkei."

136

Kunde: „Also das verstehe, wer will. Sie behaupten, Werbung für Deutschtürken unterscheide sich von Werbung für Deutsche ebenso wie von Werbung für Türken in der Türkei. Sie beanspruchen für Deutsch-

türken eine eigenständige Werbekultur. Das klingt verdammt nach Arbeitsbeschaffungsprogramm. Gibt es denn Beweise für das, was Sie da behaupten?"

Agentur: „Die Erfahrung gibt uns Recht. Wir wissen das von unseren Beobachtungen der Zielgruppe."

Kunde: „Wir wollen Ihre Erfahrungen nicht in Frage stellen. Aber gibt es dafür handfeste Beweise, Zahlen, Studien, Umfragen, Copytests?"

Agentur: „Nein, Zahlenmaterial gibt es leider nur wenig. Vor allem kaum qualifizierte Untersuchungen. Die vorliegenden Daten betreffen überwiegend soziodemografische Angaben und so."

Kunde: „Also das müssen Sie uns näher erklären. Die Türken leben seit inzwischen rund 40 Jahren in Deutschland. Und Sie behaupten, es handle sich um eine Milliarden Euro schwere Zielgruppe, für die Werbung zu treiben sich lohne. Aber Sie sagen auch, dass es für diese Behauptung keine oder keine befriedigenden Nachweise gibt. Woher sollen wir also wissen, ob das alles stimmt? Wir möchten Ihre Seriosität keinesfalls in Frage stellen, aber könnte es nicht sein, dass Sie Ihre Zielgruppe einfach schönreden? Dass Sie Dinge behaupten, die Ihnen Aufträge einbringen, ohne dass Sie beweisen müssen, ob das Sinn macht?"

Agentur: „Wir verstehen sehr gut, dass Sie skeptisch sind. Wir haben diese Erfahrung übrigens schon mehrfach gemacht. Aber wir können Sie nur bitten, uns zu vertrauen. Wir verkaufen keine Katze im Sack. Wir sind bereit, den Beweis für unsere Behauptungen anzutreten."

Kunde: „Das lässt sich leicht sagen, wenn der Beweis teuer von uns finanziert wird. Irgendwie erscheint uns die Situation als verkehrte Welt: Sie möchten unseren Werbeetat haben. Aber wir kommen uns vor wie Bittsteller, die nach Beweisen fragen, ob Ihr Konzept sinnvoll ist."

Agentur: „Ihre Argumente passen zum deutschen, nicht zum türkischen Markt. Ihre Vorbehalte sind für uns nicht neu. Wir sind gerne bereit, unsere Beurteilung der türkischen Konsumenten durch eine Studie zu beweisen. Das Problem ist nur, dass wir bisher niemand gefunden haben, der eine solche Untersuchung finanziert."

Kunde: „Aber Sie sagen doch, es gibt türkische Fernsehsender und türkische Tageszeitungen. In Berlin sogar türkisches Radio. Warum haben die keine Untersuchungen durchgeführt? Das müsste doch in deren Interesse sein."

Agentur: „Stimmt. Aber bitte übersehen Sie nicht, dass die TV-Programme und Zeitungen in der Türkei produziert werden. Die Deutschtürken sind eine vergleichsweise kleine Zielgruppe für diese Medien. Au-

ßerdem ist Marktforschung in der Türkei längst nicht so weit entwickelt wie in Deutschland."

Kunde: „Also gut, was schlagen Sie vor?"

Agentur: „Lassen Sie uns klein anfangen. Mit einem Fernsehspot und einigen Printanzeigen. Vielleicht noch eine Mailing-Aktion. Wir schlagen Ihnen eine Konzeption vor nach dem Prinzip ‚geringster Aufwand für maximalen Erfolg'. Und vor allem: Vertrauen Sie uns. Wir werden Ihnen beweisen, dass das stimmt, was wir über die Zielgruppe sagen."

Tipps für Gespräche mit Türken

- Den Gesprächspartner nicht unterbrechen, sondern zuhören. Fortgesetzte Unterbrechungen gelten als besserwisserisch.

- Wichtige Zusammenhänge mehrfach – aber nicht belehrend! – wiederholen.

- Komplizierte Zusammenhänge strukturieren und erläutern. Türken fragen aus Höflichkeit meist nicht nach.

- Wie auch im angelsächsischen Raum üblich, werden wichtige Punkte nochmals zusammengefasst.

- Sich viel Zeit nehmen, nicht ständig auf die Uhr sehen oder auf Folgetermine hinweisen.

- Eine „warme" Gesprächsatmosphäre vermitteln: Auch Persönliches gehört dazu.

Exkurs: Kooperation mit türkischen Agenturen

Die Bemühungen um eine Zusammenarbeit für dieses Buch stießen bei der Mehrzahl der türkischen Werbeagenturen zunächst auf wenig Interesse. Der Mangel an geldwertem Vorteil führte dazu, dass einige Agentur-Chefs entweder überhaupt nicht reagierten oder die Anfrage zwar freundlich, aber entschieden durch ihr Sekretariat ablehnten. Das legt den Schluss nahe, dass ein finanzieller oder wenigstens ein erkennbarer Imagevorteil eine erhebliche Bedeutung für die Bereitschaft zur Kooperation hat. Hinzu kommt ein ausgeprägtes Konkurrenzverhalten in der türkischen Agenturszene. Einmal für das Buch interessiert, bemühten sich einige Agenturen um eine exklusive Selbstdarstellung. Der Sinn für Synergien oder Kooperationen untereinander scheint wenig entwickelt. Auffällig ist der Generationsbruch. Da ist zunächst der Typ der klassischen, hierarchisch-patriarchalisch geführten Agentur, die somit das Spiegelbild von Werten und Normen der deutschtürkischen Familie der ersten Migrantengeneration ist. Sie wird bestimmt von einem in seiner Autorität unbestrittenen Chef, der mit strenger Aufgabenverteilung seine Mitarbeiter führt und den Erfolg maßgeblich über seine Person, seine Kontakte und Ideen definiert.

Ebenfalls auffällig ist, dass Frauen – obgleich mittlerweile gut ausgebildet – neben ihrer Rolle als bilinguales Empfangs-, Übersetzungs- oder Repräsentationspersonal, in den Agenturen keine entscheidenden Positionen einnehmen.

Die professionelle Selbstdarstellung beherrschen die Agenturen der älteren Generation perfekt. Ihnen ist klar, welche Erwartungshaltung deutsche Kunden haben, und sie folgen deshalb bei der Imagedarstellung, der Ausstattung von Räumlichkeiten der Agentur sowie der Ausrichtung der internen Kommunikation deutschen Ansprüchen.

Dagegen kennzeichnen den Agenturtyp der zweiten Generation eher flache Hierarchien, kreative Ideenvielfalt und Mut zu ungewöhnlichen Lösungen. Allein eine der jüngeren Berliner Agenturen verfügt über ein Team, das jeweils zur Hälfte aus deutschtürkischen und deutschen Mitarbeitern besteht und bei dem keine geschlechtsspezifische Aufgabenverteilung zu beobachten ist.

Allerdings trifft man nicht selten auf eine gewisse Selbstüberschätzung, ein ungeordnetes Arbeitsumfeld sowie Unterstützung jener Repräsentanz, auf die deutsche Kunden erheblichen Wert legen.

Die wahren Fähigkeiten der meisten Agenturen liegt allerdings in der verbalen Kommunikation, was ganz dem redefreudigen, kommunikativen Charakter der Türken entspricht. Ob Selbstdarstellung, Zielgruppenanalyse oder Ideenhorizont: Alle Ansprechpartner fanden sich schnell zu umfangreichen, eloquent vorgetragenen Darstellungen ihrer Tätigkeit bereit. Bemerkenswert ist die Annäherung an ein Thema. Während man in deutschen Agenturen überwiegend linear und zielgerichtet auf das Thema zusteuert, spielt in den türkischen Agenturen ein Klima verbaler Nähe und des Vertrauens eine beträchtliche Rolle. Der Gesprächsverlauf ist konzentrisch. Man nähert sich dem Gesprächsgegenstand vorsichtig aus unterschiedlichen Perspektiven und ist dabei auf Konsens mit dem Gesprächspartner bedacht. Kritik, auch gegenüber Konkurrenten, wird nur vorsichtig geäußert.

Parallelgesellschaften: Verbindung durch Kommunikation

Deutsche Mehrheitsgesellschaft: stark differenziert, heterogene Meinungsstruktur, teilweise deutliche Vorbehalte gegenüber türkischer Minderheit

Deutsche Politik: versucht durch restriktive Gesetze, dem Druck der einheimischen Bevölkerung gegenüber türkischer Minderheit nachzugeben

Deutsche Wirtschaft: als Teil der Mehrheitsgesellschaft denselben Meinungstrends unterworfen; bislang kaum Werbe- und Marketingaktivitäten für türkische Konsumenten

Deutsche oder internationale und firmeneigene Werbe- und Marketingagenturen und -abteilungen: kompetent, differenzierte Struktur, gestützt auf der Daten- und Meinungssammlung sowie -auswertung; unzureichend informiert über türkische Konsumenten und Markt

Deutsche Medien: stark strukturiert, kompetente und effiziente Werbeträger, Meinungsspiegel der deutschen Mehrheitsgesellschaft; kaum Aktivitäten für türkische Minderheit

Türkische „Vermittler": in- und außerhalb von Agenturen; durch Erfahrung und/oder Ausbildung kompetent bzgl. deutscher Werbe- und Meinungsstrukturen; „Übersetzer" türkischer Kultur und Ansprachemuster für deutsche Werber

Türkische Medien in Deutschland: vielfältig, differenziert, jedoch nur mäßiger Organisationsgrad als Werbeträger

Türkische Werbe- und Marketingagenturen: durch Erfahrung und/oder Ausbildung teilweise hohe Fachkompetenz, vor allem in Bezug auf den türkischen Markt

Türkische Minderheit in Deutschland: kulturell und religiös geprägte, eigene Identität, gut organisierte Parallelgesellschaft, wirtschaftlich potent, jedoch abhängig von der deutschen Mehrheitsgesellschaft

Tülin Yeşilgonca:
Mittlerin zwischen deutscher Wirtschaft und Ethno-Agenturen

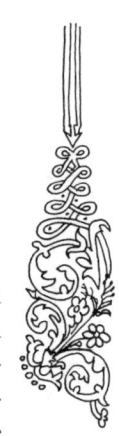

Zwischen der deutschen Wirtschaft und den türkischen Ethno-Agenturen bestehen Verständigungsprobleme. Ursache sind vor allem die kulturellen Unterschiede. Voraussetzung für erfolgreiches Marketing für die türkische Zielgruppe ist deren intime Kenntnis. Die türkische Marketingexpertin Tülin Yeşilgonca (49) hat sich als „Mittlerin" spezialisiert; sie fasst nachfolgend die Eindrücke ihrer Tätigkeit zusammen.

Verständnis für Kultur vermitteln

„Als mich telefonisch der Vorschlag erreichte, zu einem Vorstellungsgespräch nach Köln zu kommen, stand in Istanbul mein Bericht über die Marktforschung des türkischen Logistikmarktes im Auftrag eines Tochterunternehmens der Deutschen Post AG kurz vor dem Abschluss. Das Angebot wies in eine ganz neue Richtung: Ethno-Marketing für ein Unternehmen der Strombranche.

Mein Gesprächspartner war offensichtlich gut über mich informiert. Ich hatte mich bislang auf Marketing und Vertrieb in der Dienstleistungsbranche spezialisiert. Während meines betriebswirtschaftlichen Studiums in Hamburg und als Marketingleiterin von zwei Unternehmen hatte ich mich zwar für Ethno-Marketing interessiert, jedoch über kein Budget für spezielle Kampagnen verfügt. Das Angebot erschien mir deshalb reizvoll.

Andererseits konnte ich kaum Kenntnisse über den Strom- und Energiemarkt vorweisen und war mir nicht klar, wie man ein unsichtbares Produkt bei privaten Kunden vermarkten soll. Aber mein Gesprächspartner setzte sich über diese Bedenken hinweg: „Sie sind Fachfrau für Vertrieb und Marketing mit jahrelanger Erfahrung. Mir wurde beim Einstieg in die Branche gesagt, man müsse kein Stromverkäufer sein, um Strom zu vermarkten. Sie haben den Vorteil, dass Sie türkisch denken, sprechen und fühlen. Sie sind also genau die richtige Fachfrau für diese besondere Aufgabe."

Ich begann darüber nachzudenken, was Ethno-Marketing eigentlich ist, und stieß auf ein Zitat von Lutz von Rosenstiel: „Es kommen zunehmend Kontakte zu Menschen aus anderen Kulturen mit anderen Sprachen zustande. Das heißt, dass Sensibilität, Toleranz und Verständnis entwickelt werden müssen. Das Beherrschen von Sprachen und das Kennen der Kulturen wird eine wachsende Qualifikation sein.

Auf diese besondere Art von Herausforderung war ich durch meine 12-jährige Tätigkeit bestens vorbereitet. Während mehreren beruflichen Auslandsaufenthalten und der Zusammenarbeit mit zahlreichen Kollegen aus unterschiedlichen Kulturen hatte ich gelernt: Wir teilen alle dieselben Gefühle. Einige können ihre Emotionen besser kontrollieren, andere weniger. Wir sind also alle nicht so unterschiedlich!

Ich sagte also der Stromfirma Yello zu und studierte die Marktforschungsergebnisse über die türkische Zielgruppe. Freilich sagten diese Zahlen nichts darüber aus, wie eine Kampagne von Yello in türkischer Sprache aussehen sollte. Nach einer eintätigen Klausurtagung mit dem für Marketing und Vertrieb verantwortlichen Geschäftsführer entschieden wir uns, eine türkische Werbeagentur einzuschalten. Dafür kamen nur drei der etwa zehn Agenturen in die engere Wahl. Wir entschieden uns für Tulay & Kollegen, eine Agentur in München, die sich aufgrund der Ergebnisse unserer Marktstudie als geeignet anbot. Tulay war die erste Agentur, die bis dahin umfassende Erfahrungen mit Ethno-Marketing vorweisen konnte.

Nach einem kurzen Briefing unserer deutschen Partneragentur wurden ganzseitige Anzeigen für sämtliche türkische Tageszeitungen konzipiert. Damit waren wir bereits allen Wettbewerbern einige Schritte voraus. Durch die Verwendung von bekannten türkischen Sprichwörtern wurde der „gelbe Strom" für die türkische Zielgruppe als freundlich und günstig angepriesen. Die Kampagne zeigte schnell Erfolg. Während zuvor noch 70 Prozent der Zielgruppe nichts über den liberalisierten Strommarkt wussten, nannte nach unserer Anzeigenkampagne jeder dritte Befragte Yello als den bekanntesten Stromanbieter.

In dieser ersten Phase begleiteten deutsche wie türkische Medien die interkulturelle Werbung mit beträchtlichem Interesse. Durch Interviews in deutschen Zeitschriften (*Der Spiegel, w&v* etc.) sowie im Fernsehen (Kanal 7, WDR) und im Hörfunk (metropol FM Berlin, WDR) wurden viele deutsche Unternehmen und Agenturen auf Ethno-Marketing aufmerksam. Yello wurde in der türkischen Community die Anerkennung zuteil, dass erstmals ein deutsches Unternehmen spezielle Abteilungen für türkisches Marketing und den Vertrieb sowie ein türkischsprachiges Callcenter eingerichtet und damit die türkischen Bürger als Konsumenten ernst genommen hatte.

Seit einiger Zeit bemüht sich eine steigende Zahl türkischer Werbe-agenturen, deutschen Unternehmen die Notwendigkeit von Ethno-Marketing zu vermitteln. Ich habe deshalb mehrere dieser Anbieter zum persönlichen Gespräch eingeladen und ihre Kompetenz geprüft. Dabei fiel mir auf, dass es häufig an Werbe- und Marketingwissen mangelte. In kaum einem Fall wurden die Voraussetzungen für eine Full-Service-Agentur erfüllt. Die vorgeschlagenen Marketingmaßnahmen glichen sich auffällig und zielten durchweg auf Printmedien und Fernsehwerbung. Eine kreative Abteilung gab es nicht.

Umso bemerkenswerter finde ich heute die Veröffentlichungen einiger Spezialagenturen über Ethno-Marketing, denen es offensichtlich an praktischer Erfahrung mangelt. Aus meiner Sicht genügt es nicht, die türkische Zielgruppe zu kennen. Werbung für diese Bevölkerungsgruppe zu betreiben setzt vielfältige Kenntnisse voraus. Ethno-Marketing beschränkt sich nicht auf Marketing für Türken, sondern erfordert Erfahrung mit fremden Kulturen und Ländern. Die Umsetzung beginnt mit der strategischen Planung und endet mit der Erfolgskontrolle. Bei meinen Gesprächen mit Marketingleitern deutscher Unternehmen war eine deutliche Zurückhaltung gegenüber türkischen Agenturen zu erkennen. Aus diesem Grund wurde ungeachtet der höheren Kosten in der Regel die Hausagentur in das Ethno-Marketing eingeschaltet. Mit der operativen Ausführung wurde dann die türkische Agentur betraut.

Deutsche Firmen sind zwar grundsätzlich an Ethno-Marketing interessiert, verfügen jedoch nicht über geeignete Fachkräfte. Die Werbung für Türken in Deutschland durch Partneragenturen in der Türkei durchführen zu lassen ist ebenfalls nicht empfehlenswert, da die Zielgruppe in Deutschland durch ganz andere Eigenschaften und Gewohnheiten gekennzeichnet ist als ihre Landsleute in der Heimat. Das erklärt, warum die Ausgaben der deutschen Wirtschaft für Ethno-Marketing mit etwa 50 Millionen Euro im Vergleich zu den gesamten deutschen Werbeaufwendungen von über 30 Millarden Euro verschwindend gering sind. Vor diesem Hintergrund sind die Erfolge und Leistungen in den Branchen Telekommunikation, Versicherungen oder Energie (Deutsche Telekom, o.tel.o., Yello, HMI) umso höher zu bewerten.

Ich habe mich deshalb nach Abschluss meiner Aufgaben bei Yello Strom dazu entschlossen, mich als Mittler zwischen den deutschen Unternehmen und der mit Belangen der türkischen Zielgruppe befassten Werbewirtschaft zu spezialisieren. Nach allen Einschätzungen werden die Wirtschaft und die sozialen Systeme in Deutschland in Zukunft auf neue Mitbürger aus anderen Kulturen angewiesen sein. Das hat zur

Folge, dass sich Unternehmen verstärkt auf diese Zielgruppen einstellen müssen.

Dagegen steht die Behauptung von Politikern, interkulturelles Marketing würde die Integration von Ausländern behindern. Kritiker betonen, muttersprachliche Werbung führe zu weiterer Ghettoisierung, betone die ausländische Herkunft und habe die Abspaltung von der Mehrheitsgesellschaft zu Folge. Tatsache ist hingegen, dass durch Werbung vornehmlich Emotionen angesprochen werden. Da die Muttersprache die Gefühlsebene berührt, ist Ethno-Marketing notwendig. In den multikulturellen Gesellschaften der USA sowie von Frankreich oder England ist Ethno-Marketing deshalb seit über 20 Jahren üblich. Amerikanische Werbeagenturen haben frühzeitig mit der „Individualisierung der Kundenkommunikation" begonnen. Aus diesem Grund wurden auch die ersten Ideen für ein Database-Management in den USA entwickelt.

Es ist deshalb kein Zufall, dass man bei größeren amerikanischen Agenturen auf internationale Spezialistenteams trifft, die modernes Ethno-Marketing nicht als isolierte Maßnahme verstehen. Durch Globalisierung und multinationale Konzerne gewinnt internationales Marketing zunehmend an Bedeutung. Viele Agenturen haben diesen Trend erkannt und ihre Aktivitäten durch Partnerschaften oder Gründungen im Ausland erweitert. In Zukunft kann keine Marketingagentur dauerhaft profitabel arbeiten, wenn sie Märkte isoliert betrachtet und glaubt, ohne Ansprache ethnischer Zielgruppen auszukommen.

Von vielen deutschen Agenturen wird indessen Ethno-Marketing noch immer als „Türken-Marketing" oder sogar als „zukunftsloser Versuch" diskreditiert. Untersuchungen beklagen, dass One-to-One-Marketing noch immer nicht optimal realisiert wird. Einige Agenturen verweisen auch darauf, das Interesse an ethnischen Zielgruppen sei längst vorhanden und fremdsprachige Werbung werde schon seit den 70er Jahren betrieben – immerhin sei Werbung ein Spiegel der Gesellschaft und damit die Werbung in Deutschland die eines Einwanderungslandes.

Richtig daran ist, dass Türken zwar gelegentlich in Fernsehspots auftreten und in Versandhauskatalogen fremdländische Models abgebildet werden. Viel deutlicher ausgeprägt ist jedoch die Karikierung türkischer Zuwanderer – etwa als Putzfrau bei Harald Junke, als Chauffeur Üzgür bei Harald Schmidt oder in „Was guckst du?" von Kaya. Respekt und Anerkennung vor türkischen Zuwanderern ist nur in wenigen Veröffentlichungen zu erkennen.

Dies steht in auffälligem Gegensatz zu den rund 7,5 Millionen ausländischen Bürgern in Deutschland – entsprechend der Einwohnerzahl der

Schweiz. Rund 2,5 Millionen türkischstämmige Menschen sind eine wichtige und potente Zielgruppe der Wirtschaft, gefolgt von nahezu ebenso vielen deutschstämmigen Bürgern aus Russland und den Menschen aus Jugoslawien. Ethno-Marketing ist daher kein Merkmal von Ausländerfreundlichkeit, sondern das Bemühen der Wirtschaft, die Kaufkraft durch zielgruppenspezifische Werbung zu erschließen.

Dass sich Ethno-Marketing besonders mit der türkischen Zielgruppe befasst, liegt an deren Medienstruktur. Keine andere ethnische Gruppe verfügt über vergleichbare Werbemöglichkeiten: 20 Fernsehkanäle, sieben Tageszeitungen, Internetportale, Wochen- und Monatszeitschriften und Radiosender in türkischer Sprache. Während die erste und zweite Generation noch das Ziel eines sorgenfreien Lebens in der Heimat hatte und dafür Ersparnisse anlegte, bekennt sich die dritte Generation dazu, dass Deutschland ihre erste Heimat ist. Die finanzielle Absicherung der Familie steht im Vordergrund. Damit bildet die dritte Generation – rund 55 Prozent der in Deutschland lebenden Türken – eine attraktive Zielgruppe für Finanz-, Bau- und Versicherungsunternehmen. Türken besitzen andere Schwerpunkte in ihrer Familienstruktur als Deutsche. Sie heiraten früher, Ehen ohne Trauschein sind selten, es gibt nur wenige Single-Haushalte und sie haben meist zwei oder mehr Kinder. Sie sind somit stärker in Familie und Traditionen eingebunden.

Nachdem die wirtschaftliche Bedeutung und die günstige Altersstruktur des türkischen Marktsegments deutlich geworden ist, stellt sich die Aufgabe, mit der Zielgruppe zu kommunizieren. Das wiederum setzt die Zusammenarbeit mit kompetenten Marktforschungsunternehmen voraus. Erst dann sind kreative Lösungen gefragt. Mit deutschen Kampagnen, die einfach nur in die türkische Sprache übersetzt werden, identifiziert sich kein türkischer Kunde. Eine bloße Übersetzung kommt bestenfalls für Texte aus juristischen oder technischen Bereichen sowie bei Gebrauchsanleitungen infrage. Aber Werbung besteht nicht aus Wörtern, sondern entspringt Kulturen. In der internationalen Werbung spricht man deshalb nicht mehr von „Übersetzungen" sondern von „Transadaptionen". Ein Vergleich: Eine Tasse Kaffe wird in vielen Ländern gleich benannt, aber bei der Zubereitung gibt es zahlreiche Unterschiede.

Ich erinnere mich an eine Erzählung von Simon Anholt: Eine englische Fluglinie entwirft für die Kunden der verschiedenen Niederlassungen in Saudi-Arabien ein Poster mit folgender Headline: „Fly to London this autumn and save up to 20 % on the normal return fare!" Diese Headline wurde ins Arabische übersetzt. Die Kampagne war so erfolgreich, dass die Mitarbeiter des Saudi-Office mit einer tollen Party be-

145

lohnt wurden. Auch der Marketingmanager fliegt zu dieser Party. Der saudische Area-Manager bedankt sich bei ihm und sagt lachend: „Diesen Erfolg haben wir dir zu verdanken." Da sich auch die übrigen Kollegen der Niederlassung über das Poster amüsieren, wird der Marketingmanager nachdenklich. Er verlässt die Party und lässt sich die Headline ins Englische übersetzen: „Fly to London this autumn and save up to 20 % on the normal return fare. And while you're there, don't forget to eat at Ahmad's famous Kebab Oasis at 526 Edgeware Road, where you will be treated like a prince." Ahmed, Übersetzer am Gericht, hatte die Headline ins Arabische übertragen – und ist Besitzer von zwei Kebab-Shops an der Edgeware Road! – Daraus ergeben sich zwei Fragen:

- Sollen sich Kunden anstrengen, um eine Botschaft zu verstehen, oder muss sich der Anbieter bemühen, verstanden zu werden?
- Sind wir bemüht, respektiert zu werden, oder zeigen wir Respekt?

Die Antworten sind eindeutig. Ausländische Zielgruppen wollen von der deutschen Wirtschaft und den Menschen ernst genommen werden. Werbung in ihrer Muttersprache beweist ihnen partnerschaftliche Kompetenz und wird mit Markentreue belohnt. Die Politik mag sich am soziologischen Umfeld orientieren, aber Werbung spricht Emotionen an, die Auslöser von Kaufentscheidungen sind. Auch wenn die Erziehung der nächsten türkischen Generationen von der deutschen Gesellschaft geprägt wird, bleiben die Menschen ihrer Herkunft und Heimatsprache verbunden. Deshalb muss interkulturelles Marketing die religiösen, moralischen und ästhetischen Gefühle dieser Zielgruppe respektieren.

„Viele deutsche Firmen haben Ethno-Marketing noch nicht entdeckt."

Interview mit Andrea Mellewigt, Leiterin Zielgruppenmarketing o.tel.o/ ARCOR[1]

Die Ethno-Kampagne des Telekommunikationsunternehmens o.tel.o./ Arcor gilt als Beispiel für besonders erfolgreiche Werbung im deutsch-türkischen Markt in Deutschland. Fast alles wurde richtig gemacht, weshalb bisherige Telekom-Kunden in Scharen zu o.tel.o wechselten.

Frage: Welche Überlegungen haben dazu geführt, Ethno-Marketing zu betreiben? Reichen für deutsche Zielgruppen übliche Aktivitäten nicht aus, um deutschtürkische oder russischstämmige Zielgruppen zu erreichen?

o.tel.o: Die ethnischen Zielgruppen sind aufgrund ihrer Zahl und ihres Telefonverhaltens sehr wichtig. In Deutschland leben rund 2,5 Millionen Türken und 2,6 Millionen russischsprachige Bürger. Sie gehören also zu den größten ausländischen Bevölkerungsgruppen im Land.

Das Telefonaufkommen dieser ethnischen Zielgruppen ist vor allem bei Ferngesprächen relativ hoch. Sie haben eine ausgeprägte Familienbindung, telefonieren regelmäßig mit ihren Verwandten in der Heimat, im benachbarten Ausland oder innerhalb Deutschlands. Deshalb haben wir neben den deutschen Marketingaktivitäten für diese Segmente spezielle Angebote entwickelt, die auf die Bedürfnisse dieser Zielgruppen zugeschnitten sind. Wir heben uns damit deutlich vom Wettbewerb ab, der diese Zielgruppen noch gar nicht oder erst viel später entdeckt hat.

Frage: In welches Gesamtkonzept hat o.tel.o seine zielgruppenspezifischen Aktivitäten eingebettet? Was halten Sie von dem Begriff Ethno-Marketing?

o.tel.o: Wir haben zum Beispiel für die ethnischen Zielgruppen neben den Werbeaktivitäten auch Produktangebote und Services geschaffen, die auf ihre speziellen Bedürfnisse zugeschnitten sind. Ethno-Marketing beschäftigt sich mit den besonderen Anforderungen der ethnischen Be-

147

---

[1]   Diese Kampagne wurde zu einem Zeitpunkt entwickelt, als o.tel.o noch ein eigenständiges Unernehmen war. Seit dem 1. November 2001 ist o.tel.o in das Unternehmen Arcor aufgegangen.

völkerungsgruppen in Deutschland. Ich habe die Erfahrung gemacht, dass der Begriff nicht selbsterklärend ist. Dafür lässt er sich jedoch leicht einprägen, wenn man ihn einmal erläutert hat. Eine Umschreibung wie „Marketing für in Deutschland lebende Ausländer" ist nicht besser.

Frage: Gibt es für o.tel.o Vorbilder für solche Aktivitäten, etwa aus den USA?

o.tel.o: Als wir unser Ethno-Marketing starteten, lagen uns keine Daten aus den USA vor. Im Übrigen könnte man auch nur schwer Erkenntnisse ableiten, denn wichtig ist das Verständnis für die Kultur und die Bedürfnisse der ethnischen Zielgruppen und diese unterscheiden sich sicherlich bei den in Deutschland lebenden Ausländern und jenen in den Staaten. Man muss sie in ihrer Sprache und Emotionalität ansprechen, wenn man eine dauerhafte Kundenbeziehung aufbauen will.

Frage: Woher bekommen Sie die Daten, Informationen und Ideen zu der Zielgruppe? Arbeiten Sie mit entsprechenden Instituten oder Ethno-Agenturen zusammen? Nach welchen Kriterien haben Sie diese Partner ausgewählt? Und welche Erfahrungen haben Sie bei der Zusammenarbeit gemacht?

o.tel.o: Bei unserem Start mit Ethno-Marketing lagen fast keine Studien oder sonstigen Veröffentlichungen vor. Für mich bedeutete dies am Anfang, Aktivitäten für diese Ethno-Gruppe sehr vorsichtig zu planen. Inzwischen hat sich hier viel geändert. Sie können z. B. für die türkische Zielgruppe sehr gutes Datenmaterial erwerben, um daraus Strategien und Maßnahmen zu entwickeln.

Ohne die Zusammenarbeit mit kompetenten Ethno-Agenturen wäre eine erfolgreiche Vermarktung nur schwer möglich. Sie benötigen zielgruppenspezifische Agenturen, die die Anforderungen der Zielgruppen kennen.

Ein Beispiel: Deutsche Werbung ist für deutsche Zielgruppen konzipiert und trifft in der Regel nicht die Bedürfnisse und Wertvorstellungen der ethnischen Zielgruppen. Wir konnten deshalb nicht einfach die deutsche Werbung ins Türkische übersetzen, sondern haben eine eigenständige, zielgruppenspezifische Kampagne kreiert, die den türkischen Wertvorstellungen entspricht und ihre Bedürfnisse berücksichtigt. Wir wissen z. B., dass das Thema Natur/Ökologie für die türkische Zielgruppe große Bedeutung hat. Daher haben wir unsere „Baumpflanz-Aktion" als Idee für einen TV-Spot ausgewählt und einen bekannten türkischen Schauspieler als Testimonial eingesetzt. Dabei geht es darum, dass o.tel.o für jeden türkischen Kunden einen Baum pflanzt.

Frage: Fallen Ihnen Unterschiede – positive wie negative – in der Zusammenarbeit mit türkischen im Vergleich zu deutschen Agenturen auf?

o.tel.o: Hier stellt sich weniger die Frage der Unterschiede, sondern es geht mehr um die Notwendigkeit, sich spezieller Agenturen zu bedienen, die sich sowohl sachlich als auch emotional mit der jeweiligen Kultur auskennen. Diese Spezialagenturen wissen, welcher Sprachwitz, welche Redewendungen und Metaphern bei ihren Landsleuten ankommen, welche Models eingesetzt werden müssen und wo die „Fettnäpfchen" stehen. Dabei bleibt es natürlich nicht aus, dass man mit andersartigen Mentalitäten und Mechanismen im Vergleich zu deutschen Agenturen konfrontiert wird.

Frage: Wie sieht Ihr Konzept für Ethno-Marketing in der türkischen Zielgruppe aus? Welche Aktivitäten umfasst es konkret?

o.tel.o: Wir bieten für die türkische Zielgruppe spezielle Serviceleistungen an. Wir haben z. B. Broschüren und Antragsformulare in türkischer Sprache produziert und eine türkische Infoline geschaltet. Hier informieren Türkisch sprechende Callcenter-Mitarbeiter über die Produktangebote von o.tel.o. Zusätzlich haben wir türkische Internetseiten eingerichtet, auf denen es sämtliche Infos in türkischer Sprache gibt, sowie einen türkischen Rechnungsbeileger. Wir führen türkischsprachige Pressekonferenzen durch, übersetzen Pressemitteilungen und versenden sie an türkischsprachige Medien in Deutschland. Und last but not least haben wir eine türkische Werbekampagne mit speziellen Anzeigenmotiven und einen TV-Spot, der auf verschiedenen türkischen Sendern läuft.

Frage: Wie sind Ihre Erfahrungen mit der türkischen Zielgruppe?

o.tel.o: In der deutschen Werbung gehören Türken trotz ihrer Kaufkraft zu einer vernachlässigten Zielgruppe. Dabei sind türkische Kunden markenbewusster; Statussymbole spielen eine große Rolle und die türkischen Kunden sind loyal, wenn sie entsprechend ernst genommen werden. Sie sind über ein dichtes Mediennetz gut erreichbar und können gezielt beworben werden. Es reicht jedoch nicht aus, die Anzeigen und Spots einfach aus dem Deutschen zu übersetzen oder zu adaptieren. Um einen Türken mit Werbung erfolgreich anzusprechen, muss man auf sein kulturelles und ästhetisches Empfinden eingehen. Türken in Deutschland sind traditioneller und konservativer als ihre Landsleute in der Türkei. Familie und Gefühl sind für sie ganz wichtig. „Tabuthemen" sollten tunlichst vermieden werden.

Frage: Wie sieht Ihre Bilanz nach Abschluss der Kampagnen aus? Waren sie erfolgreich?

o.tel.o: Unsere Aktivitäten sind auf großes Interesse gestoßen. Unser Kundenzuwachs an türkischen und russischsprachigen Kunden beweist dies und spricht für sich.

149

Frage: Viele Firmen sehen keinen Bedarf, langfristig in Ethno-Marketing zu investieren. Was meinen Sie dazu?

o.tel.o: Sicher sprechen immer mehr Ausländer in Deutschland auch Deutsch. Dennoch: Gleiche Sprache bedeutet nicht gleiche Einstellung und gleiche Bedürfnisse wie bei der deutschen Zielgruppe. Emotional sind zum Beispiel auch die jüngeren Türken in der türkischen Welt zu Hause und können daher über spezielle Aktivitäten besser erreicht werden. Gerade bei den lukrativen Ethno-Zielgruppen kann man mit gezielten Investitionen und relativ geringem Budget gute Erfolge erreichen. Viele Unternehmen haben das Thema Ethno-Marketing noch gar nicht entdeckt. Man müsste generell dieses Thema mehr kommunizieren.

Agenturporträts

Es gibt in Deutschland ein knappes Dutzend ethnischer Spezialagenturen. Die erfolgreichsten sind Gründungen von in Deutschland lebenden Türken. Nur eine Hand voll dieser Agenturen hat bislang wirklich Marktbedeutung. Für deutsche Unternehmen mit Ambitionen auf dem deutschtürkischen Markt ist die Zusammenarbeit mit diesen Agenturen unvermeidlich. Auch große deutsche oder internationale Agenturen verfügen nicht über das notwendige Hintergrundwissen und die Erfahrungen mit den besonderen Bedürfnissen und Eigenarten der Deutschtürken.

Die nachfolgenden Agenturporträts sowie die Fallbeispiele entstanden auf der Grundlage von Informationen der Agenturen.

BEYS – auf Ehre und Vertrauen

„Über zwei Millionen Türken in Deutschland, die offen sind für Werbung, markenbewusst handeln und einen besonders hohen Medienkonsum aufweisen, können in ihrer eigenen emotionalen Sprache flächendeckend angesprochen werden." So beschreiben die beiden Gründer der Berliner Agentur BEYS Marketing & Media GmbH, Atilla Çiftçi und Burhanettin Gözüakça, ihre Zielgruppe. Mit einem minimalen Budget sei ein maximaler Erfolg möglich. Unternehmen wie o.tel.o, Yello oder die Deutsche Telekom, die ethnisches Marketing gezielt einsetzen, sind ihnen dafür Beweis. Mit kompetentem Einsatz von ethnischen Medien und Maßnahmen, so beschreiben die beiden Experten der zweiten deutschtürkischen Generation ihre Sicht, sind Effekte möglich, die alleine durch eine nationale Kampagne nicht erzielt werden könnten:

- Akzeptanz und gesellschaftliche Anerkennung
- Sympathie
- Positive Einstellung
- Aufnahmebereitschaft für kommunikative Inhalte

151

Atilla Çiftçi ist Diplom-Kommunikationswirt mit Erfahrungen in den Bereichen Event, Print und Multimedia. Burhanettin Gözüakça sammelte unternehmerische Erfahrungen im väterlichen Unternehmen in

Berlin und den neuen Bundesländern auf den Gebieten Organisation, Kundenbetreuung und Abwicklung. Beide gründeten 1998 die Agentur und legten von Anfang an besonderen Wert auf hohe fachliche Kompetenz und konzeptionelle, grafische sowie textliche Qualität in der türkischsprachigen Kommunikations- und Medienszene.

Was die beiden 30-Jährigen nur diskret andeuten, macht indessen die Kernbotschaft ihrer Arbeit aus: Vertrauen. „Ich kenne fast alle wichtigen türkischen Unternehmer türkischer Herkunft in Berlin", erzählt Gözüakça. „Die meisten kenne ich schon lange, denn sie waren bereits Kunden meines Vaters. Die hatten damals einen kleinen Laden und sind heute erfolgreiche Unternehmer. Mein Vater ging auf den Großmarkt und unterhielt sich mit jedem Gabelstaplerfahrer. Davon redet man noch heute mit Hochachtung. Es sind diese Dinge, die ich von meinem Vater gelernt habe – Seriosität, Ehrlichkeit, Zuverlässigkeit. Das hat unserer Agentur die Anerkennung eingetragen."

So deutlich personifizierte Agenturen sind auch unter Deutschtürken die Ausnahme. Vertrauen ist einer der Kernbegriffe türkischer Lebensart. Türken sind eine Handschlag-Gesellschaft. Doch der Vorstoß in die deutsche Agentur-Szene ist mit der Versuchung verbunden, deren Prestigegebahren zu adaptieren: das geschmeidige, weltgewandte Auftreten urbaner Kosmopoliten. Dem kann sich auch das BEYS-Team nicht entziehen, hält dabei aber an seiner Bodenständigkeit und seinen ethnischen Vorstellungen von traditionellen Werten wie Ehre, Loyalität und Vertrauen unbeirrt fest.

„Verpackungen, die ich vor 13 Jahren gestaltet habe, sind noch heute die führenden Produkte", bestätigt Atilla Çiftçi. „Wir haben einen soliden Ruf bei Unternehmen, Verbänden, Konsulat oder Botschaft. Wir haben einen guten Kontakt zur jungen Generation durch unser Promotion-Team. Das sind über 400 Mitarbeiter. Von denen identifiziert sich jeder mit der Agentur, auch wenn er nicht regelmäßig eingesetzt wird. Das sind alle Botschafter für unser Team."

Der erste Erfolg kam Anfang 1999, als der bislang einzige türkischsprachige Hörfunksender „Metropol FM" in den hart umkämpften Medienmarkt einstieg. BEYS konzipierte das gesamte Corporate Design sowie alle kommunikativen Maßnahmen einschließlich Gestaltung, Organisation und Durchführung. „Dazu zählen auch Promotion-Aktivitäten, Eventkonzeptionen und -durchführungen. So realisierten wir zum einjährigen Jubiläum des Senders im Juni 2000 eine Veranstaltung mit 4500 Besuchern. Der Bekanntheitsgrad des Senders innerhalb der türkischsprachigen Gemeinde liegt inzwischen laut einer Infratest-Umfrage bei 94 Prozent.

Im Printbereich nimmt BEYS aktiv an der Entwicklung des deutschtürkischen Stadtmagazins *Merhaba* teil. Dieses Engagement schließt ein Redesign, die inhaltlich-konzeptionelle Weiterentwicklung sowie die Vermarktung ein.

Die beiden Agenturchefs betonen die Notwendigkeit einer eigenständigen werblichen Ansprache der Deutschtürken: „Es ist nicht damit getan, deutsche Spots türkisch zu synchronisieren", sagt Çiftçi. „Die Leute denken dann sofort, da will jemand an unser Geld." Beispiel war für ihn das türkische Kochstudio, das bereits nach einem Jahr wieder aus dem TV-Programm gestrichen wurde. Die Sendung, die im türkischen Fernsehen ausgestrahlt wurde, war dieselbe, die auch deutsche Zuschauer zu sehen bekamen. Doch statt auf Deutsch lobte die Dame mit der weißen Schürze die Vorzüge der Gewürzmischung für Gemüse auf Türkisch. Das konnte türkische Köchinnen kaum überzeugen, weil sie ihre Gemüseaufläufe lieber mit echten Tomaten und Paprikamark abschmecken als mit fertigen Gewürzen aus der Tüte.

Außerdem, so Gözüakça, ist „Türke nicht gleich Türke". Auslandstürken wollen anders angesprochen werden als ihre Landsleute in der Heimat. Die fühlen sich gerne als Europäer und mögen es deshalb ein wenig deftiger in der Werbung. Konservative Türken, die in Deutschland leben, fühlen hingegen anders. Sie stört es, wenn bei der Parfümwerbung nackte Haut zu sehen ist. Gözüakça: „Selbst die Sprache der Daheimgebliebenen hat sich anders entwickelt als die der Auswanderer. Die hier lebenden Türken der ersten Generation sind 30 Jahre zurück und können mit Worten wie „ofis" für Büro oder „ketil" für Wasserkocher wenig anfangen."

Das BEYS-Duo verschweigt nicht, dass es gelegentlich mit türkischen Kunden seine Probleme hat, weil deren Qualitätsanspruch sich nicht immer mit dem deckt, was der Markt verlangt. „Wenn wir ein Angebot machen, liegt dessen Qualität häufig über dem, was sich der türkische Unternehmer vorgestellt hat. Dabei sind unsere Kunden die Marktführer ihrer türkischen Sparte."

Deshalb kommen die wichtigsten BEYS-Kunden aus der deutschen Wirtschaft. Der Deutschen Telekom steht die Agentur im Consulting zur Seite und betreut operativ den regionalen Markt Berlin-Brandenburg. Das Aufgabenspektrum umfasst neben Kreativleistungen den Einsatz von POS-Maßnahmen sowohl für türkischsprachige wie deutsche Kampagnen. Außerdem entstehen in Zusammenarbeit mit dem Telekom-Marketing neue Ansätze für Vertrieb und Promotion.

Für Oddset – die Sportwette des Deutschen Lotto-Blocks – entwickelte BEYS anlässlich der Fußball-Europameisterschaft eine landes-

153

weite Imagekampagne. Flankiert wurde diese Aufgabe durch den Aufbau der Kooperation zwischen Medien und dem Kunden. Dabei erwies sich die Partnerschaft mit der türkischen Doğan-Gruppe als vorteilhaft, die mit den Zeitungstiteln *Hürriyet, Milliyet* und *Fanatik* sowie mit „Kanal D" zu den erfolgreichsten türkischsprachigen Markenunternehmen in Europa zählt. Neben Anzeigen und TV-Spots entstanden auch PR-Maßnahmen für das redaktionelle Umfeld.

Für Reemtsma-Davidoff Cigarettes hat BEYS Mitte 1999 das Research in Bezug auf den türkischen Markt in Deutschland unterstützt. Daraus entstand eine türkischsprachige Pilotkampagne, die Anfang 2000 realisiert wurde. Da die Agentur neben konventionellen Werbemitteln wie Printanzeigen betont auf Maßnahmen im Umfeld setzt, umfasste die Konzeption auch Sponsoring, Medienkooperation, Gewinnspiele und Promotion.

Dabei stützten sich die beiden Inhaber auf ihren Grundsatz, dass Erfolg nur durch Vertrauen möglich ist. BEYS ist die „Vertrauensagentur" schlechthin: Sie besitzt Qualität und Kompetenz für deutsche Kunden und nimmt Rücksicht auf die Befindlichkeiten der türkischen Landsleute.

Allerdings wünscht sich Çiftçi, dass die türkische Zielgruppe bei der deutschen Wirtschaft mehr Beachtung findet: „Jahrelang wurde die Zielgruppe der Ausländer von den Marketingabteilungen der Unternehmen ignoriert. Dabei leben inzwischen 8 Millionen Menschen aus anderen Ländern in Deutschland, außerdem 2 Millionen mit neu ausgestelltem deutschem Pass. Viele der Zugezogenen werden von den Botschaften der Werbewirtschaft gar nicht erreicht. Mehr als 2 Millionen der Ausländer sind Türken, für die Werbewirtschaft die interessanteste Gruppe. Auf ihre türkischen Wurzeln legen sie großen Wert. Aber in deutschen Medien können sie sich mit ihrer eigenen Kultur nicht wiederfinden. Wir sind deshalb nicht deutsch, aber auch keine Türken, eher so ein Zwischending."

Lab One – die Fortschrittlichen

Die Berliner Agentur Lab One Medien und Kommunikation GmbH wurde 1996 von dem damals 25-jährigen Ozan Sinan als „Backbone" der erfolgreichen Hip-Hop-Formation Cartel gegründet. Cartel war für die Agentur der erste Hinweis auf eine veränderte Wahrnehmung der Migranten mit ihrem sich neu entwickelnden Selbstverständnis. Der Erfolg der Formation umfasst die in Deutschland lebenden Türken ebenso wie andere ethnische Gruppen und wirkte bis in die deutsche Gesellschaft hinein. Diese Erkenntnis führte bei Lab One zu zwei grundsätzlichen Einsichten, welche die weitere Entwicklung der Agentur maßgeblich prägten:

- Die Selbstwahrnehmung der in Deutschland lebenden Migrantengenerationen hat sich verändert, und zwar in einer Weise, wie sie von der deutschen Gesellschaft und Wirtschaft nicht wahrgenommen wird.
- Die Überschneidung ausländischer und deutscher Lebensweise in den urbanen Ballungszentren ist insbesondere bei den jungen Zielgruppen deutlicher, als der Gesellschaft bewusst ist.

Diese Erkenntnisse prägen zwei parallele Entwicklungen der Agentur: die Beschäftigung mit ethnischen Zielgruppen und mit jungen urbanen Zielgruppen, gleichgültig welcher Herkunft. Zu den ersten Kunden gehörten die US-Textilfirma Carhartt und die Deutsche Bahn AG (Jugendkultur, Graffiti).

Durch die erheblichen, kaum genutzten Potenziale und den Mangel an qualifizierten Werbedienstleistern wuchs die Nachfrage im Ethno-Marketing-Bereich. Ethno-Spezialisten sind bis heute gefragt: „Aufgrund des ethnischen Backgrounds zahlreicher Mitarbeiter des Lab-One-Teams ist die Agentur für Aufgaben in diesem Bereich prädestiniert", erklärt Sinan. Die Nordwestdeutsche Klassenlotterie NKL, die türkische Tageszeitung *Hürriyet* und MobilCom waren die ersten Agenturkunden im ethnischen Bereich. „Durch unsere Kampagnen für ethnische Zielgruppen realisieren wir heute ein Drittel unseres Umsatzes", fügt der Agenturchef hinzu.

Für Lab One sind die strukturellen Defizite des Ethno-Marktes zugleich Chance und Herausforderung: Der ethnische Markt befindet sich am Anfang seiner Entwicklung. Es existieren keine fundierten Daten für die ausländische Bevölkerung und deren Zielgruppen. Die deutschen Werbetreibenden nehmen die ethnischen Gruppen kaum bewusst wahr. Lab One erkannte, dass zumindest Strukturen geschaffen werden müssen, um erfolgreiche Kampagnen durchzuführen. Deshalb baute die Agentur die erste größere Adressdatenbank von über 230 000 deutsch-türkischen Haushalten auf, die als Grundlage für Direktmarketing-Aktivitäten diente.

155

Für die jüngere Generation der Deutschtürken entwickelte Lab One das erste Lifestyle-Magazin *Etap* mit einer Startauflage von 230 000 Exemplaren, die ab Oktober 1999 für drei Monate in Kooperation mit der

Deutschen Post AG kostenlos an die Haushalte verschickt wurden. Danach war das Heft im Kioskvertrieb erhältlich. Diese erste deutschsprachige Monatszeitschrift für die jüngere Türkengeneration in Deutschland stieß auf großes Interesse bei der Werbewirtschaft. Auch in den deutschen Medien und der Öffentlichkeit fand *Etap*, in dessen Mittelpunkt das türkische und ethnische Leben in Deutschland stand, große Zustimmung. Lab One übernahm die visuelle Gestaltung und begleitete die monatliche Produktion sowie die auf Abonnenten und Insertion ausgerichtete Vermarktung.

Basis der Zeitschrift war die unzureichende oder unzutreffende Wahrnehmung der in Deutschland lebenden Türken durch die deutschen Medien. Seit Anfang der 70er Jahre erscheinen regelmäßig türkische Tageszeitungen in Deutschland, die allerdings in ihrem redaktionellen Fokus das gesellschaftliche und politische Leben in der Türkei haben. Sie werden in der Regel von der ersten Generation gelesen. Neben diesen Tageszeitungen erscheint eine kleine Anzahl von lokalen oder regionalen Zeitschriften für die türkische Zielgruppe, überwiegend in türkischer Sprache. Was indessen fehlt, ist ein bundesweites Printmedium für die jüngere Generation, das sich mit dem deutschtürkischen Leben befasst und die Tatsache berücksichtigt, dass ein großer Teil der Deutschtürken besser Deutsch als Türkisch spricht. „Das Interesse der deutschen Gesellschaft an türkischem Leben und türkischer Kultur wächst ständig. Aber die existierenden türkischen Medien bieten der deutschen Gesellschaft aufgrund der Sprachbarriere keinen Zugang zum türkischen Leben", analysiert Sinan.

In der Folge gewann Lab One die Etats von Unternehmen wie der Deutschen Telekom, übernahm die Beratung von Konzernen wie Fiat, Coca-Cola oder MobilCom und kooperiert mit internationalen Agenturen, etwa Springer & Jacoby, Leo Burnett oder Young & Rubicam. Die Agentur spezialisierte sich im ethnischen Bereich auf die zweite und dritte Generation der Deutschtürken. Direktmarketing-Aktivitäten stehen dabei im Vordergrund. Das ungenügende Medienangebot für diese Zielgruppe erlaubt keine klassische Kommunikation. Die existierenden türkischen Tageszeitungen werden nahezu ausschließlich von der ersten Generation gelesen. Die türkischen TV-Sender verfügen innerhalb der jungen Zielgruppen über einen geringen Marktanteil und sind nur bedingt werbewirksam. Bundesweite Hörfunksender gibt es nicht. Lab One setzt deshalb auf Direktkontakt und entwickelt die dazu erforderlichen Instrumente wie Database, Callcenter und Promotion-Teams.

Mit einem neuen Logo und auf Erfahrung basierender Philosophie startete Lab One in das Jahr 2001. Das 12-köpfige Team repräsentiert eine spannende Mischung unterschiedlicher Generationen und individueller Biografien, vom diplomierten Volkswirt bis zu visionären Kreativen. „Ethnic Green" heißt die ethnische Unit, „Urban Grey" die mit urbanem Marketing befasste Crew. Lab One ist spezialisiert auf urbanes Marketing für die unter 40-Jährigen. Der besondere Schwerpunkt liegt bei jungen Erwachsenen zwischen 18 und 29 Jahren. Zu den Kunden des Urban Marketing zählen zum Beispiel DB AutoZug GmbH oder Philip Morris. Lab One war bereits in den urbanen Ballungszentren von Hamburg, München, Köln, Berlin-Potsdam, Leipzig und im Ruhr- und Rhein-Main-Gebiet, in Stuttgart, Frankfurt, Hannover/Braunschweig und Bremen aktiv. Das Leistungsspektrum der Agentur umfasst:

- Konzeption
- Consulting
- Kreation
- Screening/Monitoring
- Controlling/Service
- Networking
- New Media

Die Lab-One-Philosophie, so ihr Gründer Ozan Sinan, lautet: „Zielgruppen in urbanen Ballungsräumen sind durch individuelle Ansprache und umfassenden Dialog zu gewinnen. Urbane Zentren sind die Epizentren der Entwicklung von Wirtschaft, Kultur, Medien und Gesellschaft. Hier entwickeln sich hybride Konsumenten – verwurzelt in individuell differenzierten Lebenswelten, entziehen sie sich zunehmend herkömmlichen Alters-, Einkommens- und ethnischen Kategorien. Wer sie erreichen will, muss wissen, wie sie denken, fühlen, kommunizieren und wo sie sich bewegen!"

Tulay & Kollegen – die Ersten

„Im Sommer 1989 lernte ich auf dem Flughafen Istanbul, auf dem Weg nach München, ein amerikanisches Ehepaar koreanischer Abstammung kennen. Die beiden hatten in New York eine Werbeagentur, die sich mit koreanischen, chinesischen und anderen asiatischen Zielgruppen in den USA befasste. Mir gefiel die Idee. Sie wurde zur Geburtsstunde meiner eigenen Ethno-Werbeagentur", erzählt der 41-jährige Wahl-Münchner Bürent Tulay.

157

1989 lebten in Deutschland etwa 2 Millionen Türken, die nahezu ausschließlich türkische Medien konsumierten. Die türkische Werbung beschränkte sich auf lokale türkische Unternehmen. Zu diesem Zeitpnkt wurde die Ära der Videorecorder als „mediale Brücke" zur heimatlichen Bildschirmunterhaltung vom Satellitenfernsehen abgelöst. Nun konnten zusätzlich zu den türkischen Tageszeitungen auch türkische TV-Kanäle wie TRT Int. und private Sender über Satellit empfangen werden. Tulay: „Damals rief mich Zafer Toler an, bei Bertelsmann für das Türkeigeschäft zuständig, und fragte, wo er Adressen türkischer Haushalte in Deutschland bekommen könne. Daraus ergab sich für mich der nächste Schritt, indem ich meine bislang mit Mediaschaltungen und lokaler Werbung befasste Agentur zur ersten Ethno-Marketingagentur in Deutschland ausbaute."

Die weiteren Aktivitäten konzentrierten sich auf das Thema Direktmarketing und die Adressdaten türkischer Haushalte und Unternehmen. Daraus entstand ein 18-köpfiges Team, deutsche wie türkische Mitarbeiter, das rund um die Uhr recherchierte, elektronische Datenbanken aufbaute, Dateien speicherte und in mühsamer Kleinarbeit die Abgleichungen vornahm. Die optische Gestaltung übernahmen zwei Grafiker, die zuvor bei Electrola/BMC und Escada gearbeitet hatten. Die Voraussetzungen für Direktmailing (türkische Tageszeitungen, Zeitschriften, lokale Anzeigenblätter und Fernsehsender sowie die Tulay-Datenbank „Datatürk") waren so günstig, dass nach einigen kleineren Aufträgen mit der Hanseatischen Ersatzkrankenkasse/HEK der erste Großkunde gewonnen wurde: „Zeitungsanzeigen, Massenmailings, Prospekte, Vertragsgestaltung, türkische Hotline, Preisrätsel, türkischsprachige Vertriebs- und Betreuungsteams und ein Kunde, der von unserer Kampagne überzeugt war", zählt Tulay die Kernpunkte auf. „Ich betrachte die HEK-Kampagne in der Geschichte des Ethno-Marketing in Deutschland als den wichtigsten Meilenstein."

Weitere Kunden folgten. Für die Constantinfilm übernahm Tulay die Vermarktung des bislang in Deutschland erfolgreichsten türkischen Films „Eşkiya" mit Mailing, in Printmedien und im Fernsehen sowie als Vertriebspartner in 49 Städten. Über 350000 türkische Zuschauer strömten in die Kinos. Daraus entstand mit „Cinetürk" eine weitere Abteilung der Agentur, spezialisiert auf die Promotion türkischer Filme wie „Kahpe Bizans" für die 20th Century Fox Germany oder „Kanak Attack" für den Concord Filmverleih. In Berlin betreut „Cinetürk" derzeit mit der Wiederbelebung des legendären früheren Filmtheaters „Lichtburg" im Stadtteil Gesundbrunnen ein Projekt ganz neuer Art, das alle

bisherigen Dimensionen des Ethno-Marketing sprengt und ein Lebens-
und Arbeitszentrum internationaler Kulturschaffender einschließt.

„Man nannte uns inzwischen die ‚Young Turks‘, ein dynamisches
Team, weshalb ich die Agentur als Anerkennung für meine Mitarbeiter
in ‚Tulay & Kollegen‘ umbenannte. Damit haben wir den Prozess der
Identitätssuche abgeschlossen", so der Agenturchef.

Als nächster Kunde folgte das Telekomunikationsunternehmen MobilCom, dann die deutsch-türkische Oyak Anker Bank, außerdem die
Firmen Möbel Biller, die WKV Bank und NEC. Für den Stromanbieter
Yello arbeitete Tulay mit Tülin Yeşilgonca zusammen, die Tulay in Anerkennung ihrer Kompetenz und Überzeugungskraft respektvoll als „Miss
Ethno-Marketing" bezeichnet: „Kein neuer Stromanbieter hat annä-
hernd so viele türkische Kunden wie Yello."

Ende 1999 war Tulay die führende interkulturelle Werbeagentur der
Deutschen Telekom. 2001 folgten Kunden wie die NWS Neckarwerke
Stuttgart, Hotel Kempinski und die Krankenversicherung DKV sowie
Events wie „Das große Atatürk-Rennen" mit 15 000 deutschen und tür-
kischen Teilnehmern.

Zum herausragenden Ereignis wurde das Festival „Der türkische Oktober", ein Kultur-Event mit 33 Einzelveranstaltungen in München:
„Wir können wohl zu Recht von uns behaupten, dass wir die führende
türkische Ethno-Werbeagentur in Deutschland sind, die als Fullservice-
Agentur alles in einer Hand realisiert", betont der Agenturchef selbstbewusst. „Diese Erfahrungen konnten wir in Zusammenarbeit mit der
Agentur Springer & Jacoby erheblich vertiefen."

Tulay sieht die Szene durchaus kritisch. Er glaubt, dass das Thema
Ethno-Marketing inzwischen erwachsen ist. Er erkennt auch die Leistung seiner Wettbewerber an, die „eine Reihe schöner, erfolgreicher Arbeiten vorgelegt haben und damit die Überzeugungsarbeit am Markt er-
leichterten". Er sieht freilich auch die übrigen ethnischen Zielgruppen in
Deutschland wie die russischsprachige Community, die mit Zeitungen,
Zeitschriften, Hörfunk- und Fernsehsendungen im Begriff ist, eine eigene mediale Infrastruktur aufzubauen. „Unser türkisches Team haben
wir deshalb durch Griechen und russischstämmige Kollegen erweitert.
Daraus entstanden die Adressdatenbanken ‚Dataruss‘ und ‚Datahellas‘.
Wir haben diese Datenbanken mit großem Erfolg bislang über 3,8 Millionen Mal für unsere Kunden eingesetzt."

Doch Tulay sieht auch die Probleme. Er hält den Anteil der türkischen
Etats von knapp 50 Millionen Euro am gesamten deutschen Werbeauf-
kommen von rund 30 Milliarden Euro für unverhältnismäßig gering.
„Ethno-Marketing, eigentlich nichts anderes als interkulturelle Kommu-

159

nikation, wird viel zu stark politisiert. Es heißt, dass Türken endlich Deutsch lernen sollten. Dass sie nicht erwarten sollten, auf Türkisch angesprochen zu werden. Dass sie endlich deutschsprachige Medien konsumieren und nicht ihre Tageszeitung *Hürriyet* lesen sollten. Dass Ethno-Marketing ein Integrationshindernis sei. Ich frage mich: Welche Integration? Welches Hindernis? Ethno-Marketing ist nichts anderes als Segment-Marketing. Warum sollten wir modernen Menschen verbieten, sich umfassend zu informieren und zu konsumieren oder sich ihren vielschichtigen Interessen entsprechend zu verhalten?"

Den in Deutschland lebenden Türken der zweiten Generation beschreibt Tulay so: Er liest die Tageszeitung *Hürriyet*, aber auch den deutschen *Express*. Er sieht die Nachrichten in einem der 18 türkischen Fernsehsender, schaltet aber einen Action-Film bei Premiere World ein – wie 58 Prozent der deutschtürkischen Haushalte. Er telefoniert viel, auch auf Türkisch und mit der Türkei, aber mehr mit Freunden in Deutschland. Er spricht Deutsch, aber zu Hause – wie 89 Prozent aller in Deutschland lebenden Türken – spricht er Türkisch. Er nutzt die günstigen Flugpreise und verbringt auch mal einige freie Tage in Antalya. Aber sein Lebensmittelpunkt ist Deutschland. „Wenn er im türkischen Fernsehen gut gemachte Werbung für deutsche Produkte sieht, fühlt er sich geschmeichelt und in seinem Selbstwertgefühl bestätigt, weil ihn jene, die seinen Vater als Gastarbeiter nach Deutschland geholt haben, heute als Kunden gewinnen möchten. Er pendelt zwischen den Welten. Er will auf seine Weise angesprochen werden. Das ist ihm wichtig. Das ist der erste Grundsatz der interkulturellen Kommunikation: die richtige Ansprache!"

Tulay definiert die Gegner des Ethno-Marketing als jene, die soziologische Realitäten nicht nur in Deutschland, sondern auch in anderen westlichen Gesellschaften verkennen. Er wirft ihnen vor, sie wollten für die in Deutschland lebenden Türken eine „Steinzeitassimilation". Der seit 24 Jahren in Deutschland lebende Türke ist davon überzeugt, dass es auch dann noch interkulturelles Marketing geben wird, wenn die jungen, in Deutschland geborenen Generationen erwachsen sind und deutsche Medien konsumieren werden. „Sie werden als moderne Menschen einer Informationsgesellschaft zwischen den Welten pendeln – medial, emotional und als Konsumenten."

WFP – die Größten

Im Entrée fünf Fernsehbildschirme, ein Stapel Videorecorder. Im Konferenzraum Breitwand-TV, überall Chrom, Glas, Stahl, verteilt auf mehrere renovierte Abteilungen des ehemaligen Maggi-Hauses, nicht weit vom Potsdamer Platz entfernt. Das ist die Berliner Werbeagentur WFP heute, die größte und älteste unter dem knapp einem Dutzend Ethno-Agenturen in Deutschland.

Geboten werden Fullservice für klassische Werbung sowie integrierte Kommunikationskonzepte für die türkische Zielgruppe in Deutschland. Mit PR- und Presseservice, Media und Marketing sowie der angeschlossenen Filmproduktion sind alle Bereiche abgedeckt. WFP versteht sich u. a. als kommunikative Brücke zwischen Deutschland und der Türkei. Sie berät ebenso deutsche Firmen, die auf dem türkischen Markt aktiv werden möchten, wie Unternehmen, die Interesse am deutschen Markt der türkischen Minderheit haben. WFP verweist auf gute Beziehungen zu türkischen Regierungsstellen und staatlichen Institutionen der Türkei, die als „Türöffner" für die deutsche Wirtschaft genutzt werden können. Zu dem bisherigen Kundenkreis zählen Unternehmen wie die DaimlerChrysler AG, Arcor (o.tel.o), die Bayer AG, Reemtsma, die Paul Hartmann AG, Turkish Airlines, Yayla Türk GmbH, Berlinwasser Holding AG (CI/CD) und die Republik Nordzypern.

Gegründet wurde die Agentur 1994 von Erk Güner. Sechs Mitarbeiter hatte er zu Anfang. Inzwischen sind es 30. Güner kam 1964 von Istanbul nach Deutschland. Nach dem Ingenieurstudium war er vor allem mit der Suche nach Marktlücken beschäftigt. Er gründete eine Sprachschule, einen Textilbetrieb, einen Zeitungsvertrieb, die erste türkische Fahrschule in Deutschland. Der heute 55-Jährige wirkt freundlich, aber zurückhaltend – wie ein stiller Beobachter. Doch Anfang der 80er Jahre muss er ein handfest zupackender Mann gewesen sein, denn als ihm auffiel, dass die großen Einzelhandelsketten so gut wie keine Werbung für Türken machten, marschierte er mit konkreten Vorschlägen zu Hertie und Reichelt. Als Ergebnis adaptierte er fortan die deutschsprachigen Anzeigen der Berliner Filialen ins Türkische: „Ich machte die Erfahrung, dass Türken Werbung nicht als lästiges Übel betrachten, sondern zur Werbung eine deutlich positivere Einstellung als die Deutschen haben. Für Türken ist Werbung vor allem eine Informationsquelle."

Dem Selfmader entging freilich nicht die begrenzte Wirkung von adaptierter Werbung auf seine Landsleute. Er sah auch, dass einzelne, gelegentliche Werbemaßnahmen nicht ausreichten. Güner wollte umfassende Kommunikationskonzepte entwickeln, die nicht aus dem

161

Deutschen übersetzt, sondern gezielt auf die türkischen mentalen und kulturellen Befindlichkeiten ausgerichtet waren. Dieses Ziel war das Arbeitsprogramm der WFP, der ersten Fullservice-Agentur in Deutschland, die sich auf die Ansprache der türkischen Zielgruppe spezialisierte.

Die Philosophie

Mit kreativen Aufgaben werden nur bikulturell aufgewachsene Mitarbeiter betraut. Denn nur die Erfahrungen mit zwei Kulturen, zwei Sprachen und zwei Lebensräumen ermöglichen die notwendigen Kenntnisse über die Zielgruppe.

Der Agenturchef will nur für solche Produkte Werbung betreiben, die auch eine echte Erfolgschance bei der türkischen Klientel haben. „Wir haben den beträchtlichen Etat eines Herstellers von Fertiglebensmitteln abgelehnt, ganz einfach, weil Fertigprodukte bei Türken grundsätzlich auf wenig Akzeptanz stoßen", erläutert Salih Atik, ehemaliger Media- und Account Director von WFP.

Die türkischen Konsumenten sollen dort „abgeholt" werden, wo sie sich mental zu Hause fühlen, nämlich in ihrer türkischen Welt. Dazu der Unternehmenssprecher Mitat Cinar: „Die türkische Kultur und Sprache, das Freizeitverhalten, die emotionale Verbundenheit zur Heimat und das Bewusstsein, eine Minderheit in Deutschland zu sein, sind wesentliche Gründe dafür, dass sie sich emotional mehr mit der türkischen als der deutschen Welt identifizieren. Nicht übersehen sollte man die immer noch weit verbreitete Praxis, Ehepartner aus der Türkei nach Deutschland zu holen, was ebenfalls einer Stärkung der türkischen Kultur gleichkommt. Diese Menschen sprechen häufig kein oder schlecht Deutsch und sind emotional noch stärker mit der türkischen Kultur verbunden als ihre bereits in Deutschland lebenden Partner."

Das hat Konsequenzen für die dritte Generation der Deutschtürken. Denn die Sozialisation der türkischen Minderheit ist deutsch geprägt, jedoch zugleich türkisch bestimmt. Aus diesem Grund erreicht deutsche Werbung die jüngere Türkengeneration. Allerdings zeigt die Erfahrung, dass allein türkische Werbung diese Generation auch dort abholt, wo sie mit ihren Gefühlen zu Hause ist. Anders ausgedrückt: Während deutschsprachige Werbebotschaften nur angespült werden, kommt die türkische Botschaft tatsächlich an.

Das hat wenig mit deutschen Sprachkenntnissen zu tun. Zwar spricht die dritte Generation im Vergleich zur ersten und zweiten sehr gut Deutsch, oft sogar besser als Türkisch. Doch die türkische Sprache stellt gerade für die junge Generation immer noch ein wesentliches Identifikationsmerkmal dar. Mitat Cinar: „Solange türkischen Jugendlichen in nahezu jeder deutschen Stadt eine eigene Infrastruktur mit Cafés, Diskotheken mit türkischer Musik und anderen Treffpunkten zur Verfügung steht, solange türkische Jugendliche regelmäßig in großer Zahl zu Konzerten türkischer Popstars strömen, ist es wenig zweckmäßig, sie mit deutscher Werbung anzusprechen."

Die Erfolge

Der Erfolg rechtfertigt diese Auffassung. So entwickelte und realisierte WFP für das Produkt „Talcid" der Bayer AG den ersten türkischen Fernsehspot für die türkische Zielgruppe in Deutschland. „Damit haben wir neue Maßstäbe für die ethnospezifische Kommunikation in Deutschland gesetzt", meint Salih Atik. Mit o.tel.o gewann WFP 1997 einen weiteren Kunden und wurde im Verlauf dieser Zusammenarbeit zur ersten türkischen Vertragsagentur in Deutschland für das türkische Marktsegment. Für o.tel.o entwickelte und realisierte WFP Kampagnen, die auf spezifisch türkischen Ansprachemustern aufbauten. Insgesamt wurden von der WFP angeschlossenen Film-Unit sieben Fernsehspots produziert. Die türkische o.tel.o-Botschaft erwies sich als so erfolgreich, dass innerhalb weniger Jahre von den insgesamt 720 000 türkischen Haushalten in Deutschland mehr als 22 000 zum Wechsel von der Deutschen Telekom zu o.tel.o bewegt werden konnten. Damit ist nahezu jeder vierte Pre-Selection-Kunde von o.tel.o, türkischer Herkunft.

Ein weiteres Novum des Ethno-Marketing war die Konzeption und Realisierung der o.tel.o-Show. Dabei handelte es sich um die erste von einem deutschen Unternehmen eigens für die Türken in Deutschland produzierte Game-Show, die live vom reichweitenstärksten Sender Kanal D in Istanbul ausgestrahlt wurde. Mit Einschaltquoten um 40 Prozent trug die Show erheblich zur Förderung von Image und Bekanntheit von o.tel.o in der türkischen Öffentlichkeit bei.

Eine der wichtigsten Etappen in der WFP-Erfolgsgeschichte ist die Zusammenarbeit mit der DaimlerChrysler Vertriebsorganisation Deutschland (DCVD). Zunächst betraf sie das PKW-Segment von Mercedes-Benz. WFP entwickelte 1996 den ersten TV-Spot für die damals aktuelle E-Klasse. Inzwischen wurde die Zusammenarbeit kontinuierlich erweitert und heute ist WFP als Vertragsagentur neben dem PKW-Bereich auch für die Segmente Transporter, Gebrauchtwagen und Niederlassungen tätig. Seit Beginn der Zusammenarbeit ist der Marktanteil von

163

Mercedes-Benz bei den Türken in Deutschland von 7,9 auf 12,7 Prozent gestiegen.

Zukunftspläne

„Es gehört zu unserem Selbstverständnis, die ethnospezifische Kommunikation nicht nur vom handwerklichen Standpunkt aus zu betrachten, sondern auch gesellschaftliche Gesichtspunkte zu berücksichtigen", betont der Agenturchef Erk Güner. Er ist davon überzeugt, dass WFP einen Beitrag für die Integration der 2,5 Millionen in Deutschland lebenden Türken leistet. Werbung solle nicht einfach als marketingtechnischer Vorgang betrachtet werden. Vielmehr gelte es, die gesellschaftliche Dimension zu berücksichtigen. „Durch die werbliche Ansprache der Deutschland-Türken werden bestehende gesellschaftliche Realitäten anerkannt. Dabei ist die deutsche Wirtschaft – wie übrigens immer häufiger beim Thema Einwanderung – Vorläufer der Politik."

Die WFP-Mitarbeiter sind davon überzeugt, dass ihre Tätigkeit das Selbstwertgefühl der türkischen Bevölkerung stärkt. Sie gehen davon aus, dass ein „selbstbewusstes Individuum identitätsstiftende Feedbacks benötigt, um einen positiven Beitrag zum gemeinschaftlichen Miteinander leisten zu können". Wer investiert, so die kurze Formel, nimmt auch am gesellschaftlichen Leben teil. „Diese Art von Werbung wertet das Selbstwertgefühl der Türken enorm auf. Jemand bemüht sich und macht extra Werbung für sie. Das kommt bei den in Deutschland lebenden Türken gut an und steigert die Wertschätzung für ein deutsches Unternehmen", glaubt Erk Güner.

Eine der großen Herausforderungen der kommenden Jahre im Bereich Ethno-Marketing ist die zunehmende Differenzierung der türkischen Community. Das macht gesonderte Ansprachen erforderlich. In Zukunft werden deshalb Werbekampagnen verstärkt nach Alter, Interessengebieten, sozialem Status und weiteren Milieumerkmalen zu unterscheiden sein.

Eine weitere Aufgabe sieht WFP in der Überzeugungsarbeit, um weitere Branchen für Ethno-Marketing zu gewinnen. Vor allem bei Banken und Versicherungen sowie im Finanzdienstleistungssektor bestehen bislang ungenutzte Potenziale. So sind beispielsweise viele Türken über die Chancen und Möglichkeiten auf dem deutschen Finanzmarkt nicht ausreichend aufgeklärt. „Da es der Finanzmarkt aber bisher versäumt hat, die türkische Community zu bewerben, nehmen die in Deutschland lebenden Türken aus Unwissen einen jährlichen Zinsverlust von rund 400

Millionen Euro in Kauf. Die hier brachliegenden Potenziale für den deutschen Investitionsmarkt bieten eine gute Möglichkeit, die Randlage vieler Türken aufzulösen", erläutert WFP-Sprecher Mitat Cinar.

Neue Agenturstruktur

Im Hinblick auf die sich verändernden Rahmenbedingungen hat die Agentur 2001 ihr Leistungsspektrum neu ausgerichtet und strukturiert. Teilbereiche bzw. einzelne Units agieren als selbstständige GmbHs unter dem Dach der WFP Holding AG. Darüber hinaus sind neue Tochteragenturen bzw. GmbHs für die Bereiche Entertainment und Verlagswesen, Direktmarketing und Promotion geplant. Der Aufbau eines eigenen Callcenter wurde bereits abgeschlossen.

Diese Anstrengungen gelten nicht zuletzt neuen Zielgruppen, z. B. den aus Russland und der ehemaligen Sowjetunion stammenden Menschen. „Dass auch für diese Zielgruppe erfolgreich Ethno-Werbung betrieben werden kann, steht außer Frage", betont der WFP-Chef, „denn die Zielgruppe mag sich verändern, doch die kommunikativen Tools der Ansprache bleiben dieselben."

Zentrum für Türkeistudien

Das Zentrum für Türkeistudien wurde 1985 in Bonn gegründet. Seit 1991 ist es in Essen ansässig und im Rahmen des Umzugs der Bundesregierung nach Berlin wurde dort 1999 eine Zweigstelle eröffnet. Das Zentrum dient der Förderung der Beziehungen zwischen der Türkei und Deutschland, dem Austausch von Informationen und der Forschung. „Die türkische Zuwanderergesellschaft in Deutschland hat sich weit gehend ausdifferenziert", sagt Professor Dr. Faruk Şen, der Leiter des Zentrums. „Der ursprünglich nicht für möglich gehaltenen Integration der deutschen und der türkischen Kultur stehen Integrationsdefizite gerade der jüngeren Deutschen und Türken gegenüber."

Die Aufgaben bezogen sich bei der Gründung zunächst auf die Organisation wissenschaftlicher Forschung sowie die Dokumentation von Informationen über die wichtigsten Fragen der deutsch-türkischen Beziehungen. Im Laufe der Jahre wurde dieses Spektrum erheblich erweitert:

- **Empirische Sozialforschung:** Erhebungen zu dem in Deutchland vorherrschenden Türkenbild, der Lebenssituation älterer Ausländer, dem Islam in Deutschland, den Arbeitsmarktchancen, der Sport-, Schul- und Berufsbildung sollen die Entwicklungen und Probleme im Bereich der Migration erfassen. Diese Forschungen tragen zur Verbesserung des Informationsstandes bei. Den Kern bilden die regelmäßigen repräsentativen Befragungen türkischer Haushalte in Nordrhein-Westfalen im Auftrag des Landesarbeitsministeriums.
- **Modellprojekte:** Die operative Arbeit mit Zuwanderern in Deutschland wird im ökonomischen wie sozialen Bereich erprobt. Ständige Veröffentlichungen sichern den Projekten eine Breitenwirkung. Teilweise setzt das Zentrum die Erkenntnisse solcher Projekte in Angebote um, so etwa die Einrichtung von Transferstellen für ausländische Existenzgründer und Unternehmer.
- **Forschungsprojekte:** Im Gegensatz zu den Modellprojekten werden hier Studien mit wisenschaftlich-theoretischem Anspruch erstellt. Wichtige Themen sind etwa die Politisierung des Islam und die Demokratisierung von Staat und Gesellschaft in der Türkei.
- **Arbeitsmarkt und Ausbildung:** Schulische und berufliche Qualifizierung sind die Schlüsselthemen für die Integration junger Menschen aus Zuwandererfamilien in Deutschland. Eine Reihe von so-

zialen, ökonomischen und kulturellen Benachteiligungen sind unmittelbare Folge mangelnder Teilnahme am Schul- und Berufsausbildungssystem. Insbesondere beim Übergang von der Schule in den Beruf kulminieren diese Probleme. An diesem Dreh- und Angelpunkt von Bemühungen um Integration setzt eine eigene Abteilung des Zentrums mit Informationen und Schulungen sowie Beratung an.

- **Internationale Beziehungen:** Mit zunehmender Globalisierung ist der internationale wissenschaftliche Erfahrungsaustausch von entscheidender Bedeutung. Durch die Pflege und den Ausbau von internationalen Beziehungen zu Regierungs- und anderen Organisationen kann das Zentrum auf aktuelle Ereignisse und Entwicklungen rasch reagieren und interessierten Wissenschaftlern, Politikern sowie der Öffentlichkeit kurzfristig Analysen und Informationen präsentieren.

Neben Themen wie dem interkulturellen Konfliktmanagement und der Förderung der beruflichen Ausbildung in türkischen Betriebsstätten konzentriert sich das Zentrum insbesondere auf die Lebenssituation der Türken in Nordrhein-Westfalen. Dazu dient eine Quasi-Panel-Befragung im Auftrag des Ministeriums für Arbeit und Soziales des Landes NRW. Zwar geben die vorliegenden Daten zur türkischstämmigen Bevölkerung in vielen Bereichen Auskunft über die „objektive Situation", doch fehlen immer noch systematische und empirische Erkenntnisse zu subjektiven Interessen, Einstellungen und Verhaltensweisen, d.h., wie diese Bevölkerungsgruppe ihre Lebenssituation wahrnimmt. Dasselbe gilt für die Erwartungen an die Politik. Zu diesem Zweck führt das Zentrum einmal jährlich eine empirische Befragung der türkischstämmigen Migranten in Nordrhein-Westfalen durch.

Träger des Zentrums für Türkeistudien ist ein Verein, dem folgende Institutionen angehören: Die Bundesministerien für Arbeit und Sozialordnung sowie für Bildung und Forschung, das Ministerium für Arbeit und Soziales, Qualifikation und Technologie des Landes Nordrhein-Westfalen, das Ministerium für Schule und Weiterbildung, Wissenschaft und Forschung des Landes Nordrhein-Westfalen, die Freudenberg-Stiftung, der Stifterverband für die Deutsche Wissenschaft, die Universität Gesamthochschule Essen und die Stadt Essen, die Forschungsgruppe Modellprojekte e.V., der Botschafter der Republik Türkei in Deutschland, das Ministerium des Innern des Landes Brandenburg und die Ausländerbeauftragte des Senats des Landes Berlin.

In Zusammenarbeit mit Ethno-Agenturen, u.a. mit Tulay & Kollegen, München, gründete das ZFT eine *Gesellschaft für türkische Kon-*

sumforschung in Europa. Diese führt halbjährlich eine Panel-Befragung unter der türkischstämmigen Bevölkerung in Deutschland zu ihrem Konsumverhalten durch. Der Schwerpunkt liegt dabei auf der Nachfrage nach langlebigen Konsumgütern sowie Transport und Verkehr. Das erste Panel wurde im Frühjahr 2002 erhoben.

Teil IV

Ausgewählte Kampagnen

Radio metropol FM –
Multikulti-Pop für kulturelle Grenzgänger

Agentur BEYS, Berlin
Zeitraum: Juni bis Dezember 1999

Voraussetzungen

Im Jahr 1999 geht 94^8 metropol FM, der erste türkische Hörfunksender in Berlin, auf Sendung. Der Sender erreicht schnell einen Bekanntheitsgrad von über 90 Prozent und einen Marktanteil von mehr als 70 Prozent. Die Türken in Berlin beschreiben den Sender inzwischen als „qualitativ hochwertig". Darüber hinaus setzt der Sender Maßstäbe innerhalb der türkischen Medien und befriedigt Erwartungen, die durch Off-Air-Aktivitäten geweckt werden:

94^8 metropol FM ist das einzige türkische Werbemedium, das zu jeder Zeit und überall in Berlin von der türkischen Bevölkerung gehört und erlebt werden kann.

94^8 metropol FM hat professionelle und medienerfahrene Gesellschafter und Mitarbeiter, die ein attraktives Programm mit hohen Reichweiten und starker Hörerbindung garantieren.

94^8 metropol FM ist das erste und einzige türkischsprachige Unterhaltungsradio in Berlin mit einem 24-Stunden-Programm.

Konzept

Die *Einführungskampagne* orientiert sich an folgenden Kernpunkten:

7. Juni 1999...
- Das erste türkischsprachige Radio in Deutschland geht auf UKW 94^8 Mhz auf Sendung.

Profil
- Unterhaltungssender
- 24-Stunden-Vollprogramm
- Schwerpunkte Musik, Moderation und Service
- Das Programm richtet sich an ca. 170000 Berliner Türken.

Daraus resultiert die *Aufgabenstellung*:

Bekanntmachung des neuen Radiosenders 94^8 metropol FM
Einführungskampagne
- Definition und Durchsetzung des Corporate Design
- Zielgruppenspezifische Werbemaßnahmen
- Promotion-Aktionen
- Events

Zweite Phase
- Zielgruppenspezifische Werbemaßnahmen
- Mailing
- Promotion
- Events

Die *Zielgruppe*:

Türkische Bevölkerung
- Allgemeines Verhältnis zu Medien
  - Starkes Interesse an türkischsprachigen Medien
  - Audiovisuelle Medien erfreuen sich großer Beliebtheit.
  - Passive Medienkonsumenten, d.h., sie lassen sich Informationen und Unterhaltung gerne präsentieren.

Verhältnis zum Hörfunk
- „Nebenbei"-Medium
  - Durch Mangel an Hörfunk werden andere Medien bevorzugt (MC, CD unterwegs).
  - Im Haus läuft der Fernseher.
  - Verlangen nach türkischer Musik, Sprache und Kultur ist groß

Türkische Werbekunden
- Kleinere bis mittelständische Betriebe
- Familienbetriebe
  - Keine kaufmännische Ausbildung auf der Führungsebene
  - Investitionsüberzeugung bedarf persönlicher Kontakte.
  - Daten und Fakten untermauern Verkaufsargumente.
  - Handschlag-Mentalität
  - Wirtschaftliche Entscheidungen werden aus dem Bauch getroffen.
  - Profilierungsbedürfnis
  - Konkurrenzdenken ist Handlungsmotor.
  - Innovative Geschäftsleute sind selten.

Deutsche, internationale Werbekunden
- Alle Unternehmen mit der Zielgruppe „Türken in Berlin"
- Professionelle Standards in der Kommunikation werden erwartet.
- Bereitschaft zur Kommunikation in der türkischen Zielgruppe ist vorhanden, jedoch
  - mangels Zielgruppenkenntnissen
  - mangels passender Medien

  nicht aktiv.
- Intensive Beratung ist zur Vertrauensbildung notwendig.

Die **Marketingplanung** sieht folgende Etappen vor:

Primäres Ziel: Einführung des Senders 94^8 metropol FM als Unterhaltungsmedium

Langfristiges Ziel: Etablierung des Senders 94^8 metropol FM als führendes Werbemedium und Markenpersönlichkeit innerhalb der türkischen Medien in Berlin

Kommunikationsziele und -inhalte
- Der erste türkischsprachige Sender in Berlin ist auf Sendung.
- Unterhaltungssender mit den Schwerpunkten Musik, Moderation und Service
- Marke, Professionalität, Qualität und Einzigartigkeit
- 24-Stunden-Vollprogramm
- regional engagiert, hörernah, „Wir-Gefühl"
- lokale Berlin-Türken-Identität

Daraus ergeben sich folgende *Aufgaben*:

- *Klassische Werbung*
  - Printanzeigen
  - Public Relations
  - Promotion
- Events
- Corporate Design
- Gestaltung des Logos
  - moderne, zeitgemäße Anmutung
  - dynamische Wirkung
  - Empfangsfrequenz wird vermittelt
  - klare Lesbarkeit des Namens

175

- Slogan „bizim dalga"ist mehrdeutig, steht für
  - Unsere Welle
  - Unsere Frequenz
  - Unser Stil
  - Unsere Gespielin
  - Unser Witz
- Sympathieträger durch Wortwitz
  - positiv belegt
  - volksnah

Im Rahmen des Corporate Design werden darüber hinaus alle Außer-Haus-Elemente wie Briefpapier, Visitenkarten, Mediadatenpläne gestaltet.

Optischer Bestandteil der Anzeigenmotive ist, farblich passend zum CD, ein Nazar-Stein, ein spirituell behaftetes Glasauge, das vor dem „bösen Blick" schützen soll und unter Türken eine erhebliche kulturelle Bedeutung hat. Ein solches hochwertig verpacktes „Glasauge" dient auch als Präsent für Werbekunden.

Public Relations

Im Rahmen der PR-Maßnahmen werden Aussendungen an Medien den Tag des Sendestarts als ein kulturell, wirtschaftlich und gesellschaftlich wichtiges Ereignis kommunizieren, das jedem Massenkommunkationsmedium einen redaktionellen Beitrag wert sein sollte. Dabei bildet die PR die informative Basis der kommerziellen Werbekampagne.

Promotion

Zur Verteilung durch Promotion-Teams kommen entsprechend dem CD gestaltete Regenjacken, Caps und T-Shirts, Blue Jeans und helle Sportschuhe bzw. Rollerblades, Polaroid-Kameras, MD-Recorder, Materialien wie Flyer, Aufkleber, Polaroid-Passepartouts, Bonbons und Lollis, Luftballons, Kugelschreiber, Feuerzeuge.

Die Promotion-Aktionen beginnen mit dem Sendestart und finden auf Wochenmärkten mit hoher Besucherfrequenz, belebten Plätzen bzw. Einkaufsgegenden in relevanten Bezirken, in der Abend- bzw. Nachtszene (Cafés, Bars, Restaurants) sowie bei Events (Konzerte, Partys) statt.

Die Teams bestehen aus jungen Frauen und Männern türkischer Abstammung, freundlich, attraktiv und ausdrucksstark, mit guten Umgangsformen und der Bereitschaft zu selbstständigem und zuverlässigem Einsatz.

Ihre Aufgabe ist der Dialogaufbau zwischen Hörer und Sender, die Vermittlung von Programminformationen sowie aktive Hörereinbindung durch Interviews.

Klassische Werbung

Profilierung durch Medien, die noch nie oder selten zur Ansprache von Türken benutzt wurden, z. B:

- Großflächenplakate mit hohem Aufmerksamkeitswert – zum schnellen Reichweitenaufbau und mit guter Selektionsmöglichkeit durch Einzelbelegungen
- S-Bahn-Brückenwerbung: preiswert, hoher Aufmerksamkeitswert, hohe Kontaktrate
- U-Bahn-Scheibenaufkleber: hoher Aufmerksamkeitswert und Möglichkeit gezielter Buchungen in kleinem Rahmen
- Anzeigen in relevanten Printmedien
- Mailing-Aktionen an Werbekunden
- Printanzeigen in
  - türkischsprachiger Zeitschrift *Merhaba Berlin* mit mehrwöchiger Laufzeit, hoher Kontaktrate in der relevanten Zielgruppe, lokalem Bezug und hoher Akzeptanz
  - Fachzeitschrift *werben & verkaufen*, Standardmedium der Werbewirtschaft und von Entscheidungsträgern in Unternehmen: hohe Kontaktrate in der Gruppe der Entscheider, Profilierungsmöglichkeiten und Präsentation des CD in der Werbewirtschaft.

Zu den weiteren Werbemitteln zählen eine Informationsbroschüre mit Hinweisen für die werbende Wirtschaft und ein Postkarten-Mailing.

177

Events

Veranstaltungen prägen das Bild des Senders in erheblichem Umfang:

- Benefizkonzert in der Arena, Sept. 1999, 6500 Besucher
- Bizim Gece in der Arena, Juni 2000, 5000 Besucher
- Bizimkiler in der Universal Hall, Okt. 2000, 1800 Besucher
- Bahar gecesi Party in der Universal Hall, Apr. 2001, 1800 Besucher
- Bizim Gece 2 in der Arena, Sept. 2001, 5500 Besucher.

Das Label von 94^8 metropol FM auf den Veranstaltungsplakaten steht für

- Stimmung
- Hochwertiges Umfeld
- Buntes Bühnenprogramm
- Faire Eintrittspreise

Perspektiven

Die Hörerkommunikation erfolgt primär über On-Air-Maßnahmen.

- Die On-Air- und Off-Air-Kommunikation hat ihre Schnittstelle bei den Events, die weiterhin den Maßstab für türkische Veranstaltungen in Deutschland setzen.
- Die bundesweite Ausweitung des Programms ist nur eine Zeitfrage.
- Anpassung der Business-to-Business-Kommunikation an die sich verändernde Senderstruktur, z. B. verschiedene Lokalfrequenzen in mehreren Bundesländern, etwa Mittlerer Neckar
- Beibehaltung von Grundzügen der Hörerkommunikation mit der Anpassung an lokale Besonderheiten innerhalb der türkischen Community

Das einjährige Jubiläum des Senders wurde im Juni 2000 mit 4500 Besuchern gefeiert. Laut einer Infratest-Umfrage liegt der Bekanntheitsgrad des Senders innerhalb der türkischen Community bei derzeit 94 Prozent.

Zwei Jahre
24 Stunden
türkischsprachiges Radio

 metropol FM

94⁸ metropol FM auf UKW 94.8 · Das erste türkischsprachige Radio in Deutschland · *bizim dalga*

İki Yıl
24 saat
Türkçe radyo

94⁸ metropol FM

94⁸ metropol FM · UKW 94.8 frekansında 24 saat türkçe radyo · *bizim dalga*

En sevdiğin 3 parçayı seç ve sende kazan!

✗ Parçaları işaretle ve kuponun arkasını doldur

- ☐ 1. **Tarkan** - Kuzu Kuzu
- ☐ 2. **Tarık** - Of deli Gönül
- ☐ 3. **Grup Gündoğarken** - Ellerinde Çiçekler
- ☐ 4. **Nükhet Duru** - Aşkımdan Ölebilirim
- ☐ 5. **Teoman** - Rüzgar Gülü
- ☐ 6. **Edip Akbayram** - Yalan Ola
- ☐ 7. **Kayahan** - Gönül Sayfam
- ☐ 8. **Mirkelam** - Unutulmaz (Sevgi Tanecikleri)
- ☐ 9. **Haluk Levent** - Aşkın Mapushane
- ☐ 10. **Rafet El Roman** - Beni Affedermisin
- ☐ 11. **Ayna** - Kadınım
- ☐ 12. **Mustafa Sandal** - Geriye Dönmem
- ☐ 13. **Hande Yener** - Yoksa Mani
- ☐ 14. **Demet** - Papatya Falları
- ☐ 15. **Esra Özmen** - Tutuş
- ☐ 16. **Yıldız Tilbe** - Bin Dereden Su Getirsen
- ☐ 17. **Davut Güloğlu** - Nurcanım
- ☐ 18. **Atilla Taş** - Pembeli
- ☐ 19. **İbrahim Erkal** - Aşkından Yanayım mı
- ☐ 20. **Muazzez Abacı** - Kır Yasak Zincirini

☐ Listede olmayan kendi favori parçabiz

İki Yıl
24 saat
Türkçe radyo

94⁸ metropol FM

94⁸ metropol FM
UKW 94.8 frekansında 24 saat türkçe radyo · *bizim dalga*

Deutsche Telekom AktivPlus –
Werben um deutschtürkische
Vieltelefonierer

Agentur BEYS, Berlin
Zeitraum: Frühjahr 2001

Voraussetzung

In Deutschland lebende Türken telefonieren häufig und lange mit Verwandten und Freunden in der Türkei. Im Durchschnitt ist die türkische Telefonrechnung pro Haushalt und Monat mit etwa 150 Euro dreimal so hoch wie die vergleichbare deutsche Telefonrechnung.

Deshalb boten zunächst die neuen Telekommunikationsunternehmen der türkischen Zielgruppe günstige Handy-Tarife an. Dann folgte die Deutsche Telekom, u.a. mit dem AktivPlus-Tarif.

Dieser Tarif wurde der türkischen Zielgruppe in Berlin durch vielfältige Kommunikationsmaßnahmen bekannt gemacht.

Briefing

Durch eine Werbeinitiative soll der AktivPlus-Tarif bei der Zielgruppe aktualisiert werden, um die Erinnerungswerte aufzufrischen. Die Aktion soll ein Response-Element beinhalten, aus dem Adressen und Telefonnummern für weitere Marketingaktivitäten und somit eventuell Neukunden generiert werden können.

Konzept

Auf der Grundlage positiver Erfahrungen fällt die Entscheidung für eine kombinierte Promotion-Aktion: Kernelement ist das Gewinnspiel „AktivWochenende in Istanbul", bestehend aus Promotion, attraktiven Preisen und medialer Unterstützung.

181

Promotion: Die Promotion-Teams vermitteln Passanten die Vorteile des AktivPlus-Tarifs. Die Teams verteilen einen Flyer, in dessen Response-Element die Anschrift und Telefonnummer der Teilnehmer eingetragen werden. Diese Angaben sind die Grundlage für anschließende Marketingaktivitäten, d.h., das Telekom-Callcenter führt Verkaufsgespräche mit den betreffenden Personen.

Gewinnspiel: Zugleich werden die angesprochenen Personen für eine Teilnahme am Gewinnspiel motiviert.

Medien: Der regionale Printtitel *Merhaba Berlin* begleitet die Aktion redaktionell, kündigt die Preisverlosung an und stellt die Gewinner vor.

Die Teilnehmer sollen die Frage richtig beantworten: Wie heißt der günstigste Tarif der Deutschen Telekom? Auf einer Postkarte, erhältlich bei Promotern und in relevanten T-Punkten in Berlin, müssen die richtige Antwort sowie Name und Anschrift angegeben werden.

Der Hauptpreis ist ein Wochenende für zwei Personen in Istanbul inklusive Fünf-Sterne-Hotel und Einkaufsgeld in Höhe von 300 Euro. Zweiter und dritter Preis sind jeweils ein IBM-PC. Der vierte bis sechste Gewinn besteht aus jeweils einem ISDN-Telefon. Für die weiteren 94 Gewinner sind jeweils Telefonkarten im Gegenwert von 3 Euro vorgesehen.

Das Promotion-Team wird entsprechend dem Telekom-CD einheitlich eingekleidet. Das Team besteht aus sechs Promoterinnen sowie einem/r Teamleiter/in, es wird während fünf Tagen sechs Stunden lang eingesetzt. Die Auswahl der Standorte orientiert sich an der Zielgruppe. Infrage kommen maximal zwei Standorte, neben belebten Einkaufsstraßen auch Wochenmärkte:

Dienstag	20.03	Kreuzberg
Mittwoch	21.03	Wedding
Freitag	23.03	Kreuzberg
Dienstag	27.03	Kreuzberg/Neukölln
Mittwoch	28.03	Schöneberg

Die Passanten werden vom Team auf Gewinnspiel und AktivPlus-Tarif angesprochen. Bei erfolgreichem Gesprächsverlauf füllen die Passanten mit Unterstützung der/s Promoter/in die Response-Postkarte aus und erhalten als „Dankeschön" ein Giveaway.

182   Der Flyer zur Kampagne ist ein wesentliches Element der Promotionansprache. Er erklärt das Gewinnspiel, enthält die Postkarte für den Teilnehmer und informiert über den AktivPlus-Tarif.

Die Erfahrung zeigt, dass die türkische Bevölkerung besonders positiv auf Giveaways für Kinder anspricht. In Frage kommen Süßigkeiten sowie Spielzeug, etwa der Pink Panther als Symbol für den AktivPlus-Tarif.

Ergebnis

Während der Aktionszeit wurden 22 000 Karten verteilt.

Die Aktivitäten des Promotion-Teams ergaben einen Rücklauf von 3250 ausgefüllten Antwortkarten, mithin eine Rücklaufquote von ca. 15 Prozent, also weit mehr als der erwartete Rücklauf von ca. 2000 Karten. Nur eine geringe Anzahl von Karten gingen über die T-Punkte auf dem Postweg ein.

Das Promotion-Team verteilte rund 22 000 von insgesamt 30 000 vorgehaltenen Flyern. Außerdem kamen ca. 3000 Pink Panther und 2000 Lutscher zur Verteilung.

Die Straßenaktion des Promotion-Teams wurde durch Anzeigen im Stadtmagazin *Merhaba Berlin* unterstützt. Zwei ganzseitige Anzeigen berichteten über die Aktion sowie die Teilnahmebedingungen. Zwei redaktionelle Beiträge informierten über die bevorstehende Ziehung der Gewinner des Gewinnspiels sowie über die Preisübergabe an den Hauptgewinner.

Die Ermittlung der Gewinner erfolgte am 23.04.2001 im T-Punkt in Berlin-Schöneberg. Die Preisübergabe fand wenige Tage später statt.

Berlinli Türklere güzel fırsat: İstanbul'da
Aktif Hafta Sonu

Büyük çekilişe sizde katılın ve ödülleri kazanın:

2 kişilik İstanbul'a beş yıldızlı otele seyahat ve 600,- DM cep harçlığı, bilgisayar sistemleri, Telsiz Telefonlar ve Telefon kartları

1. Ödül: İstanbul'da Aktif Hafta Sonu
2 kişilik İstanbul'a beş yıldızlı Merit Antique oteline seyahat ve 600,- DM cep harçlığı

2. ve 3. Ödül: IBM Aptiva bilgisayarı
Home Office System, 17" Monitor, 64 MB RAM, 40xCD-ROM, Windows 98, Via-Voice Software

4.- 6. Ödül: Dostluk Paketi Telefon
Telekom'un telsiz Telefonu T-Easy C410

7.- 100. Ödül: Telefon kartları
Özcangiller ailesi motifli, 6,-DM'lik

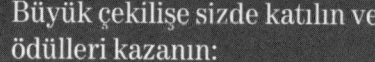

Sorumuz: Deutsche Telekom'un uygun tarifesinin adı nedir?

☐ AktivPlus

☐ PassivPlus

☐ AktivGünstig

Aktif Hafta Sonu Çekilişine katılmak için bir kartpostala sorumuzun cevabı ile birlikte isim, adres ve telefon numaranızı yazıp bize göndermeniz yeterli:

Deutsche Telekom AG , Kundenniederlassung, Marketing Postfach 27 00 05, 13500 Berlin

Son katılım tarihi 6 Nisan 2001. Telekom elemanları ve aile mensupları yarışmaya katılamaz. Mahkeme yolu kapalıdır. Kazananlar posta veya telefon yoluyla bilgilendirilecektir.

Deutsche Telekom **T** ▪ ▪

AKSIYON ■

Telekom'un büyük çekilişi 23 Nisan'da

Telekom'un promosyon kampanyasına katılan okuyucularımızın sabırsızlıkla beklediği Aktif Hafta Sonu Çekilişi 23 Nisan tarihinde T-Punkt Schöneberg mağazasında halka açık yapılıyor ...

Geçtiğimiz haftalarda Berlin caddelerini gezerken karşımıza sıkça çıkan Telekom'un promosyon elemanlarını hatırlayacaksınız. Aktif Hafta Sonu Kampanyasında binlerce Berlin'liyi katılıma davet eden promosyon ekibinin topladığı kartlar birikti. Çekilişe katılanlar arasından Türkiye seyahati, Bilgisayar ve Telefonlar sahiplerini bulacak.

23 Nisan günü saat 15'te T-Punkt Schöneberg (Kaiser-Wilhelm-Platz 1-2, alışveriş merkezi) adresinde halka açık yapılacak olan çekilişe hepiniz davetlisiniz.

Çocuk bayramında yapılan çekilişi izlemeye gelen çocuklara sürpriz hediyeler verilecektir. Mutlaka faydalanın!

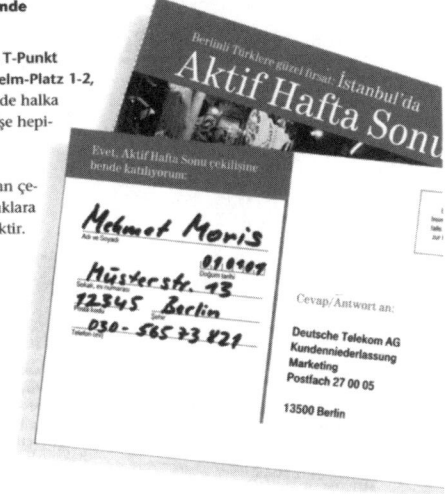

Tüm semtlerde olduğu gibi Wedding Gesundbrunnen Center önünde de Türkler cavap kartlarını doldurdular. Belki talihliler bunlar mı olacak?

185

Talkline –
Der günstige Draht in die Heimat

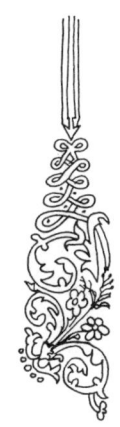

Agentur Lab One, Berlin
Zeitraum: seit 2001

Voraussetzung

Talkline GmbH ist ein Anbieter von Telekommunikationsdienstleistungen aus einer Hand. Das Unternehmen bietet eigene Produkte und Serviceleistungen für Mobilfunk über Festnetztelefonie für Privat- und Geschäftskunden bis zum Internet Access Providing an.

Nach der Liberalisierung des Telekommunikationsmarktes entdeckten Dienstleister wie o.tel.o oder Alo Vatan schnell den türkischen Markt, der aufgrund seines hohen Gesprächsaufkommens ins Ausland in der Branche als Filetstück gilt. Die Deutsche Telekom bemüht sich, abgeworbene Kunden (ca. 200 000) zurückzugewinnen.

Talkline erschien als Nachzügler am Markt, in dem bereits eine ausgeprägte Wettbewerbssituation herrscht. Mit einem integrierten Marketingkonzept soll der türkische Markt in Deutschland erschlossen werden. Der Fokus liegt dabei auf Festnetzprodukten und vor allem auf Ferngesprächen.

Briefing

Am Anfang steht die Zielgruppenanalyse, die ein grundsätzliches Verständnis der anzusprechenden Gruppe liefern soll. Außerdem ist es Aufgabe von Lab One, eine Marketing- und Kommunikationsstrategie zu entwickeln und diese in einer zweiten Phase umzusetzen. Primäres Ziel ist die Verkaufsorientierung.

Konzept

Eine von Lab One durchzuführende Markt- und Wettbewerbsanalyse liefert einen fundierten Überblick über den Markt und die wesentlichen Wettbewerber:

- Entwicklung eines Berechnungsmodells für das Gesprächsaufkommen für alle Produktbereiche und sämtliche Haupt- und Teilzielgruppen
- Marktanteile der Wettbewerber
- Entwicklungspotenziale des Marktes und der Wettbewerber
- Preispolitik der Wettbewerber
- Vertriebspolitik der Wettbewerber
- Entwicklung einer Preis-, Produkt- und Vertriebspolitik für Talkline

Der Umsatz im Telekommunikationsmarkt der in Deutschland lebenden Türken kann mit etwa 750 Millionen Euro beziffert werden. Er ist hart umkämpft. Zwei wesentliche Wettbewerber im Markt sind die Deutsche Telekom und o.tel.o, die eine dominante Rolle spielen. Andere Anbieter haben eine eher untergeordnete Bedeutung. Beide Wettbewerber verfügen über ein ausgereiftes bundesweites Vertriebsnetz.

Die Produkte und Tarife der Wettbewerber sind kompliziert und für den Konsumenten kaum durchschaubar. Es gibt keinen Anbieter, der Pre-Selection-Tarife ohne monatliche Grundgebühr anbietet. Gemeinsam mit Talkline entwickelt Lab One einen neuen Tarif ohne Grundgebühr mit durchgehend einheitlichem Minutenpreis für Türkei-Gespräche. Der neue Tarif wird adäquat zum „Easy Line"-Tarif von Talkline „Kolay Tarife" genannt. Lab One entwickelt ein Zielgruppenmodell mit folgenden Inhalten:

- Soziodemografische Entwicklung der Deutschtürken
- Konsumverhalten der Deutschtürken
- Wirtschaftliche Entwicklung der Deutschtürken
- Haupt- und Teilzielgruppen/Generationenmodell
- Psychografie der einzelnen Zielgruppen
- Segmentbildung

Im Bereich der Festnetztelefonie werden die Haushaltsentscheider, in der Regel Vertreter der ersten Generation, als die Kernzielgruppe definiert. Eine weitere wesentliche Erkenntnis der Analyse ist, dass die zweite Generation bei den Älteren eine Beratungsfunktion einnimmt.

Durch eine responseorientierte Kampagne in den klassischen Medien wird der Bekanntheitsgrad der Dachmarke erhöht. Gleichzeitig werden die Interessenten durch die Einbindung einer Hotline in die Spots und Anzeigen zum direkten Response animiert.

Die Kampagne startet mit drei TV-Spots, die in den türkischen Sendern Kanal D, atv und TGRT ausgestrahlt werden. Die Spots sprechen die drei unterschiedlichen Zielgruppensegmente an, die auch die Kernzielgruppe bilden.

In Berlin werden im metropol FM, dem einzigen türkischen Hörfunksender, Radiospots geschaltet.

Mit diversen Anzeigenmotiven werden unterschiedliche Leser der bundesweiten türkischen Tageszeitungen *Hürriyet*, *Fanatik* und *Hafta Sonu* angesprochen.

Lab One realisiert auf der Grundlage der eigenen Database ein bundesweites Mailing an 230 000 Privathaushalte.

Zur Steigerung des Response wird eine telefonische Nachfassaktion durch das Lab-One-Callcenter mit zweisprachigen Agents durchgeführt.

Für die Businesstarife werden die Adressen von 5000 Geschäftskunden aufbereitet, die mit einem gesonderten Mailing angesprochen werden.

Sürekli ucuz fiyatlar
KolayTarife
ile Talkline'da

Almanya İçi Görüşmeler

Tüm Almanya çapındaki görüşmeler (Fiyatlar Pf./Dak.)		Pazartesi-Cuma	Hafta sonları ve ulusal tatil günleri
Yakın mesafe 20 km'ye kadar	7-18 Uhr	6,9	3,9
	Arkadaş Numaraları[1]	5,2	2,9
	18-7 Uhr	3,9	
	Arkadaş Numaraları[1]	2,9	
Uzak mesafe 20 km'den uzak	7-18 Uhr	13,9	5,9
	Arkadaş Numaraları[1]	10,4	4,4
	18-22 Uhr	5,9	
	Arkadaş Numaraları[1]	4,4	
	22-7 Uhr	3,9	3,9
	Arkadaş Numaraları[1]	2,9	2,9
Cep telefonlarına	Bütün gün boyunca	48	
Kendi Talkline Cep tel.	Bütün gün boyunca	36	

- 3 adet Arkadaş Numarası ile görüşmeler %25 indirimli ve böylece dak. 2,9 Pfennig'den itibaren
- Yakın mesafeler dak. 3,9 Pfennig'den itibaren

dak. **3,9** Pf.'ten itibaren

+%25 İndirim

Yurtdışı Görüşmeleri

Yurtdışı 1 Amerika (Alaska ve Hawai hariç), Avustralya, Avusturya, Belçika, Danimarka, Finlanda, Fransa, Hollanda, İngiltere, İsveç, İsviçre, İtalya, Kanada, Liechtenstein, Norveç, Vatikan		19,9 Pf./Dak.
Yurtdışı 2 Çek Cumhuriyeti, İspanya, Lüksemburg, Macaristan, Portekiz, Yunanistan		39,9 Pf./Dak.
Yurtdışı 3 Andorra, Bosna Hersek, Brezilya, Bulgaristan, Çin, Güney Kore, Hırvatistan, Hong Kong, İrlanda, İzlanda, Japonya, Makedonya, Monako, Polonya, Taivan, Tayland, Türkiye		**38,9 Pf./Dak.**
Yurtdışı 4 Diğer ülkeler		1,99 DM/Dak.

*Yurtdışındaki cep telefonlarına yapılan görüşen kerde normal dakika fiyatlarına 48 Pfennig ilave edilir. (Bu ülke 4 ülkeleri hariç). Tüm fiyatlara kesti, dahildir. Fiyatlar özel telefon numaraları için geçerli değildir. Fiyatlar 60 saniyelik zaman birimi üzerinden hesaplanır.

- Türkiye görüşmeleri günün her saatinde dakikası 38,9 Pfennig, aylık sabit ücret yok
- Anlaşma vaadesi yok
- Telekom'un abone değiştirme ücretini Talkline size iade eder

Bütün
Avantajlar
birarada

- 20 km'ye kadar olan mesafelerin dakikası 3,9 Pfennig'den itibaren
- Sizin seçtiğiniz 3 adet Arkadaş Numarasıyla yaptığınız görüşmeler %25 indirimli ve böylece dakikası 2,9 Pfennig'den itibaren
- Anlaşmayı istediğiniz zaman bitirebilirsiniz
- Aylık sabit ücret yok
- Sizin tarifenizde, gelecekte yapılacak indirimlerden otomatik olarak faydalanıyorsunuz
- Hattınız, telefon numaranız ve telefon rehberindeki kaydınız değişmiyor. Değişen tek şey, daha ucuza telefon etmeniz.

Bilgi Hattı 0180-2-182 182 (Saat 8-22 arası)
Görüşme başına fiyatı 12 Pf.

TALKLINE

190

191

Best Energy –
Direktmarketing für deutschtürkische Stromkunden

Agentur Lab One, Berlin
Zeitraum: seit 2001

Voraussetzung

Die Best Energy GmbH ist ein Energieversorgungsunternehmen, das im Dezember 1999 gemeinsam von der Bewag AG und der MobilCom AG in Berlin gegründet wurde. Die Best Energy GmbH bietet die gesamte Produktpalette der Stromversorgung an und möchte im Zuge ihrer dynamischen Unternehmensentwicklung neue Zielgruppen wirtschaftlich erschließen. Hierzu werden speziell auf diese Zielgruppen ausgerichtete Produkt- und Serviceangebote aufgebaut.

Die bisherigen Absatzaktivitäten waren insbesondere auf Direktmarketing und Sponsoring ausgerichtet. Die Formen klassischer Kommunikation hatten in der Marketingstrategie von Best Energy wenig Bedeutung.

Seit der Liberalisierung im Jahr 1998 ist der Strommarkt in Deutschland in Bewegung. Bislang war die Energieversorgung in Deutschland in Gebietsmonopole aufgeteilt. In den Regionen und Kommunen agierten zahlreiche Versorger und Stadtwerke. Die Liberalisierung des Strommarktes bedeutete, dass die Kunden unter den etwa 1000 bereits existierenden Elektrizitätsversorgern – davon rund 80 Regionalversorger und etwa 900 Stadtwerke – sowie den neuen privaten Anbietern auswählen konnten. Der dabei entstandene Wettbewerbsdruck führte zu einer Sensibilisierung und einem radikalen Wandel des Marktes. Die Energieunternehmen mussten intensiver um Kunden werben. Dies wirkte sich insbesondere auf die Preis- und Serviceangebote des Wettbewerbs aus.

Briefing

Die Aufgabe besteht darin, einen responseorientierten, direkten Vertrieb von Dienstleistungen und Produkten von Best Energy innerhalb der türkischen Zielgruppe zu erreichen. Ziel ist somit, ein auf die Absatzpolitik

des Unternehmens abgestimmtes Konzept zu erstellen, um bei den türkischen Stromverbrauchern in Nordrhein-Westfalen und Hamburg Produkte und Dienstleistungen von Best Energy abzusetzen.

Konzept

Schwerpunkte der Zielgruppenanalyse sind:

- Soziodemografische Entwicklung
- Psychografie der Zielgruppe
- Geografische Verteilung
- Stromverbrauch
- Wirtschaftliche Entwicklung
- Haupt- und Teilzielgruppen/Generationenmodell
- Segmentbildung

Schwerpunkte der Markt- und Wettbewerbsanalyse sind:

- Wettbewerbs- und Marktstruktur
- Marktanteile der Wettbewerber
- Entwicklungspotenziale des Marktes und der Wettbwerber
- Preispolitik der Wettbewerber
- Produktpolitik und Produktprogramme der Wettbewerber

Die Liberalisierung des Energiemarktes hat zu einem starken Wettbewerb unter den Anbietern geführt. Einige Energieanbieter sind bereits im türkischen Segment aktiv. Zu den ersten privaten Stromunternehmen, die diese Zielgruppe offensiv angesprochen haben, gehört Yello Strom. Die türkischstämmige Bevölkerung ist aufgrund ihrer größeren Haushalte und ihrer Fokussierung auf das Familienleben eine sehr attraktive Zielgruppe der Branche.

Insgesamt sind die Produkt- und Tarifangebote des Segments sehr unterschiedlich und erklärungsbedürftig. Im Strommarkt herrscht Unsicherheit, die sich auch auf die Konsumenten auswirkt. Insbesondere herrschen bei der Zielgruppe erhebliche Unkenntnis und Bedenken über Wechsel- und Kündigungsmodalitäten.

Der Bekanntheitsgrad der Marke Best Energy ist bei der Zielgruppe relativ gering. Es besteht kein direkter stationärer Vertrieb.

Die strategischen Ansätze sehen eine direkte Kommunikation mit dem Konsumenten vor; auf klassische Kommunikationsmaßnahmen wird verzichtet.

Auf der Grundlage der Lab-One-Database werden 50 000 Privathaushalte in den Zielgebieten durch das Lab-One-Callcenter telefonisch kontaktiert. Das Callcenter ist mit zweisprachigen, speziell geschulten Mitarbeiterinnen besetzt.

In den Outbound-Gesprächen werden die Konsumenten beraten. Es werden bedarfsgerechte Produktlösungen vorgestellt. Auf dieser Grundlage wird an die Konsumenten ein Interessentenpackage mit persönlichem Anschreiben und Informationen sowie einem Anmeldeformular verschickt.

Unter Verwendung des Best-Energy-CD wird eine Produktbroschüre im Scheckheftformat in türkischer Sprache konzipiert und produziert. Ebenso werden weitere Mailingelemente – Antragsformulare, persönliches Anschreiben, Rückumschlag u.Ä. – in türkischer Sprache entwickelt. Als Benefit erhält der Kunde ein Willkommensgeschenk in Form eines Verbrauchsgutscheins. Außerdem wird eine kostenlose Hotline für Rat suchende Kunden eingerichtet.

Zur Steigerung des Response werden Konsumenten, die das Interessentenpackage erhalten haben, im Rahmen einer telefonischen Nachfassaktion nochmals kontaktiert.

best energy GmbH . Voltastraße 5 . 13355 Berlin

Sayın

Mustafa Mustermann
Musterstr. 1
11111 Musterstadt

Sönke Markwart
Müşteri Departman Müdürü

best energy' nin uygun fiyatlı Universal-Tarifesini gösterdiğiniz ilgi için teşekkür ederiz.

Telefonda görüştüğümüz gibi, size best energy'ye nasıl abone olacağınızı ve en kısa sürede nasıl tasarruf edebileceğinizi gösteren
tanıtım broşürünü gönderiyoruz.
Bu tarifelerle yüzlerce Mark tasarruf edebilirsiniz!

Fiyatları ve abonelik şartlarını kendiniz karşılaştırın:
- Ayda sadece 9,50 DM sabit ücret
- Kilowatt/Saat'i 24 Pfennig'den başlayan fiyatlar
- Kısa süreli anlaşma (Stiftung Warentest tarafından tavsiye edilmiştir)
- Zahmetsiz başvuru; gerekli bütün formaliteleri best energy sizin için ücretsiz olarak hallediyor.

Elektriğinizin kesinlikle hiçbir kesinti olmadan devam edeceğini garanti ediyoruz. Kullanmakta olduğunuz elektrik sayacınız
değişmeyecek ve okunması her zamanki gibi otomatik olarak devam edecektir.

İlişikteki başvuru formunu doldurup posta pulu yapıştırmadan bize gönderiniz. Kısa bir süre içinde şahsi abonelik belgeniz elinize
ulaşacaktır. Sizde best energy'e abone olan 70.000 aile gibi her ay masraflarınızdan tasarruf edebilirsiniz.

Saygılarımla,

Sönke Markwart

Sönke Markwart
Müşteri Departman Müdürü

Not: Hızlı karar verenler kazanıyor! 4 hafta içinde elektrik aboneliği için best energy'e başvurduğunuz takdirde size 50 Kilowatt/Saat'lık
elektrik kullanımını başlangıç hediyesi olarak bedava veriyoruz (bu hediye 625 saat bedava televiziyon seyretmek demektir).

best energy GmbH . Voltastraße 5 . 13355 Berlin
Hotline-Nr.: 0800 / 010 10 15 . www.bestenergy.de . e-Mail: kundenservice@bestenergy.de
Commerzbank AG . BLZ 100 400 00 . Konto 204 344 600 . Amtsgericht Berlin Charlottenburg HRB 72538 . Geschäftsführer Dr. Henning Borchers

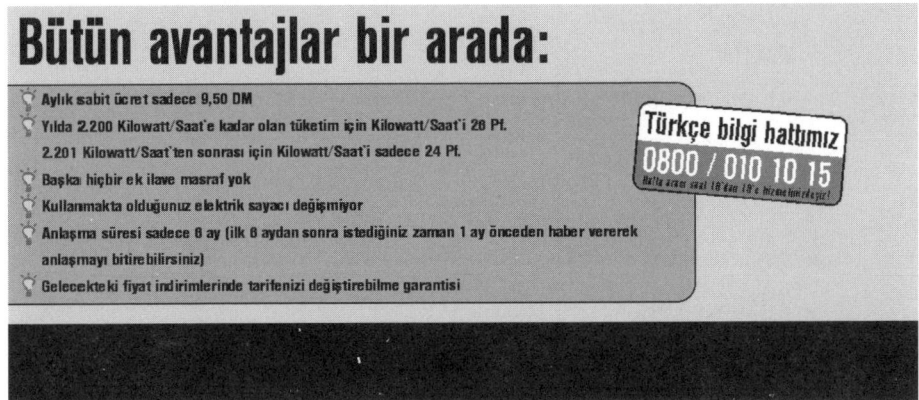

DKV –
Private Krankenversicherung für
einkommensstarke Deutschtürken

Agentur Tulay & Kollegen, München
Zeitraum: ab 2002

Voraussetzungen

Die DKV ist mit 2,9 Millionen Mitgliedern in Deutschland und 5,8 Millionen Kunden in Europa der größte private Krankenversicherer. Sie verfügt als Mitglied der deutschen ERGO-Gruppe auch über ein leistungsfähiges Potenzial gut ausgebildeter türkischstämmiger Mitarbeiter in Marketing und Vertrieb.

Tulay & Kollegen hat bislang als einzige interkulturelle Werbeagentur mit der hanseatischen Ersatzkasse HEK einen Krankenversicherer im Hinblick auf die türkische Zielgruppe in Deutschland umfassend betreut und bietet damit die besten Voraussetzungen für die Zusammenarbeit mit der DKV.

Briefing

Im Rahmen eines abgestimmten Marketing-Mix soll eine Gesamtkonzeption entstehen, die eine segmentspezifische Ansprache der in Deutschland lebenden Türken sicherstellt: Fokussierung auf die Kernzielgruppe innerhalb der türkischen Community, Distribution, Kommunikation, Werbung, Verkaufsförderung, Kosten-Nutzen-Analyse inklusive Ermittlung möglicher Potenziale, Mediaplanung.

Konzeption

Zunächst geht es um die Aufgabe

- die Zielgruppe zu informieren, dass sich „jeder Türke eine private Krankenversicherung leisten kann", sowie
- die Unterzielgruppe zu definieren, die sich privat krankenversichern kann oder sollte.

Neben der gezielten Auswahl von geeigneten Medien ist der Einsatz der Adressdatenbank „Datatürk" vorgesehen, die einen differenzierten Zugriff auf Personen, Haushalte, Firmen, Vereine, Verbände und Multiplikatoren in Deutschland erlaubt, und zwar nach folgenden Merkmalen:

- PLZ
- Geschlecht
- Alter
- Einkommen
- Branche
- Produktspezifikation

Die Kampagne umfasst alle klassischen Werbeelemente, wobei einerseits die CD/CI-Interessen des Kunden zu berücksichtigen sind, aber auch die Auftritte deutlich emotionalisiert bzw. türkisiert werden.

Mercedes-Benz –
Emotionen statt technischer Details

Agentur WFP, Berlin
Zeitraum: März bis Mai 2000

Voraussetzung

Die DaimlerChrysler Vertriebsorganisation Deutschland (DCVD) betreibt seit 1995 ethnospezifische Werbung für in Deutschland lebende Türken. Der Schwerpunkt lag zunächst auf Fernsehspots für die E-Klasse, flankiert von Printanzeigen. Die jeweils aktuellen E-Modelle wurden auch 1996 und 1998 in dieser Weise beworben.

Mit der Vorstellung der V-Klasse sieht DCVD eine Möglichkeit direkter Zielgruppenansprache, da dieser Fahrzeugtyp prädestiniert erscheint für die türkischen Gewerbeunternehmen in Deutschland, bei denen es sich häufig um Familienbetriebe handelt.

Die V-Klasse ist durch ihr Platzangebot sowohl als Großraumlimousine wie als Transporter nutzbar. Mit nur wenigen Handgriffen lassen sich die Sitze ein- und ausbauen. Durch das variable Platzangebot ist das Fahrzeug ideal für Geschäft, Familie und Freizeit.

Briefing

- V-Klasse-Launch-Kampagne (TV und Print) für das türkische Marktsegment
- Zielgruppe sind vor allem türkische Großfamilien sowie die mehr als 50 000 türkischen Gewerbetreibenden.

Konzept

WFP entwickelt ein Gesamtkonzept für die Markteinführung des Fahrzeugs beim türkischen Käufersegment. Dabei ist zu berücksichtigen, dass

die V-Klasse bei der Zielgruppe bislang weit gehend unbekannt ist. Daher sind Maßnahmen notwendig, die

- die V-Klasse bekannt machen,
- das Kaufinteresse wecken,
- das Image von Marke und Modell stärken.

Das Konzept sieht vor: TV-Spot, Printanzeigen, Zeitungsbeihefter, Mailing-Aktion an Gewerbetreibende, türkischsprachige V-Klasse-Broschüre, Hotline und PR-Maßnahmen. Zusätzlich wird ein „Making of"-Clip von zehn Minuten Dauer über die Spotproduktion hergestellt.

Die Zeitplanung sieht vor, das Produkt im Laufe von fünf Monaten – März bis Juli – in türkischen Medien zu präsentieren.

Media

WFP und DCVD erstellen gemeinsam einen Mediaplan für die Schaltung von Spots und Anzeigen in türkischen Medien. Da Fernsehen das bevorzugte Medium bei Türken ist, liegt der Schwerpunkt in diesem Bereich.

TV-Spot

Der Spot wird im Januar 2000 im Studio in Hamburg gedreht. WFP hat für die Produktion ein Team von 15 Personen zusammengestellt. Die Vorbereitungen beginnen zwei Monate vor Drehbeginn. Unter anderem organisiert das Team ein Casting. Als Regisseur entscheiden sich WFP und DCVD für den Deutschtürken Yücel Yolcu, der sich bereits als Regisseur türkischer Musikclips einen Namen gemacht hat und außerdem Gewinner des höchsten türkischen Regie-Award, des „Altın Portakal Ödülü" ist.

Die Spot-Idee: Eine Familie, bestehend aus drei Generationen, wird in emotionalen Einstellungen rund um die V-Klasse gezeigt.

Inhalt des Spots: Im Zentrum steht ein Mädchen der Familie, das über einzelne Familienmitglieder und deren Verhältnis zur V-Klasse erzählt und dabei die Produktvorteile der V-Klasse kommuniziert. Ziel ist, die bei Türken ausgeprägte Bindung zur Familie zu nutzen, um die V-Klasse als ideales Familienfahrzeug zu präsentieren. Dabei wird auf kleinste Details geachtet, da bei der türkischen Zielgruppe die Authentizität eine wesentliche Rolle spielt. So trägt das Mädchen ein rotes Kleid, weil damit die türkische Nationalfarbe symbolisiert wird. Bekräftigt wird dieses Symbol durch ein rotes Tuch, das von dem Mädchen in verschiedenen Einstellungen getragen wird.

Außerdem ist in mehreren Einstellungen ein „magisches Auge" zu sehen, ein türkischer Talisman, der Menschen vor Gefahren und dem „bösen Blick" schützen soll.

Die Nummernschilder des Fahrzeugs tragen die Buchstaben E und V, die zusammen das türkische Wort für Haus und Wohnung ergeben: Die V-Klasse ist das Zuhause der Familie. Kernaussage ist der Hinweis, dass die V-Klasse für die Familie zum Familienmitglied wird – was der V-Klasse menschliche Eigenschaften zuordnet.

Der Spot ist der allgemeinen Befindlichkeit der türkischen Zielgruppe entsprechend sehr emotional ausgeprägt. Dies verdeutlichen beispielsweise die Pastellfarben, weiche Schnittübergänge sowie eine getragene Hintergrundmusik. Damit soll eine Identifikation des Zuschauers mit der V-Klasse erreicht werden.

Ein kurzer zusätzlicher Reminder zum Spot weist auf die besonders günstige Leasing-Finanzierung hin. Dabei ist der Vater der Familie mit dem Fahrzeug zu sehen. Wie im Hauptspot wird auch hier die Nummer der türkischsprachigen Telefon-Hotline eingeblendet.

Der Spot läuft von März bis Mai 2000 in den türkischen TV-Kanälen in Deutschland.

Das „Making of"

Im Hinblick auf Umfang und Bedeutung des Projekts wird die Entstehung des Spots dokumentarisch festgehalten, denn Kampagne und Spot sind mehr als „nur Werbung": Ein weltbekanntes Unternehmen wie DaimlerChrysler bezeugt den Türken in Deutschland seinen Respekt. Damit wird die Kampagne zu einem wichtigen Beitrag zur Anerkennung der türkischen Bevölkerung in Deutschland. Diese Dimension soll durch die Ausstrahlung des Making über türkische Fernsehkanäle betont werden.

Print

Ingesamt werden zwei Anzeigenmotive entwickelt:

205

- Die Familie des Fernsehspots zur Headline „Die V-Klasse ist einfach riesig". Damit sollen vor allem die zahlreichen türkischen Großfamilien angesprochen werden.

- Eine Szene aus dem Alltag zielt auf Gewerbetreibende. Ein Vater steht an einem Kiosk und belädt das Fahrzeug mit Getränkekisten.

Die Anzeigen werden von März bis Mai 2000 in türkischen Tageszeitungen und Zeitschriften in Deutschland geschaltet.

Zeitungsbeilage

Zur Unterstützung der Printkampagne erscheinen erstmals in ethnospezifischer Ansprache Beileger in den türkischen Zeitungen *Hürriyet*, *Star* und *Türkiye*. Der Beileger besteht aus den beiden Motiven der Anzeigen, jedoch mit abweichendem Copytext. Ziel ist, die einzelnen Produkteigenschaften und Finanzierungsmodelle zu kommunizieren.

Mailing-Aktion

Das Mailing besteht aus einem Anschreiben und einem Produktflyer der V-Klasse, gerichtet an ausgewählte türkische Gewerbetreibende.

Broschüre

Vor Beginn der V-Klasse-Kampagne wird eine bereits vorliegende umfangreiche deutsche Produktbroschüre in die türkische Sprache übersetzt. Die Broschüre steht in hoher Auflage den Mercedes-Benz-Niederlassungen mit türkischen Verkäufern zur Verfügung.

Während Spot und Anzeigen das Interesse wecken sollen, wird der Kaufinteressent mit der Broschüre über die Niederlassung informiert.

Hotline

Reaktionen auf die Maßnahmen, etwa Fragen zu Produkt oder Finanzierung, werden durch eine türkischsprachige Hotline von Mercedes-Benz aufgefangen.

Presse- und Öffentlichkeitsarbeit

Während die Werbemaßnahmen von März bis Mai 2000 andauerten, waren die PR-Aktivitäten bis zum Beginn der Sommerferien terminiert. Damit wird der Tatsache Rechnung getragen, dass Türken verstärkt vor

der Urlaubswelle neue Autos kaufen. Darüber hinaus ist PR ein integrierter Bestandteil der Kampagne, um durch entsprechende Presseveröffentlichungen den Image- und Sympathiewert sowie den Bekanntheitsgrad der V-Klasse zu verstärken. Die PR-Kampagne besteht aus folgenden Elementen:

- Pressekonferenz
  Vorstellung der gesamten Kampagne sowie des TV-Spots und des zehnminütigen „Making of"-Clips vor türkischen Medienvertretern.
- Pressemitteilung anlässlich Mailing-Aktion
  Um nach der Pressekonferenz weitere Presseresonanz zu erreichen sowie die Bemühungen von DaimlerChrysler um die türkische Zielgruppe zu verdeutlichen, wird anlässlich der Mailing-Aktion eine Pressemitteilung verschickt.
- Reiseführerbeilage
  Die alljährlich zu Beginn der Sommersaison in der Tageszeitung *Türkiye* erscheinende Reiseführerbeilage befasst sich mit den aktuellen Informationen rund um die Urlaubsroute zwischen Deutschland und der Türkei. Die Beilage ist unter Türken sehr beliebt und erreicht eine Auflage von über 100 000 Exemplaren. Dem Journalistenteam, das zur Vorbereitung der Beilage jedes Jahr diese Strecke inspiziert, wird ein V-Klasse-Fahrzeug zur Verfügung gestellt. Als Gegenleistung wird das Fahrzeug auf der Titelseite der Beilage abgebildet. Außerdem wird ein vorgefertigter PR-Beitrag über die V-Klasse im Mutterblatt von *Türkiye* und in der Beilage veröffentlicht.
- PR-Aktion Türkeireise
  Einer türkischen Großfamilie aus Berlin, die sich aus finanziellen Gründen eine Flugreise in die Türkei nicht leisten kann, wird für die Dauer des Urlaubs ein V-Klasse-Fahrzeug zur Verfügung gestellt. Die familientauglichen Eigenschaften des Fahrzeugs und Erfahrungen der Familie werden kommuniziert. Bei der Rückkehr der Familie nach Berlin werden weitere PR-Veröffentlichungen initiiert.

Pazartesi'den Cuma'ya: İş Makinesi.
İş başarılarında, yıldızımızın payı ile kıvançlıyız...

Mercedes-Benz

V-Serisi çok büyük.
Ailelerin mutluluğunda, yıldızımızın payı ile kıvançlıyız...

Mercedes-Benz

Pazartesi'den Cuma'ya: İş Makinesi.

► V-Serisi, geniş bir ailenin Türkiye yolcılıkları için konforlu bir Mercedes otomobil ve aile şirketleri için, bir transporter kadar kapasiteli geniş taşıma aracıdır. V-Serisi'nin, Airbag'den ABS frene kadar; Onu Mercedes yapan birçok üstünlüğü var. Size burada bazılarını hatırlatmak istiyoruz:

► V-Serisi'nin gücünün sırrı: 4 valfli ve 4 silindirli, doğrudan püskürtmeli, 75 kW (PS 102), V200 CDI diesel motordur. Bu sayede aşırı çekiş gücüne sahiptir ve yakıtta da tasarruf sağlar.

► V-Serisi'nin İlkesi şudur: Seyahat için "Limuzin", yükleme sırasında "Taşıt aracı" olmak...

► Motor hacimlerine göre, fiyatlarda küçük farklar olsa da; V200 CDI modeline sahip olmak için, günde 16 DM (8,18 EUR) yeter. İşte, hesap ortada: % 2,9 efektif yıllık faiz; %30 peşin; 36 ay vadeli taksit 481,26 DM (246,06 EUR); 60.000 km sınır; sabit son taksit.

► Bu kadar düşük faizli finansman imkanı, size Mercedes-Benz Finanz GmbH tarafından sunuluyor. Kaçırmayın.

► Ailelerin mutluluğunda ve İş başarılarında, yıldızımızın payı ile kıvançlıyız... Lütfen, Türkçe Bilgi Hattımızdan broşür isteyin: 01805-018 066 (Dakikası 24 Fenik)

Mercedes-Benz

V-Serisi çok büyük.

► Bu V-Serisi Mercedes, çok büyük. Herkes daha fazla yer istiyorse, var. Her yüke uygun yer aranırsa, vur. Konfor onda, güven onda, güç onda...V-Serisi'nin, Airbag'den ABS frene kadar; Onu Mercedes yapan birçok üstünlüğü var. Ama yine de biz size burada bazı eşsizliklerini hatırlatmak istiyoruz.

► V-Serisi'nin gücünün sırrı: 4 valfli ve 4 silindirli, doğrudan püskürtmeli, 75 kW (PS 102), V200 CDI diesel motordur. Bu sayede aşırı çekiş gücüne sahiptir ve yakıtta da tasarruf sağlar.

► V-Serisi'nin İlkesi şudur: Seyahat için "Limuzin", yükleme sırasında "Taşıt aracı" olmak...

► Motor hacimlerine göre, fiyatlarda küçük farklar olsa da; V200 CDI modeline sahip olmak için, günde 16 DM (8,18 EUR) yeter. İşte, hesap ortada: % 2,9 efektif yıllık faiz; %30 peşin; 36 ay vadeli taksit 481,26 DM (246,06 EUR); 60.000 km sınır; sabit son taksit.

► Bu kadar düşük faizli finansman imkanı, size Mercedes-Benz Finanz GmbH tarafından sunuluyor. Kaçırmayın.

► Ailelerin mutluluğunda ve İş başarılarında, yıldızımızın payı ile kıvançlıyız... Lütfen, Türkçe Bilgi Hattımızdan broşür isteyin: 01805-018 066 (Dakikası 24 Fenik)

Mercedes-Benz

Mercedes-Benz, V-Klasse Hauptspot, 45 Sec. (Sinngemäße Übersetzung)

1. Video: Ein junges türkisches Mädchen blickt in die Kamera. Sie stellt dem Publikum ihre Familie vor, in die sie auch die V-Klasse von Mercedes-Benz zählt. Im Hintergrund die V-Klasse.
Audio (Mädchen Off): „Ich bin so glücklich."
Türkische Musikkomposition durch den ganzen Spot.

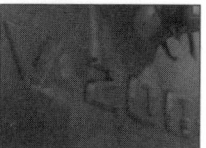

2. Video (Blende zur Typenbezeichnung V 200): In der Karosserie der V-Klasse spiegelt sich das Mädchen, das mit einem roten, wehenden Tuch fröhlich tanzt.
Audio (Mädchen Off): „Wir haben jetzt ein neues Auto. Das ist für uns wie geschaffen."

3. Video (Blende): Die Mutter des kleinen Mädchens beim Einsteigen in den Wagen mit einem Goldfischglas in ihren Händen. Der V-Klasse vertraut sie selbst ihren geliebten Goldfisch an.
Audio (Mädchen Off): „Die V-Klasse hat sogar das Vertrauen meiner Mutter gewonnen."

4. Video (Blende zu Großvater): Der Großvater präsentiert die Vorzüge der V-Klasse. Die Hotline mit Sternchentext und Verbindungspreis durch den ganzen Spot.
Audio (Mädchen Off): „Mein Opa bewundert jedes Detail."

5. Video (Schnitt): Stolz umarmt der Vater den Großvater, der seine Hand bewundernd über die Konturen des Wagens streicht.
Audio (Mädchen Off): „Mein Vater sagt, große Familien schmücken sich mit einem Mercedes."

6. Video (Schnitt): Die fürsorgliche Großmutter streichelt liebevoll die Wangen ihres jüngsten Enkels.
Audio (Mädchen Off): „Meine Oma will uns geschützt wissen."

Mercedes-Benz, V-Klasse Hauptspot, 45 Sec. (Sinngemäße Übersetzung)

7. Video (Schnitt): Das Blaue Auge, ein türkischer Glücksbringer, in den Händen der Großmutter.

8. Video (Blende): Die Kinder spielen vergnügt im Fahrzeug.
Audio (Mädchen Off): „Für meine Brüder ist es wie unser Heim."

9. Video (Schnitt): Der Vater blickt zufrieden in die Kamera. Im Hintergrund werden Getränkekästen in Quickmotion das Fahrzeug geladen.
Audio (Mädchen Off): „Außerdem ist unser neues Auto die rechte Hand bei Papas Kiosk-Arbeiten."

10. Video (Blende): Der Vater poliert den Mercedes-Stern.
Audio (Mädchen Off): „Die V-Klasse ist jetzt schon ein Mitglied unserer Familie."

11. Video (Blende): Die versammelte Familie posiert für ein Foto mit der V-Klasse.
Audio (Mädchen Off): „Wie schön es doch ist, immer zusammensein zu können."

12. Video (Blende): Mercedes-Benz Logo.
Audio (Sprecher Off): „Der Stern für Glück und Erfolg. Mercedes-Benz."

o.tel.o –
Der Imagetransfer: Verantwortung, Vertrauen und Verlässlichkeit

Agentur WFP, Berlin
Zeitraum: ab Frühjahr 1999

Voraussetzung

Nach der Liberalisierung des Telekommunikationsmarktes in Deutschland 1998 hat sich das Unternehmen o.tel.o auch auf die türkische Zielgruppe konzentriert. Türkische Familien telefonieren besonders häufig, im Vergleich zum bundesdeutschen Durchschnitt etwa doppelt so viel. Türken telefonieren häufig mit ihrer Verwandtschaft im Heimatland.

Außerdem haben Türken eine positivere Einstellung zu Werbung als Deutsche. Sie betrachten Werbung als Informationsquelle. Speziell für diese Zielgruppe entwickelte Werbeauftritte werden durchweg positiv aufgenommen. Ein Engagement deutscher Unternehmen für türkische Verbraucher, verdeutlicht durch entsprechende Werbemaßnahmen, ist mit erheblichem Sympathiegewinn verbunden. Andererseits stößt die einfache Übersetzung deutscher Werbung ins Türkische auf Ablehnung. Die für eine deutsche Zielgruppe entwickelte Werbung entspricht nicht den ästhetischen, moralischen, sprachlichen und religiösen Befindlichkeiten der Türken. Sie wirbt an ihnen vorbei und erreicht sie nicht. Was in Deutschland geläufig ist, verletzt häufig türkische Wertvorstellungen. Beispielsweise gehört ein Hund nicht in ein türkisches Haus, eine Waschmaschine nicht in die Küche.

Zugleich beweisen die Türken in Deutschland eine erhebliche Markentreue. Mehrere Verbraucherstudien belegen ein überdurchschnittliches Markenbewusstsein.

Vor diesem Hintergrund entwickelt o.tel.o gemeinsam mit WFP eine eigene werbliche Ansprache der Türken in Deutschland.

Konzept

Für jeden türkischen o.tel.o-Kunden wird in dessen Namen in der Türkei ein Baum gepflanzt und damit ein Beitrag zur Erhaltung und Verbesse-

rung der ökologischen Bedingungen geleistet. Die gesamte Kampagne wird als mittel- bis langfristige Maßnahme zur Neukundengewinnung und Kundenbindung konzipiert.

Die Kampagne spricht einerseits Heimatgefühle, andererseits das Umwelt- und Verantwortungsbewusstsein an. Idealisierte Vorstellungen von der Heimat sind ein häufiges Phänomen bei Einwanderern. Das gilt auch für Türken in Deutschland. Besonderer Wert wird bei der Kampagne auf die kulturelle Identität der Türken gelegt.

Die Kampagne wird open end im März 1999 gestartet. Die einzelnen Elemente sind: Fernsehspot „Wald", unterstützt durch das Anzeigenmotiv „Wald" sowie weitere Motive zur Baumpflanz-Kampagne. Spots und Anzeigen sowie Broschüren teilen die Nummer der türkischsprachigen o.tel.o-Infoline mit.

Mehrere Pressekonferenzen kommunizieren die Kampagne und die aktuellen Baumpflanz-Aktionen. Diese Aktionen werden in Zusammenarbeit mit der türkischen Umweltstiftung TEMA durchgeführt. Der türkische Staatspräsident Süleyman Demirel zeichnet o.tel.o im Çankaya Palast von Ankara mit dem höchsten türkischen Umweltorden „Goldene Eiche" aus. o.tel.o ist das bislang einzige ausländische Unternehmen, das diese Auszeichnung erhalten hat.

Das Erdbeben in der Türkei im August 1999 ist für o.tel.o Anlass, kurzfristig ein Hilfsteam bereitzustellen, das bereits nach drei Tagen vor Ort die Bevölkerung mit Satellitentelefonen ausstattet. Die Bevölkerung tauft das Hilfsteam „Telefon-Engel". Die türkischen Medien greifen das Thema auf und generieren damit Sympathiewerte unter der türkischen Bevölkerung in Deutschland für o.tel.o.

TV-Spot „Wald"

Zu sehen ist ein älterer Herr, dargestellt von dem bekannten türkischen Schauspieler Şükran Güngör, in einem sattgrünen Wald. Der Mann sinniert während seines Spaziergangs über die Schönheit der Natur und vergleicht dabei die Ursprünglichkeit des Waldes mit der Leistungsfähigkeit des Unternehmens o.tel.o. Am Beispiel eines stämmigen Baumes erläutert er, dass auch o.tel.o aus gesunden Wurzeln und einem festen Stamm besteht. Die unternehmenseigenen Telefonleitungen seien so verzweigt wie die Äste bei einem mächtigen Baum. Zugleich geht der Spaziergänger auf die Baumpflanz-Kampagne ein, indem er mitteilt, dass o.tel.o für jeden türkischen Kunden einen Baum in der Türkei pflanzt.

Der Spot von 86 Sekunden Dauer wird bewusst lang konzipiert, um die gesamte Baumpflanz-Kampagne sowie das Unternehmen o.tel.o bei der türkischen Zielgruppe bekannt zu machen. o.tel.o soll als besonders vertrauenswürdiges Unternehmen präsentiert werden. Aus diesem Grund fällt die Wahl auf den Schauspieler Şükran Güngör, dessen ruhiges und vertrauenswürdiges Gentleman-Image bei den Türken beliebt ist.

In einem Reminder, der ebenfalls Şükran Güngör zeigt, wird nochmals gezielt auf die Baumpflanz-Kampagne verwiesen.

Im Jahr 2000 wird anlässlich einer konkreten Baumpflanz-Aktion ein weiterer TV-Spot produziert. Für 50 000 neue o.tel.o-Abonnenten werden 50 000 junge Bäume gepflanzt. Dieser Spot erinnert mit einer kurzen grafischen Darstellung die türkische Zielgruppe an die Fortführung der Kampagne.

Erfolg

Für die Ausstrahlung der Fernsehspots und Veröffentlichung der Anzeigen wird die gut entwickelte Infrastruktur türkischer Medien in Deutschland genutzt: 72 Prozent Marktanteil bei Fernsehen, 85 Prozent bei Zeitungen und Zeitschriften.

Zwischen März 1999 und Herbst 2000 kann o.tel.o eine Vielzahl neuer türkischer Kunden gewinnen. Davon ist ein erheblicher Teil auf den Erfolg der Baumpflanz-Aktion zurückzuführen. Seit dem Start der Kampagne wurden in Kooperation mit der Umweltstiftung TEMA über 220 000 Bäume in der Türkei gepflanzt.

Artik sizin de dikili bir ağaciniz olacak!

Türk abonelerinin o.tel.o'ya ve o.tel.o temsilcisi olarak bize göstermiş olduğu ilgi ve güvene teşekkürlerimizi sunmak amacıyla, telefon şirketiniz o.tel.o, her Türk abonesi için Türkiye'de bir ağaç dikmeye başlada.

o.tel.o ve „Ağaç Kampanyası" hakkında geniş bilgi için bizi arayın:

o.tel.o
Daha iyi anlaşabilmek için.

Türkiye için değer.

Şimdi, 50 bin yeni meşe fidanıyla, abonelerimiz adına, 220 bin ağaç dikmiş bulunuyoruz. Siz de, Türkiye'de dikili bir ağacım olsun diyor ve daha hesaplı telefonlaşmak istiyorsanız; Türkçe Bilgi Hattı'mızı arayın:

0180 3 335 335* www.otelo.de/tr

o.tel.o
Daha iyi anlaşabilmek için.

o.tel.o „Wald" Hauptspot, 85 Sec. (Sinngemäße Übersetzung)

1. Video: Ein schöner sattgrüner Wald. Blattwerk, auf das von den Sonnenstrahlen schimmernde Lichtspiele gezeichnet werden.
Audio: o.tel.o-Musik und die natürliche Geräuschkulisse des Waldes durch den Spot.

2. Video (Blende): Der türkische Volksschauspieler Şükran Güngör bei seinem Waldspaziergang. Er blickt in die Kamera.
Audio (Şükran Güngör): „Hallo, ich möchte Ihnen von einem großen Telekommunikationsunternehmen, von o.tel.o, erzählen."

3. Video (Blende): Er zeigt auf einen Schößling.
Audio (Şükran Güngör): „Als zarter Schößling gepflanzt ..."

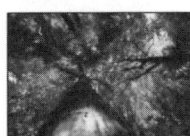

4. Video (Blende): Ein jahrhundertealter Baum.
Audio (Şükran Güngör Off): „... wurde er bald zu einem mächtigen Baum. Er wächst und wächst ... wie o.tel.o."

5. Video (Blende): Şükran Güngör betrachtet die Wurzeln des mächtigen Baumes. Er vergleicht die Baumwurzeln mit dem Netzwerk von o.tel.o.
Audio (Şükran Güngör): „Er schöpft seine Kraft aus seinen Wurzeln, aus seinen Leitungsbahnen ..."

6. Video (Blende): Wiegender Ast im Wind.
Audio (Şükran Güngör Off): „... und bringt sie an seine Blätter ..."

o.tel.o „Wald" Hauptspot, 85 Sec. (Sinngemäße Übersetzung)

7. Video (Blende)
Audio (Şükran Güngör): „... so, wie o.tel.o seine Leistung an Sie, seine Abonnenten, bringt."

8. Video (Blende): Ein leichtes Sommergewitter setzt ein. Şükran Güngör sieht lächelnd in den Himmel.
Audio (Şükran Güngör): „So, wie man nicht genau weiß, wann ein plötzlicher Regenschauer einsetzt, weiß man auch nicht genau, wann ein Anlass entsteht, der ein Telefongespräch mit Ihren Lieben erfordert ..."

9. Video (Blende): Er blickt in die Kamera.
Audio (Şükran Güngör): „In die Türkei anrufen, um Neuigkeiten zu erzählen, vertraute Stimmen zu hören oder mal ein nettes ‚Hallo' sagen – mit dem o.tel.o-Tarif, der rund um die Uhr gleich bleibt."

10. Video (Blende): 69 Pfennig pro Minute, Logo und türkischer Claim werden als Super eingeblendet.
Audio (Şükran Güngör): „Mit nur 69 Pfennig pro Minute ..."

11. Video (Blende): Şükran Güngör wieder lächelnd in die Kamera.
Audio (Şükran Güngör): „... sagen Sie der Türkei ‚Hallo!' ..."

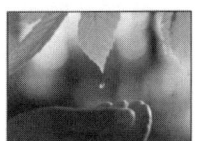

12. Video (Blende): Er fängt einen fallenden Regentropfen auf.
Audio (Şükran Güngör): „... und dies mit Abrechnung im günstigen Sekundentakt, nicht etwa im Minutentakt."
Musik wird ausgeblendet.

o.tel.o „Wald" Hauptspot, 85 Sec. (Sinngemäße Übersetzung)

13. Video (Blende): Die türkische Hotline mit Sternchentext, Logo und türkischer Claim werden als Super eingeblendet.
Audio (Sprecherin Off): „o.tel.o spricht türkisch. Rufen Sie diese Nummer an: 0180 3 335 335."

14. Video (Schnitt)
Audio (Şükran Güngör): „Gleich ... Jetzt."

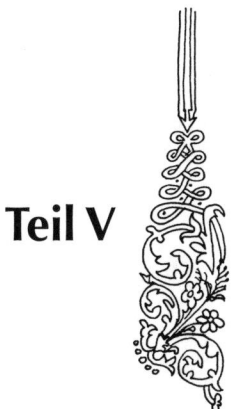

Teil V

Zukunftsperspektiven

Das Zusammenspiel von Ethno-Marketing und Urban-Marketing

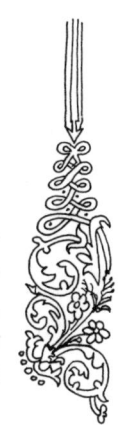

Die Türken in Deutschland werden sich zunehmend in die Mehrheitsgesellschaft integrieren – sie werden zu Deutschen türkischer Abstammung. Damit verliert die besondere werbliche Ansprache an Bedeutung. Doch bis es so weit ist, wird noch einige Zeit vergehen. Und in dieser Phase gewinnen die vornehmlich in urbanen Ballungszentren lebenden Deutschtürken als trendbewusste Zielgruppe an Bedeutung.

Mehr Milieu- als Daten-Marketing

Man stelle ihn sich vor, den Imperator oeconomiae, in der Rangfolge unmittelbar unter dem Schöpfer der Welt angesiedelt, wie er auf unfruchtbarer Erde ein kleines Reich von Fabriken, Läden, Kaufhäusern, Agenturen und – vor allem – Verbänden errichtet. Wie er eine Schar von schmallippigen, mit der Wirtschaftslage immerzu hadernden Herren als Arbeitgeberpräsidenten, Einzelhandelsverbandschefs oder Industriebosse beruft. Jede noch so geringfügige Veränderung in dem sorgsam gehegten Biotop lässt diese Herrengesellschaft aufschreien vor Pein und Sorge. Das Bangen und Jammern will nicht enden. Auch nicht, als sich eines Tages unversehens neues Leben regt. Zunächst sind es nur einige zarte Triebe, dann immer mehr, exotisch, vorzugsweise in größeren Flecken und durchweg ausländischer Herkunft. Da haben die Gärtner eine Idee. Eine Methode muss her, um das ungewöhnliche, ungezügelte Wachstum in den Griff zu bekommen. Hacke und Rasenmäher der Hege-Freaks ist Urban-Marketing!

So ungefähr muss man sich die Genesis des ethnischen Marktpflege-Kults vorstellen. Denn Marketing ist längst kein monolithischer Block mehr, keine Lehre aus einem einzigen Standardwerk, bestenfalls aus zahlreichen Lehrbüchern: Massenmarketing, Segment-Marketing, darunter Ethno-Marketing. Außerdem Urban-Marketing – konzentriert auf städtische Klientel, überwiegend ausländischer Herkunft.

Neu ist das urbane Marketing nicht. Die meisten Unternehmen praktizieren urbane Strategien bereits seit Mitte des 20. Jahrhunderts. Da Türken in Deutschland vornehmlich in städtischen Ballungszentren leben, nutzt Ethno-Marketing die Werkzeuge urbaner Strategien.

Denn schon lange fällt den Marktexperten auf, dass der Verbraucher immer mehr zu einem rätselhaften Wesen mutiert. Mal drängen die Massen, um eine Swatch zu ergattern. Ein Jahr später bleibt die Kultuhr unbeachtet liegen. Alle 15 Jahre, so die Winzerverbände, verlangt alle Welt wie verrückt nach Rotweinen aus dem französischen Bordeaux. Nur um dann gegen alle Regeln plötzlich auf kalifornischen Rebensaft umzusteigen. Derzeit ist gerade Cognac out, während seltsamerweise Gin und Cocktails wieder gefragt sind. Coca-Cola gilt als das Markenprodukt schlechthin. Doch wenn die Werbung für die braune Brause eingestellt würde, dürfte das Getränk innerhalb weniger Monate vom Markt verschwunden sein. „Werbung ist wie Kerosin", meinte der Coca-Cola-Chef Roberto Goizueta: „Ohne Treibstoff stürzt das Flugzeug und ohne Werbung die Marke ab."

Die Vorstellung der Media-Experten, Konsumenten würden vor allem durch ihre soziodemografischen Daten und weniger durch ihre Emotionen geprägt, ist ungefähr so hoffnungslos, als wollte der Mathematiklehrer seinen Schülern das Einmaleins ohne Spaß an Zahlen beibringen. Während es früher genügte, Zielgruppen nach Alter, Geschlecht und Einkommen zu kartografieren, sind heute neue Verfahren wie Trend- und Szene- oder Eventmarketing gefragt. An die Stelle von angeblich so einmaligen Produkteigenschaften tritt inzwischen der Versuch, eine Marke über die Psyche so begehrenswert zu machen, dass sie gekauft wird.

„Wenn wir wissen, wie alt die Leute sind, wo sie wohnen, wie viel Geld sie verdienen und welcher sozialen Gruppierung sie zugeordnet werden können, dann nutzt das allein noch gar nichts", meint Horst Nowak, Chef von Sinus/Socioconsult. Die deutsch-französische Marktforschungsgruppe sucht seit einigen Jahren nach Kriterien für Lebenswelten und -stilen, nach Ansichten und Vorlieben der Menschen. Damit legte sie die jahrzehntelang bevorzugte Einteilung nach formalen demografischen Daten auf Eis und schuf mit der Klassifizierung in Milieus das heute in Deutschland am stärksten verbreitete Zielgruppenmodell. Insgesamt ein Dutzend, darunter zwei auf die neuen Bundesländer passende, Milieus wurden bislang für die Bundesrepublik eruiert. Da ist das postmoderne Milieu, in dem sich die individualistische, multi-optionale Lifestyle-Avantgarde findet. Oder es gibt in der Kategorie „moderner Mainstream" das statusorientierte Milieu der beruflich und sozial aufstrebenden unteren Mitte mit den Erfolgskriterien der Konsumgesellschaft. Die nicht angepasste junge Unterschicht, der es vornehmlich um den Spaß der Generation Golf geht und die sich den Konventionen und Erwartungen der Leistungsgesellschaft standhaft verweigert, wird zum hedonisti-

schen Milieu. Und in den neuen Bundesländern lässt sich das DDR-ver-
wurzelte Milieu des ehemals staatstragenden Führungskaders orten.

Bemerkenswert ist freilich, dass eine Gruppe fehlt, die in keine dieser
„deutschen" Rubriken passt, aber immerhin rund 8 Prozent der Bundes-
bürger ausmacht: die ständig im Lande lebenden Ausländer. Die größte
Gruppe, die Deutschtürken, lebt überwiegend in städtischen Ballungs-
zentren – in Innenstadtbereichen machen sie laut Angaben der Berliner
Marketingagentur Data4U rund 20 Prozent der Bevölkerung aus, in
Hannover gar 30 Prozent. Es liegt auf der Hand, dass die „emotionale
Intelligenz" dieser Menschen anders aussieht als bei Deutschen, die in
Deutschland geboren und aufgewachsen sind. Bekanntlich soll der vom
US-Psychologen Daniel Goleman entdeckte „EQ" die Fähigkeit erfassen, „unsere eigenen Gefühle und die unserer Mitmenschen zu erkennen,
uns zu motivieren und unsere Emotionen nach innen und außen zu ma-
nagen". Mag sein, dass Stadtmenschen sich im Ergebnis nicht wesentlich
von Landbewohnern unterscheiden, aber da Deutschtürken nun einmal
überwiegend in Städten leben, ist neben ihrer Herkunft, Nationalität,
Religion, Sprache und Kultur diese urbane Struktur ein weiteres Merkmal, das sich in Emotionen äußert.

Werbung, die sich an Türken in Deutschland richtet, wird hierzulande Ethno-Marketing genannt. In den USA denkt man anders. Dort
spricht niemand mehr von Ethno-Marketing, sondern von „ethno com-
munication". Auch die deutschtürkische Agentur WFP spricht von „ethnospezifischer Kommunikation". Zwar geht es auch jenseits des Atlan-
tiks um Absatzforschung, Erschließung neuer Märkte, harte Dollars.
Aber die Methoden sind subtiler. Es geht um Kommunikation, die kulturelle Eigenarten anspricht, um die Empfindlichkeiten von nationalen
Minderheiten, die fortgesetzt das Gefühl haben, von der Gesellschaft der
Mehrheit argwöhnisch beäugt oder geduldet zu werden. Dass es in den
Vereinigten Staaten geradezu ein Fauxpas ist, von „Negern" zu sprechen, ist Ausdruck dieser vorsichtigen Rücksichtnahme, die plattes Marketing durch differenzierte Kommunikation ersetzt.

Mindestens drei Voraussetzungen bestimmen das Verhältnis zwischen
den ethnischen Minderheiten und der Mehrheitsgesellschaft:

- Minderheiten sind Gegensätzen zwischen ihrer inneren Struktur
  und der Lebensweise des Landes, in dem sie leben, stärker ausgesetzt, ganz abgesehen von den ohnehin immer deutlicher werdenden Gegensätzen, welche die Postmoderne so mit sich bringt. Ein
  türkischer Arbeiter, der zu Hause als Familienältester das Sagen
  hat, muss sich an seinem deutschen Arbeitsplatz von einer deut-

221

schen, meistens erheblich jüngeren Sekretärin erklären lassen, wo's langgeht.

- Minderheiten suchen unter dem kulturellen Druck der Mehrheitsgesellschaft zwangsläufig nach ihrer eigenen Identität oder bemühen sich, diese zu verteidigen. So neigen sie dazu, Traditionen zu konservieren, die in ihrer Heimat bereits als altmodisch abgetan werden. Zugleich suchen sie ihr Ansehen aufzuwerten.

- Die Mehrheitsgesellschaft sieht sich durch die ethnischen Minderheiten „provoziert". Dass in Städten wie Nürnberg die Gastronomie fast vollständig in der Hand von Italienern, Griechen, Türken oder Chinesen ist, hat nicht nur etwas damit zu tun, dass diese ethnischen Gruppen aufgrund ihrer Familienstruktur wirtschaftlich günstiger kalkulieren. Vielmehr stoßen die Minderheiten in Felder vor, die von Deutschen – aus welchen Gründen auch immer – nicht mehr im vollen Umfang wahrgenommen werden. Es gibt gute deutsche Schriftsteller, bekannte Theaterleute, auch Musiker. Aber der deutsche Film ist Brachland – also haben sich in jüngster Zeit immer mehr türkische Filmemacher einen Namen gemacht.

Das sind die Bausteine für Urban-Marketing. Ozan Sinan, Chef der Berliner Agentur Lab One, meint: „Es wird auch in Zukunft Deutschtürken geben, die weit weg stehen von der deutschen Mehrheitsgesellschaft. Zwischen ganz nah und ganz weit weg gibt es eine Vielzahl von Zuständen – nicht Weiß und nicht Schwarz, sondern Grau ist die bestimmende Farbe der Parallelwelten."

Lab One positioniert sich deshalb nicht als „Türken-Agentur" am Werbemarkt. Sinan versteht sich als Vertreter des Trend-Marketing, indem er beispielsweise das Management des türkischen Sängers Tarkan übernahm oder mit der Zeitschrift *Etap* ein zweisprachiges Lifestyle-Magazin auf den Markt brachte. Gemeinsam mit den US-Werbern Michael Conrad und Leo Burnett (Hauptkunden: Coca-Cola, Kellogg, McDonald's, Philip Morris) konzentriert sich Lab One auf die Zielgruppe der jüngeren Stadttürken: „Mittlerweile beeinflusst gerade die dritte Generation der Türken die Deutschen", meint MC&LB-Geschäftsführer Frank Eigler. Zum Beispiel seien es türkische Frauen gewesen, die den Modetrend der Plateauschuhe ausgelöst hätten. „Diese Trends greifen wir auf, um neue Impulse zu setzen."

Allerdings gibt Ozan Sinan zu bedenken: „Die Erkenntnis, dass Türken immer mehr deutsche Merkmale annehmen, führt sicherlich zu einer Verschiebung der rein türkischen Merkmale, doch nicht zu deren Auflösung. Im Gegenteil, wer über einen höheren Bildungsgrad verfügt, be-

wegt sich souveräner in beiden Kulturen. Das daraus resultierende Spannungsverhältnis ergibt viele Potenziale, sowohl für die Minderheiten wie für die Mehrheitsgesellschaft."

Die Verhältnisse sind also komplizierter als auf den ersten Blick wahrnehmbar. Türken in Deutschland sind die eindeutig eingrenzbare Zielgruppe für Urban-Marketing. Da sie außerdem über nationale und kulturelle Eigenarten verfügen, bedürfen sie der Ansprache durch ethnisches Marketing, das schärfere Instrument innerhalb des urbanen Marketing. Da Deutschtürken größeren Widersprüchen ausgesetzt sind als Deutsche, ist ihr Leben auch durch größere Probleme gekennzeichnet – mit teilweise fatalen Folgen, aber auch mit Vorteilen, was wiederum eindeutigere Signale für den Markt nach sich zieht.

Der amerikanische Agenturmann Marc Stephenson Stratdan fasst diese Entwicklung zum Begriff „urban culture" zusammen: „Eine geistige Einstellung, die nicht durch Rasse, Geschlecht oder sozioökonomischen Hintergrund bestimmt wird." Ähnlich denkt man bei Springer & Jacoby in Hamburg: „Gerade im Hinblick auf die EG muss man das Thema offener angehen", meint dort Geschäftsführer Michael Trautmann.

Dem Münchner Ethno-Werber Bülent Tulay ebenso wie Mitat Cinar von der Berliner Agentur WFP geht das zu weit. Er sieht vor allem die Sprache und Kultur als noch lange dominantes Bindeglied der türkischen Gemeinschaft: „Das ist so ähnlich wie bei den Hispanos in den USA. Die leben dort auch schon seit 200 Jahren und sind immer noch Hispanos. Nur weil Deutschtürken überwiegend in städtischen Gebieten leben, kann man davon noch lange kein spezielles Urban-Marketing ableiten." Aber natürlich sei es richtig, meint er, dass jede ethnische Minderheit für die Mehrheitsgesellschaft eine Herausforderung darstelle. Solche Minderheiten führten zu Problemen. Also müsste die Mehrheitsgesellschaft beispielsweise ihre Gesetze und Regelwerke überprüfen, möglicherweise auch neu schaffen. Auf diese Weise sei die ethnische Minderheit ein „Unruheherd", der zur gesellschaftlichen Weiterentwicklung beitrage. „Der Dialog zwischen den Kulturen wird nicht durch den Bau von Autobahnen oder Computertechnik bestimmt. Er findet auf Gebieten wie Kunst, Literatur oder Film statt. Man muss sich nur den deutschen Film ansehen. Der ist tot. Dort werden sich in Zukunft immer mehr Türken etablieren. Überall dort, wo ein Vakuum entsteht, eine Nische, wird man Türken finden. Türken sind für die deutsche Gesellschaft ein mobilisierendes Element."

Die Entwicklung gibt ihm Recht. Die *Frankfurter Allgemeine Zeitung* stellte Anfang 2000 fest, die Enkelgeneration der ersten türkischen

Fremdarbeiter Deutschlands hätte sich von der Opferhaltung der Eltern entfernt und trete selbstbewusst auf und mit einem neuen Lebensgefühl.

Die Beispiele dafür sind zahlreich. Zuerst machte die Türkin Renan Demirkan als Schauspielerin, dann als Buchautorin von sich reden – deutschsprachig und erfolgreich. Inzwischen machte der deutschtürkische Autor Feridan Zaimoğlu nach dem Vorbild der amerikanischen Hip-Hop-Szene, wo Schwarze stolz als „Nigger" auftraten, das Schimpfwort „Kanake" zum Ehrentitel. Der 29-jährige Neco Çelik sieht diese „Kanake"-Bewegung zwar als Medieninszenierung, doch der Regisseur („30 qm Stoff", „Hell of Blame") fordert: Die Deutschen müssen ihr Denken ändern. Tamer Yiğit, 27-jähriger Regisseur und Schauspieler – Hauptdarsteller in „Geschwister" –, sieht es ähnlich. In den USA fiel ihm auf, dass die Underdogs unter den Schwarzen in Harlem und der Bronx immerhin eines sind: Amerikaner. „Hier in Deutschland gibt mir niemand das Gefühl, wirklich dazuzugehören." Birol Ünel, Schauspieler der zweiten Generation, trat in der Inszenierung von Frank Casdorfs „Nibelungen" als Siegfried auf und war in Heiner Müllers „Der Bau" zu sehen: „Wir sind darauf angewiesen, uns dem Schubladendenken der Medien erst mal anzupassen, um überhaupt von ihnen ernst genommen zu werden. Doch ich glaube, dass bald türkische Filme folgen werden, die selbstbewusster sind und ihre eigene Richtung einschlagen." Auch Naco Çelik ist überzeugt: „Erst wenn sich die dritte Generation von den Klischees freigestrampelt hat, wird es möglich sein, das Eigene zu finden."

Möglicherweise dauert es nicht mehr so lange. Als der türkische Star-Pianist Fazıl Say gefragt wurde, ob man ihm aufgrund seiner Herkunft mit Misstrauen begegne, wenn es um die Aufführung der großen Klassiker gehe, antwortete er der *Süddeutschen Zeitung*: „Das kann passieren, wenngleich mein türkischer Name manchmal auch den Vorteil des Exotischen hat. Ich glaube schon, dass man genauer hinhört, wenn ich Bach spiele. So wie man früher japanische Musiker beäugte, heute dagegen weiß, dass längst auch hervorragende Künstler aus Japan kommen."

Marketing-Experten mögen diese Kulturszene als Nebenkriegsschauplatz abtun, der noch einige Zeit der Reife benötigt, um am Markt relevant zu werden. Doch die sich abzeichnende „Türkenkultur" und auch der Hang der Deutschtürken zur Welt der Marken hat Vorbilder. Vor 50 Jahren debattierten junge deutsche Autoren beispielsweise über Heideggers Einfluss auf den Existenzialismus. Vor 30 Jahren reflektierten deren Söhne und Töchter kritisch ihre Sit-ins im Hörsaal. Heute ist die Rede von Donna Karan.

„Orientierungspunkt in einer orientierungsarmen Zeit", sagt Helmut Sendlmeier, CEO der Werbeagentur McCann-Erickson, über Marken. Tatsächlich bauen Marken Gemeinsamkeiten auf. Doch dazu schaffen sie zunächst Differenzen. Marke stammt vom alten deutschen Wort „Mark" – die Grenze – ab. Markenverliebte und -treue Türken markieren sich. Wo materieller Überfluss für den Lustkonsum zur Verfügung steht, kann der Imagefaktor eines Produkts seinen Nutzwert in den Schatten stellen. „Was unterscheidet Ray-Ban-Sonnenbrillen von den Konkurrenzprodukten?", fragt Kevin Roberts, Vorstandschef von Saatchi & Saatchi: „Ich weiß es nicht, ob sie wirklich besser vor Sonne schützen. Es ist mir auch egal. Ich weiß nur, dass ich cooler aussehe, wenn ich eine Ray-Ban-Brille aufsetze." Unternehmen müssten ihre Trademarks zu Trustmarks stilisieren, zu Produkten, die das Vertrauen der Käufer haben, meint er. „Danach werden sie zu Lovemarks, zur Herzensangelegenheit für die Käufer."

In Communities wie den türkischen Stadtteilgemeinden, wo das Leben im Schatten einer Mehrheitsgesellschaft stattfindet und starkes Interesse an Marken als Unterscheidungsmerkmal gilt, haben Lovemarks eine besondere Chance. Auch hier geht es um Urban-Marketing. Denn über 50 000 Marken buhlen in Deutschland um die Käufergunst. Mehr als 3000 neue Artikel drängen allein im Lebensmittelhandel jedes Jahr in die Ladenregale. Die meisten Marken sind von vergleichbarer Qualität. Vom Geschirrspülmittel bis zum Designer-Anzug sind Produkte austauschbar. „Der Markenwert schlägt den Sachwert", sagt Michael Kuhli von der Fachzeitschrift *w&v* und schätzt, dass es 10 Millionen Euro kostet, um eine neue Marke in Deutschland bekannt zu machen. Die längste Zeit des 20. Jahrhunderts sei es üblich gewesen, den Wert eines Unternehmens an seinen Grundstücken, Betrieben, Maschinen, Investitionen und seinem Kapital zu messen. Heute seien diese Pretiosen indessen nur noch Tand im Vergleich zu Copyrights, Talenten und vor allem den Marken. In der Interbrand-Studie „The Most Valuable Brand Survey" rangiert Coca-Cola mit einem Markenwert von 70 Milliarden Dollar auf Rang eins ein, kurz vor Microsoft.

Türken in Deutschland kennen den Wert einer Marke besser als die Deutschen. „Du kannst einen Mercedes nur fahren, wenn du es zu etwas gebracht hast", meint Salih Atik, bis Ende 2000 Media- und Account Director bei der Berliner Ethno-Agentur WFP. Deutsche Kunden achten beim Autokauf auf Sicherheit, Umwelt und Spritverbauch. Türken geht es dagegen um Geschwindigkeit, PS und wie viel Gepäck in den Kofferraum passt – mithin um die ursprünglicheren Eigenschaften. Von Türken können Deutsche lernen, was eine Marke zur Marke macht. Sie können

225

in den urbanen türkischen Vierteln studieren, wann eine verbreitete Gewohnheit zum Kult wird. Es war kein Zufall, dass der Trümmerfrauen-Look im Jahr 2000 bei jungen Mädchen unversehens in den Trend zum türkischen Outfit mit langen Röcken über Hosen umschlug. Der ethnische Hang zur eigenen Identität wurde sichtbar.

Solche Entwicklungen brechen die Märkte auf, vor allem in städtischen Ballungsgebieten. Fast über Nacht bekommen Markenprodukte eine Chance, die längst „out" schienen. Afri-Cola, bereits 1931 erfunden und in den 60er Jahren zum Itsy-Bitsy-Teenie-Weenie-Honolulu-Strandbikini passend, taucht plötzlich wieder auf. Langnese kramte einen Like-ice-in-the-sunshine-Spot aus der Filmkiste von 1983 hervor. Niemand kann genau ausmachen, warum höhere Töchter und Söhne plötzlich auf die italienische Designermarke Dolce & Gabbana schwören, aber die Extreme-Division-Serie von Homeboy nur bei Hip-Hoppern ankommt. Adidas galt in den 80er Jahren als hoffnungslos spießig. Das Rennen machten damals Nike und Reebock. Dann, zehn Jahre später, kam Adidas zurück, zur Überraschung der Trend-Scouts. Ähnliches läuft fortgesetzt in türkischen Stadtteilen ab. Dort wechseln die Trends schneller als die Marken. Und genau dort setzt Urban-Marketing an.

Ethno-Marketing in den USA

Ungefähr ein Viertel der US-Amerikaner gehört einer ethnischen Minderheit an. Ethno-Marketing gehört deshalb zur Selbstverständlichkeit für amerikanische Agenturen und Firmen. Diese Selbstverständlichkeit bestimmt außerdem den merkantilen Umgang mit den Minderheiten. Sie werden nicht nur als Konsumenten ernst genommen, auch ihre mediale Infrastruktur zählt zu den allgemein geläufigen Instrumenten des Marketing.

Ein Drittel aller US-Amerikaner sind Ethnics

„Kennen Sie Clark Kent?" Mit dieser Frage beginnt der Agenturmann das Gespräch. Er ist Chef einer Ethno-Agentur, selbst Angehöriger einer nationalen Minderheit und spezialisiert auf Werbung für nationale Minderheiten, also Übersetzer, Betroffener und Agent für zwei Mentalitäten und Kulturen. Zurück zu Clark Kent: „Der ist ein Einwanderer. Aus dem Weltraum. Sein Heimatplanet wurde vernichtet, seine Eltern starben. Das Raumschiff, in das er gerade noch rechtzeitig gesteckt wurde, landete in Kansas, in der Nähe eines kleinen Nests namens Smallville. Seine Adoptiveltern Jonathan und Marta Kent erzogen ihn nach traditionellen amerikanischen Werten, aber Clark Kent bleibt sich auch als Superman seiner Herkunft bewusst. Gerade diese Andersartigkeit lässt ihn zum amerikanischen Helden werden, der sogar dem Turbokapitalisten Lex Luthor, einem Amerikaner reinsten Wassers, Paroli bietet. Es ist eben keine Frage des Blutes."

Der Werbemann macht eine Pause. Dann fragt er nach: „Verstehen Sie? Es ist egal, woher Sie kommen. Egal, ob aus dem Weltraum, aus Arabien oder der Türkei, Deutschland oder Smallville. Sie können eine andere Kultur haben, eine andere Sprache sprechen, Kebab anstelle von Knackwurst essen. Es kommt immer darauf an, wer und wie Sie sind, nicht, woher Sie kommen. Das versuche ich durch meine Arbeit zu vermitteln. Nennen Sie es meinetwegen Ethno-Marketing. Ich sage dazu ‚interkulturelle Kommunikation'. Das trifft den Kern besser."

Kurze Pause.

Dann fährt er fort. „Natürlich arbeite ich für Firmen, die etwas verkaufen möchten. Also mache ich Werbung, Marketing, Promotion. Aber darum geht es erst in zweiter Linie. Wichtiger ist die Aufgabe, eine Brü-

cke zwischen zwei Kulturen zu schlagen, zwischen der Mehrheitsgesellschaft und den so genannten ‚Ethnics'. Die Ethnics sprechen eine andere Sprache, haben andere Lebensgewohnheiten. Außerdem haben sie Geld. Und wer ran will an dieses Geld, muss ihnen in ihrer Sprache und für sie verständlichen Botschaften sagen, was er als Gegenleistung bietet für dieses Geld."

Es gibt viele Ethnics in den USA. Rund ein Drittel aller US-Amerikaner, davon 33 Millionen Afro-Amerikaner, gehören zu ethnischen Minderheiten. An der Spitze liegen inzwischen die Hispano-Amerikaner, insgesamt 40 Millionen Menschen aus Mittel- und Südamerika. Dann folgen die aus Asien stammenden Amerikaner, also Chinesen, Japaner, Vietnamesen, Filipinos und Inder, insgesamt etwa 11 Millionen. Die Dynamik dieser Gruppen ist gewaltig. Bis zum Jahr 2050 werden die ethnischen Nationalitäten rund 60 Prozent der US-Bevölkerung ausmachen. Ihre Geburtenrate übertrifft die der weißen Amerikaner um das Siebenfache. Ihre Kaufkraft ist beträchtlich. Die Afro-Amerikaner stellen in Detroit mit 75, in Atlanta mit 67 und in Washington D.C. mit 65 Prozent Bevölkerungsanteil die Mehrheit. Sie vereinigten 1998 eine geballte Kaufkraft von jährlich über 300 Milliarden Dollar – rund 8 Prozent der nationalen Kaufkraft. Bei den aus Asien stammenden Amerikanern, deren Zahl sich bis 2020 fast verdoppeln wird, lag die Kaufkraft in den 90er Jahren noch bei 230 Milliarden Dollar im Jahr. Und die Hispano-Amerikaner konzentrieren sich auf die großstädischen Regionen von Los Angeles, San Franzisko, New York, Houston, Dallas und Chicago. Sie kommen ungeachtet ihrer überwiegend bescheidenen wirtschaftlichen Verhältnisse auf eine Kaufkraft von schätzungsweise 500 Milliarden Dollar. Beim Hispano-TV-Sender Univisiòn kostet eine Werbeminute 60 000 Dollar. Insgesamt ist die Kaufkraft aller drei ethnischen Gruppen auf über 800 Milliarden Dollar angewachsen.

Allein die Wirtschaftszahlen sind Grund genug, diese Zielgruppe als Konsumenten ernst zu nehmen. Die multikulturelle US-Familie gibt in den „Marktkorb"-Kategorien Lebensmittel, Entertainment, Körperpflege, Kleidung und Erziehung mehr Geld aus als weiße Amerikaner. In 10 von 13 abgefragten Kategorien wachsen die Ausgaben schneller.

Die amerikanische Wirtschaft und Werbebranche reagiert zwar ungleich entschlossener als die deutschen Sparten, aber immer noch vorsichtig. Rund 200 Milliarden Dollar fließen jedes Jahr in den amerikanischen Werbemarkt. Aber weniger als 2 Prozent davon entfällt auf Ethno-Werbung und davon wiederum die Hälfte allein auf Werbung in den 350 Printtiteln der Afro-Zielgruppe. Der Grund liegt nach Meinung der American Advertising Federation (AAF) in der ungenügenden Repräsentanz von afro-amerikanischen, asiatischen und lateinamerikanischen Mitarbeitern in der Werbeszene: „Man kann nicht Produkte an Leute verkaufen, die man nicht kennt. Kulturelle Vielfalt am Arbeitsplatz muss Priorität haben", bringt es Heide Gardner von AAF auf den Punkt.

Die Türken in Deutschland haben zwar nicht gesellschaftlich, aber finanziell den Aufstieg schneller geschafft. In den Vereinigten Staaten sind verschiedene nationale Abstammungen, zumal unter weißen Amerikanern wie Polen, Iren, Italienern oder Deutschen eine Selbstverständlichkeit. Aber auch die Gruppen anderer Hautfarbe zählen zumindest in den urbanen Zentren zum normalen Leben. Allerdings erreichen nur eine halbe Million Haushalte die Wohlstandsschwelle von 100 000 Dollar Jahreseinkommen: 260 000 Haushalte bei den Afro-Amerikanern, 110 000 bei den asiatischen Amerikanern und 195 000 bei den Hispano-Amerikanern. Bei den Türken in Deutschland liegen im Vergleich dazu die Einkommensverhältnisse günstiger. Durchschnittlich 2300 Euro pro Monat stehen deutschen Haushalten zur Verfügung – mit 2070 Euro liegen die Deutschtürken nur wenig darunter. Ein Viertel der deutschtürkischen Haushalte kommt auf monatlich zwischen 1750 und 2250 Euro, rund 35 Prozent liegen darüber, wie eine Untersuchung des Zentrums für Türkeistudien aus dem Jahr 2000 belegt.

Der Rückstand amerikanischer Ethnics hindert jedoch nicht an einer weit positiveren Einschätzung, als in der deutschen Werbebranche gegenüber Deutschtürken vorherrscht: „Die ethnischen Minderheiten bilden den interessantesten Markt der Zukunft", ist Alfred L. Schreiber überzeugt, Mitbegründer von Graham & Partners, eine der führenden amerikanischen Agenturen für afro-amerikanische Werbung. „Wer sich heute die Markentreue und Aufmerksamkeit dieser Gruppe sichert, kann in Zukunft auf Kundentreue und wirtschaftlichen Erfolg setzen. Viele der ethnischen Zielgruppen können mit geringerem Kostenaufwand für Werbung erreicht werden. Sie leben in klar umrissenen Gebieten, verfügen über ein ausgeprägtes Medienumfeld und klare Handelswege." Und als hätte diese Diagnose noch nicht ausgereicht, setzte Gene Morris von der Spezialagentur E. Morris in Chicago noch einen drauf: „Wenn Agenturen nicht allen kulturellen Gruppen in ihrem Land ihre Aufmerksamkeit schenken, schießen sie ein Eigentor."

Diese Auffassung setzte sich in der Branche zunehmend durch. Anfang 1999 beteiligte sich die True North Holding zunächst mit 49 Prozent an der Don Coleman-Agentur in Michigan, die mit Etats von rund 140 Millionen Dollar als drittgrößte Agentur für die afro-amerikanische Zielgruppe gilt. Dann gründete True North zusammen mit der Beteiligung an Graham&Partners in Chicago die Spezial-Unit New American

Strategies Group (NASG) – derzeit größtes multikulturelles Network weltweit. Zur gleichen Zeit kaufte sich die Publicis-Gruppe mit 49 Prozent bei der Burrell Communications Group in Chicago ein, der mit Billings von 175 Millionen Dollar führenden Agentur für Afro-Amerikaner. Young & Rubicam sicherte sich mit Kang & Lee die Nummer eins unter den asiatisch-amerikanischen Agenturen und knüpfte Kontakte zur New Yorker Uniworld Group, die mit Etats von rund 160 Millionen Dollar den zweiten Rang unter den Agenturen für Schwarzamerikaner einnimmt. Diese Beispiele stehen nur für die Spitze der Branche. Die American Merchant Bank registrierte inzwischen mehr als ein Dutzend Fusionen oder Akquisitionen zwischen Mainstream- und Ethno-Agenturen.

Inzwischen schwappte die Welle über den Atlantik. Im April 1999 vereinbarten Michael Conrad & Leo Burnett sowie die Berliner Spezialagentur Lab One eine Zusammenarbeit. Freilich geht es vor allem den jüngeren Werbern nicht in erster Linie um Ethno-Marketing. Vielmehr haben sie die Trends im Visier, die von den ethnischen Gruppen ausgehen. „Mittlerweile beeinflusst die dritte Generation der Türken die Deutschen", heißt es bei MC & LB. Als Beispiel wird die Mode genannt: Den neuen Trend zu Plateauschuhen führten die im Vergleich zu Mitteleuropäerinnen meist kleiner gewachsenen Türkinnen ein. Um solche Trends frühzeitig aufzuspüren, hat Leo Burnett – seit Anfang 2002 zum französischen Publicis-Verbund gehörig – im New Yorker Stadtteil Soho die Special-Division „Virgilante" etabliert.

Ganz im Unterschied zur deutschen Branche haben nämlich die Amerikaner frühzeitig begriffen, dass sich den nationalen oder ethnischen Minderheiten im Lande die Mainstream-Werbung nicht überstülpen lässt. Vielmehr sei eine auf die kulturellen Eigenarten ausgerichtete Werbung notwendig, betont Alfred L. Schreiber: „Differenzierung ist der Schlüssel für das Marketing der Zukunft. Ethnische Minderheiten nur einfach zu bewerben reicht nicht aus. Die Unternehmen müssen das Konzept auch selbst leben und nach außen kommunizieren. Wenn das Unternehmen selbst keine Minderheiten als Mitarbeiter in Schlüsselpositionen beschäftigt, wirkt seine Ethno-Werbung unglaubwürdig."

Die USA galten lange Zeit als „Schmelztiegel" der Nationen. Inzwischen sieht die Werbebranche eher eine „Salatschüssel", in der zahlreiche mehr oder weniger ausgeprägte Parallelgesellschaften nebeneinander existieren, die auch einer gesonderten Werbeansprache bedürfen. Dabei werden viele Eigenarten als weit selbstverständlicher akzeptiert als etwa in der deutschen Werbeszene. Hierzulande sind Bundesbürger immer noch erstaunt, dass in türkischen Familien der Vater oder Großvater das letzte Wort bei Entscheidungen hat. Obgleich in den USA die Gleichberechtigung der Frauen gewiss nicht geringer ausgeprägt ist, hält man es für ganz normal, wenn bei größeren Anschaffungen der Mann (68 Prozent) und nur in 3 Prozent der Fälle die Frau die Entscheidung trifft, wie Philip Kotler feststellt. Der Marketing-Professor an der Kellogg Graduate School of Management der Northwestern University in Chicago sieht Männer als Entscheider bei Anschaffungen wie Autos oder Fernsehern sowie beim Abschluss von Lebensversicherungen. Frauen geben hingegen den Ton an bei Waschmaschinen, Küchenartikeln oder Möbelkauf. Das sind Strukturen, die sich gewiss nicht allzu sehr von den Sitten einer türkischen Familie, aber wohl auch nicht von deutschen Usancen unterscheiden.

US-Werber gehen weit differenzierter als ihre deutschen Kollegen auf solche Eigenarten von ethnischen Gruppen ein. Sie denken operativ und lassen die Finger vom Grundsätzlichen. Ihnen bedeuten Neigungen, Präferenzen oder Befindlichkeiten kein Ansatzpunkt für Kulturkritik, sondern vielmehr eine willkommene Gelegenheit, geldhart einzuhaken:

Lateinamerikaner: Merkmal ist ungeachtet unterschiedlicher kultureller Wurzeln – Mexiko, Kuba, Mittel- und Südamerika – und des daher auch unterschiedlich ausgeprägten kulturellen Hintergrunds die gemeinsame Sprache. Die Menschen sind stolz auf ihre Kultur und Geschichte. Spanisch wird zur werblichen Ansprache bevorzugt und ist in Bundesstaaten wie Kalifornien oder Texas die wichtigste Zweitsprache an Schulen und Universitäten. Die Lateinamerikaner verfügen über eine entwickelte mediale Infrastruktur, z. B. über eigene Internetportale, etwa Quepasa.com, espanol.yahoo.com, starmedia.com, Latina.com, uol.com.br oder yupi.com. Ihr Markt wächst am schnellsten unter allen ethnischen Minderheiten.

Die Ausgaben für Wohnung, Telefon oder Körperpflege liegen über dem amerikanischen Durchschnitt, die Ausgaben für Bücher, Ausbildung, Gesundheit, Unterhaltung und Tabakwaren darunter. Lange Zeit galten die Hispanos als gute Zielgruppe für Lebensmittel, Getränke und Haushaltsartikel. Doch inzwischen wurden sie auch als Markt für Computer, Finanzdienste, Versicherungen, Autos und Fotoartikel entdeckt. Hispanos sind überaus markentreu, was für Firmen wie McDonald's, AT&T oder Kraft General Food für Direktmarketing genutzt wird – in spanischer Sprache.

Afro-Amerikaner: Sie repräsentieren eine echte Parallelgesellschaft und reagieren empfindlich auf die Missachtung ihrer Eigenständigkeit in der amerikanischen Gesellschaft. Sie fühlen sich außerdem Vereinen und Organisationen verbunden, die ein afro-amerikanisches Gemeinschafts-

231

gefühl vermitteln. Für fast 75 Prozent sind die ethnischen Traditionen und Symbole wichtig und 87 Prozent sind für deren Bewahrung.

Als eigenständige Nation würde ihre Kaufkraft weltweit Rang 12 einnehmen. Sie geben mehr Geld als der Durchschnitt für Möbel, Kleidung, Telefon, Miete, Gas und Strom aus. Geringer sind die Ausgaben für Nahrungsmittel, Urlaub, Transport, Gesundheit und Versicherungen. Afro-Amerikaner sind markentreuer als alle anderen ethnischen Gruppen und bevorzugen Geschäfte in der unmittelbaren Umgebung ihrer Wohnung. Als Konsumenten sind sie kritisch, d.h., sie achten auf das Preis-Leistungs-Verhältnis.

Für die Werbung gilt es als obligatorisch, dass ungeachtet der gemeinsamen Sprache mit der Mehrheitsgesellschaft die kulturellen Besonderheiten berücksichtigt und mit Respekt kommuniziert werden. Werbebotschaften müssen – so Professor Alfred L. Schreiber – „das gehobene Niveau kultureller Wahrnehmung" einhalten. Besonders Erfolgversprechend ist Sponsoring etwa durch afro-amerikanische Organisationen. Als Werbeträger werden die Angehörigen der eigenen Gruppe sowie die eigenen Medien bevorzugt. Es gibt afro-amerikanische Werbeagenturen und für die Werbung werden häufig Models aus dem eigenen Kulturkreis eingesetzt. Ihre Internetportale sind BlackVoices.com, MSBET.com, Net-Noir.com, Blackfamilies.com oder blackenterprise.com. In Los Angeles sind ganze Plakatwände entlang den Freeways fast ausschließlich mit Werbung für schwarze Konsumenten bepflastert: Sportler, die Coca-Cola schlürfen, oder Arbeiter, die mit dem Handy hantieren.

Asiatisch-pazifische-Amerikaner: Die unterschiedliche nationale Abstammung ist gleichbedeutend mit unterschiedlichen Kulturen und Sprachen. Dessen ungeachtet legen die verschiedenen Gruppen darauf Wert, in ihrer Sprache beworben zu werden. Bei der letzten Volkszählung gaben beispielsweise 90 Prozent der aus Vietnam stammenden Amerikaner an, dass sie sich am liebsten in ihrer Muttersprache unterhalten. Ähnlich hoch ist der Anteil der aus Korea oder China stammenden Amerikaner. Damit werden zwangsläufig die einzelnen Ethno-Märkte auf Nischengröße reduziert.

Dennoch gibt es eine Reihe für die Werbung wichtiger Gemeinsamkeiten: ein gut entwickeltes Mediensystem, markentreue Verbraucher, für die Mundpropaganda den höchsten Stellenwert vor allen Werbemitteln hat. Anfassen, riechen, testen – das ist die von asiatischen Amerikanern bevorzugte Art, sich von der Qualität zu überzeugen, während z. B. Printwerbung weniger gut ankommt. Ihre bevorzugten Internetportale sind AsianWeek.com, Sinanet.com und ABCflash.com.

232

Die US-Werbebranche ist höchst sensibel, wenn es um ethnische Besonderheiten geht. „Auf dem ethnischen Flickenteppich Amerika geht es nicht mehr ohne ethnische Diversifizierung", sagt Vladimir Kumar, Marketing-Professor an der Universität Houston. Das hat weniger mit Respekt zu tun als vielmehr mit der Wahrnehmung sich immer schneller verändernder Märkte. Da rund 75 Prozent der internationalen Werbeausgaben auf die USA (Europa: 7 %) entfallen, schlagen auch ethnisch bedingte Veränderungen stärker durch: Etwa 90 Prozent des Bevölkerungswachstums entfällt auf Asien, Afrika und Lateinamerika. Aus demselben Grund wird sich in den meisten Industrieländern der Anteil ethnischer Minderheiten massiv erhöhen, in Großbritannien z. B. von derzeit 5 auf 10 Prozent im Jahr 2020 und in Kanada auf über 20 Prozent. In den USA wird bis zum Jahr 2005 jeder dritte Amerikaner einer ethnischen Minderheit entstammen. Zwischen Pazifik und Atlantik gibt es allein 30 deutsche Zeitungen. Die *Deutsche Rundschau*, Erscheinungsort das kanadische Toronto, kommt auf eine Wochenauflage von über 500000 Exemplaren. Diese Gruppen – da jünger als die Mehrheitsgesellschaften – werden den Löwenanteil der aktiven Zielgruppen stellen. Amerikas Werbeagenturen bekommen es jeden Tag mit 35 verschiedenen sozialen Trends zu tun, darunter „Wir leben nur heute" oder „Besitzfrei leben" oder „Mystizismus". Es geht um Skippies (school kids with income and purchasing power), um „Mobys" (mother older, baby younger), „Dinks" (double income, no kids), „Dewks" (dual earners with kids) oder „Woofs" (well-off older folks). Da sind einige ethnische Gruppen mit ihren kulturellen Eigenarten nichts Besonderes.

Deshalb hat Alfred L. Schreiber acht Grundregeln für Amerikas Marketing aufgestellt:

- Vermeiden Sie monolithisches Denken und Verallgemeinerungen. Beachten Sie, dass die ethnischen Minderheiten in sich differenziert sind.
- Sprechen Sie die Zielgruppe aktiv und direkt an. Vermeiden Sie stereotype Vorurteile. Finden Sie heraus, wie sich ethnische Minderheiten selbst sehen und verstehen.
- Weg vom Mainstream-Marketing! Jede ethnische Minderheit möchte mit einem eigenen werblichen Konzept angesprochen werden.
- Unterstützen Sie auch im eigenen Unternehmen die ethnische Vielfalt. Mitarbeiter aus verschiedenen ethnischen Gruppen bewirken für das Unternehmen wachsendes Vertrauen der Zielgruppe, di-

rekteren Kontakt, Glaubwürdigkeit und eine gelebte Unternehmensphilosophie.

- Berücksichtigen Sie Teens als Zielgruppe. Sie sind Trendsetter für andere nationale wie internationale Teenagergruppen und außerdem Vorbild für die starke Konsumentengruppe der jungen Erwachsenen (20 bis 30 Jahre). Sie haben überdies erheblichen Einfluss auf das Image von Marken und sind Ansprechpartner für Street-Marketing.
- Passen Sie Ihre Unternehmenskultur an. Lernen Sie die eigenen Fehlurteile über die Zielgruppe kennen. Verinnerlichen Sie, dass die professionelle Sicht in Bezug auf ethnische Minderheiten von Vorurteilen geprägt ist. Speisen Sie die Zielgruppe nicht mit Billigwerbung ab. Begreifen Sie, dass eine Übersetzung von Mainstream-Werbung in Ethno-Werbung nicht überzeugt.
- Suchen Sie Hilfe bei der Einschätzung von Ethno-Zielgruppen. Mainstream-Agenturen fehlt es gewöhnlich an Erfahrung und Sensibilität im Umgang mit ethnischen Minderheiten. Die Zusammenarbeit mit Ethno-Agenturen ist billiger als fehlgeleitete Werbung.
- Lernen Sie den Umgang der Zielgruppe mit den Medien verstehen. Dafür ist eine Befragung der Zielgruppe nötig. Vereinfachungen können zu Fehleinschätzungen führen.

Man kann wirklich nicht sagen, dass die USA keine Probleme mit ihren ethnischen Minderheiten hätten. Die Rassenunruhen zur Kenndey-Zeit oder die Spannungen in den 80er und 90er Jahren, als Japan zum wirtschaftlichen Konkurrenten aufstieg, waren dafür Beispiele. Aber mit der Bürgermeinung kann man kein Geld verdienen. Sie hält es mehr mit der österreichischen Erzählerin Marie von Ebner-Eschenbach, die spöttelte: „Wir sind in Todesangst, dass die Nächstenliebe sich zu weit ausbreiten könnte, und richten Schranken gegen sie auf, die Nationalitäten."

US-Werber gehen damit pragmatischer um als ihre deutschen Kollegen. Philip Kotler hat folgende Liste zusammengestellt:

Firma	Produkt (A)	Werbeslogan (B)
Revlon	Kosmetika	Wir verkaufen Hoffnung
Xerox	Kopiergeräte	Wir helfen, die Produktivität im Büro zu erhöhen
Standard Oil	Mineralölprodukte	Wir liefern Energie
Columbia Pictures	Kinofilme	Wir vermarkten Unterhaltung

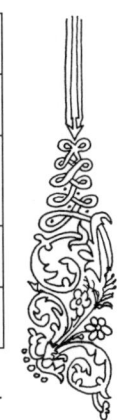

Was ist einem asiatischen Amerikaner in Los Angeles, einem Afro-Amerikaner in Chicago oder einem Türken in Köln wichtiger: A oder B? Eine deutsche Werbefrau antwortet, ohne zu überlegen: „Natürlich A. Das ist die einfachere Antwort." Ihr amerikanischer Kollege zögert mit der Antwort. Dann meint er: „B. Menschen kaufen keine Produkte, sie kaufen Beziehungen!" Genau derselben Ansicht ist auch der Amerikaner Dr. Clotaire Rapaille, ein international anerkannter Experte für Archetypen: „Die Qualität von Beziehungen ist der Schlüssel zum Erfolg von Marketing!" Angelika J. Engel von der Produktentwicklung bei Ford Deutschland meint zu der Frage, wie man Autos westlicher Industrieländer in anderen Kulturen verkauft: „Bis heute entwickelt die Automobilindustrie ihre Produkte für den Bedarf in entwickelten Ländern und nur ein Minimum an Änderungen wird für den Verkauf an Kunden außerhalb dieser Länder vorgenommen. Da ist Annäherungsbedarf. Es geht darum, die westliche Arroganz aufzugeben und den Mindset von Partnern zu akzeptieren."

Für die wirtschaftliche Zusammenarbeit mit ethnischen Gruppen hat Dr. Clotaire Rapaille eine Reihe von Essentials zusammengestellt: „Hat das Produkt einen Bezug zur Zielgruppe? Kommuniziert das Produkt in einer dem Kunden verständlichen Sprache? Beeinflusst oder verändert das Produkt die Gewohnheiten des Kunden? Trifft das Produkt die unausgesprochenen Bedürfnisse des Kunden? Nicht die Qualität des Produkts, sondern die Qualität der Beziehung zwischen Produkt und Kunde entscheidet über den Marketingerfolg. Oberstes Gebot ist, immer für den Kunden da zu sein. Ihn nicht intellektuell, sondern emotional anzusprechen. Nicht das Geld des Kunden, sondern seine Loyalität ist gefragt." Und am besten, so fügt er hinzu, funktioniere der Kontakt als Face-to-Face-Kommunikation – Klartext: im Gespräch.

Aus diesem Grund betreiben fast alle amerikanischen Ethno-Agenturen intensives Telefonmarketing. Anthony Chase behauptet, mit seinem

1999 gegründeten Unternehmen Chase.com für fast jede Sprache der Welt einen Ansprechpartner stellen zu können: „Wir sprechen Chinesisch, Vietnamesisch und Arabisch. Demnächst kommen noch Farsi und Bengali dazu." Innerhalb von einem Jahr musste der 46-Jährige seinen Personalbestand vervierfachen.

Auch Raymond Torreon von der US Pan Asian Chamber of Commerce in Washington D.C. bestätigt, dass „die Massenansprache beim Ethno-Marketing nicht funktioniert. Man muss sich auf bestimmte Gruppen konzentrieren. Sonst verläuft's sich zu schnell". Da das Bildungsniveau der Ethnics schneller steigt – ein Nachholeffekt – als bei weißen Amerikanern, sind inzwischen auch Investor-Firmen wie Charles Schwab, die Bank One oder Allstate Versicherungen im großen Stil in das Geschäft eingestiegen. „Wir bieten unseren Kunden mittlerweile Services in 12 verschiedenen Sprachen an", verkündet ein Schwab-Sprecher. Bei Allstate meint Unternehmenssprecher To Cleeven, das Internet sei ideal für die Ansprache ethnischer Zielgruppen, denn damit könne die Segmentierung beliebig ausgeweitet werden. Dass diese Marschrichtung richtig ist, beweist die unterschiedliche Aufnahme von Werbebotschaften bei den Ethno-Gruppen: Asiaten kaufen Handys, um ständigen Kontakt mit ihren Familien zu halten, für Afro-Amerikaner ist dagegen die ständige Erreichbarkeit ein Sicherheitsfaktor.

Nützliche Adressen

Bayam AG, Große Bockenheimer Str. 43, 60313 Frankfurt,
Tel. 069/9203910, Fax 069/92039129, *www.bayam.de*

Bayraktar, Berater für türkische Kommunikation, Werbeagentur, Gross-
weidenmühlstr. 28i, 90419 Nürnberg,
Tel. 0911/39372913, Fax 0911/39372920, *www.bayraktar.de*

BAW, Bayerische Akademie für Werbung und Marketing, Orleanstr. 34,
81667 München, Tel. 089/480909, Fax 089/480909,
www. baw-online.de

BEYS marketing & media GmbH, Flemingstr. 12, 10557 Berlin,
Tel. 030/39990230, Fax 030/39990249, *www.beys.de*

Data4U, Gesellschaft für Kommunikationsforschung mbH, Goltzstr.
13b, 10781 Berlin, Tel. 030/21739511, Fax 030/21739534,
www.data4u-online.de

Lab One Medien und Kommunikation GmbH, Segitzdamm 2,
10969 Berlin, Tel. 030/235563-0, Fax 030/23556324, *www.labone.de*

Maier Management Partner, Waldemar-Bonsels-Weg 14, 82541 Ans-
bach, Tel. 08177/920 60, Fax 08177/92061, *www.hdm-marketing.de*

SeS media & communications GmbH, Bonner Str. 211, 50968 Köln,
Tel. 0221/9201010, Fax 0221/92010180, *www.sesmc.de*

Tulay & Kollegen, Tal 42, 80331 München,
Tel. 089/58008830, Fax 089/58008831, *www.tulay-kollegen.de*

Tülin Yeşilgonca, Alfred-Schütte-Allee 130, 51105 Köln,
Tel. 0221/8805320, Fax 0221/8805324, *yesilgonca@aol.com*

Vaybee! AG, Scheidtweilerstr. 69, 50933 Köln, Tel. 0221/540290,
Fax 0221/5402999, *www.vaybee.com*

WFP Holding AG, Lützowstr. 102-104, 10785 Berlin,
Tel. 030/2639460, Fax 030/26394625, *www.wfp.de*

Zentrum für Türkeistudien, Zentrale Deutschland, Altendorfer Str. 3,
45127 Essen, Tel. 0201/319 80, Fax 0201/3198333,
www.zft-online.de

Literaturhinweise

Studien:

Presse- und Informationsamt der Bundesregierung, Weiß, H.-J., Trebbe, J. 2001: Mediennutzung und Integration der türkischen Bevölkerung in Deutschland. Ergebnisse einer Umfrage des Presse- und Informationsamtes der Bundesregierung.

Bundesministerium für Familie, Senioren Frauen und Jugend, Hrsg. (2001): Die Familie im Spiegel der amtlichen Statistik. Lebensformen, Familienstrukturen, wirtschaftliche Situation der Familien und familiendemographische Entwicklung in Deutschland.

IP/TMM-TurkMedia: TID 1996: Türken in Deutschland.

Zentrum für Türkeistudien (ZfT), Hrsg.:
- Study on Migrations: the Case of Turkey, 1999.
- Sozioökonomische Lage, Spar- und Investitionsverhalten türkischer Migranten in Deutschland, 2000.
- Demographische Daten der türkischen Bevölkerung in Deutschland, 2001.
- Datensammlung: Türkische und ausländische Bevölkerung in NRW und im Ruhrgebiet, 2001.

Weiterführende Literatur:

Clotaire-Rapaille, G. (2001): 7 Secrets of Marketing in a Multi-Cultural World.

Halter, M. (2000): Shopping for Identity: The Marketing of Ethnicity.

Mennicken, C. (2000): Interkulturelles Marketing: Wirkungszusammenhänge zwischen Kultur, Konsumverhalten und Marketing.

Schreiber, A.L., Lenson, B. (2000): Multicultural marketing: Selling to the New America.

Werner, U. (1999): Konsum im multikulturellen Umfeld. Eine semiotisch orientierte Analyse der Voraussetzungen kulturübergreifenden Marketings.

Stichwortverzeichnis

Stichwortverzeichnis